谨以此书献给敬爱的母亲

我的父亲——马勇烈士

WO DE FUQIN MAYONG LIESHI

马云飞 著

中央文献出版社

二〇二三年九月

马 勇

（一九二二年六月——九五二年八月）

一九四五年三月，太行军区第四十四团在修获武县（位于河南省修武、获嘉、武陟三县三角地带）成立。在太行七分区一团担任支队长的马勇调任该团副团长（行团长职）。图为马勇（左）和团参谋长何雨农(右)在武陟县城郊小元(原)村。（一九四五年九月）

一九四六年一月，马勇任四十四团团长。（一九四六年）

四十四团在战火洗礼中不断发展壮大。图中骑马者左为马勇，右为团政委卢路。（一九四六年）

马勇在战斗中逐步形成“英勇顽强，灵活果断，指挥靠前”（崔殿宸语）的指挥风格，逐步成长为一名成熟的军事指挥员。（一九四六年）

马勇在晋冀鲁豫根据地大后方山西省晋城。（一九四六年十二月十五日）

面对国民党军队的挑衅和进攻，四十四团官兵严阵以待。右一为马勇，右二为卢路。（一九四六年）

河南省博爱县是四十四团的活动区域。图为马勇在博爱县苏家作村四十四团团部。（一九四七年八月）

马勇（中）和四十四团副团长李兴汉（左）、团政治处主任陈曼迪（右）合影。（一九四七年）
——李兴汉副团长是参加过长征的老红军，一九四八年十月在太原战役攻打山头要塞时不幸踩雷牺牲。

一九四九年十二月六日，马勇率团从陕西周至出发，翻秦岭、过大巴山，经过一个月的艰苦行军，抵达川北，胜利完成进军大西南的任务。图为在四川梓潼县召开团党委扩大会议时合影。中排左一为马勇，中排右一为团政委崔殿宸，前排右一为副团长刘儒珍。（一九五〇年一月十九日于梓潼周家祠）
——三营长李琳（前排左一）会后不久在北川县剿匪战斗中牺牲。

太行四十四团先后改编为晋冀鲁豫军区十三纵队三十八旅一一三团、第十八兵团六十一军一八二师五四五团，一路转战豫北、山西、陕西、四川，从一支地方部队，逐步成长为英勇善战的野战部队。这支英雄的部队在马勇的军旅生涯中留下难以磨去的印记。

一九五〇年五月，马勇调任川北军区司令部作战处处长，即将告别带领了整整五年的老部队。崔殿宸政委亦调任川北军区政治部民运部部长。马勇和崔殿宸在这支部队共同生活战斗近五年之久，结下了深厚的战友情谊。图为马勇（左）和崔殿宸（右）分别前合影留念。（一九五〇年五月十日于江油）

马勇、崔殿宸离开五四五团前与团领导合影留念。前排左起：崔殿宸、刘儒珍、参谋长王立刚；后排左起：马勇、政治处副主任宋斌、新任团政委孙瑞锦。（一九五〇年五月十日于江油）

马勇、崔殿宸和五四五团司令部工作人员合影留念。后排右一为崔殿宸，右二为马勇。很遗憾，司令部工作人员中笔者仅知前排左一为作战参谋马绍儒，其余待考。（一九五〇年五月十日于江油）

照片中这位还带着稚气的军人叫杨文彬，曾任四十四团宣传队队长。这张照片是一九五〇年同父亲分别时送给父亲的，一直在家中保存着。半个世纪后，已经离休的杨文彬写了一本书——《铁血雄风》，记叙了四十四团创立和发展的历程，并在收集资料时同笔者相识，交往颇多，给笔者很多帮助。当杨叔叔看到这张照片时十分惊喜，说这是他平生第一张照片，在“文革”受审查时已散失，没想到竟然失而复得！

一九五〇年五月，马勇奉调空军。这是马勇军旅生涯的重大转折——从一名靠双脚走天下的陆军干部转变为一名翱翔蓝天的空军飞行指挥人员。

一九五〇年八月，马勇入空军第三航校（校址锦州）飞行科一期丙班，开始了五个多月紧张的飞行学员生活。（一九五〇年十一月于锦州）

三航校领导为马勇（右）佩戴首次跳伞成功纪念章。（一九五〇年冬）

一九五一年一月十五日，马勇从三航校飞行科一期丙班毕业。图为马勇（右）毕业前和航校同学合影留念。

一九五一年一月，空军司令部任命马勇为空军第五师师长。马勇从锦州赴空五师驻地辽西省开原县（今辽宁省开原市）上任。图为马勇在空五师全师大会上讲话。

空五师师领导成员合影。前排左起：政治部副主任翟佑民、参谋长白宗善、政委马泽迎；后排左起：副政委于应龙、（待考）、师长马勇。（一九五一年于开原）

一九五〇年十月，抗美援朝战争爆发，中国人民志愿军入朝作战。次年三月，中国人民志愿军空军司令部成立，空五师列入首批志愿军空军参战序列。志愿军空司于一九五一年七月在开原组建志愿军空军冲击机指挥所，准备赴朝参战。空五师积极备战，待命出击。但由于美机对朝鲜境内机场的轰炸破坏和板门店谈判的进展等原因，空五师最后没能实现入朝参战。

一九五一年国庆，空五师出动三十六架伊尔-10 组成四组"品"字形空中方阵通过天安门广场接受检阅，马勇担任地面指挥。受阅后，副大队长以上干部在中南海接受了毛主席和朱总司令的接见宴请。图为一九五一年空五师空地勤人员在受阅前的训练中。（取自《空五师建师六十周年纪念画册》）

一九五一年七月下旬至八月中旬，辽北地区发生百年不遇的特大洪水。马勇即率空五师参加抢险救灾，空投物资，同时协调指挥开原地区各驻军抢险救灾。图为辽北抗洪胜利后马勇代表当地驻军接受少先队员献花。

马勇一生热爱体育运动，尤以篮球为甚。一九五一年国庆赴京受阅时，马勇和空五师部分人员曾在北京西郊机场和朱德总司令同场竞技篮球。图为马勇为部队篮球比赛担任裁判。

母亲潘镕在抗日战争时期参加革命，一九四五年二月从太行联中毕业后分配到太行区四专署担任七区（区公所设在博爱县寨豁乡）妇救会会长。图为母亲（右三）在寨豁乡和当地妇女干部的合影。

母亲（中）和太行四专署同事的合影。（一九四六）
——母亲和父亲相识后，母亲把这张照片送给父亲，并在照片背面写着：“赠给马勇同志留念　一九四六年十一月二十八日于寨豁村”

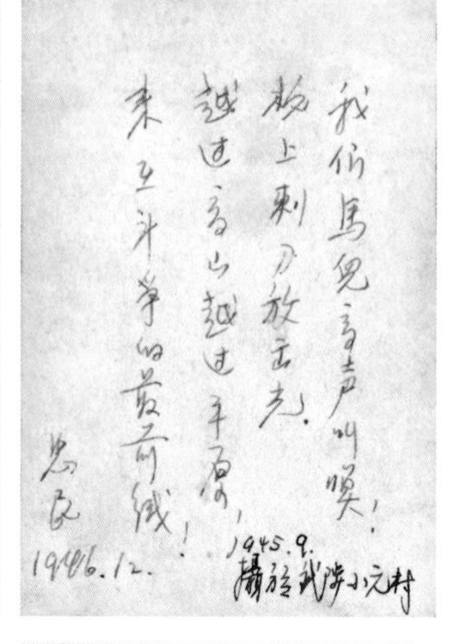

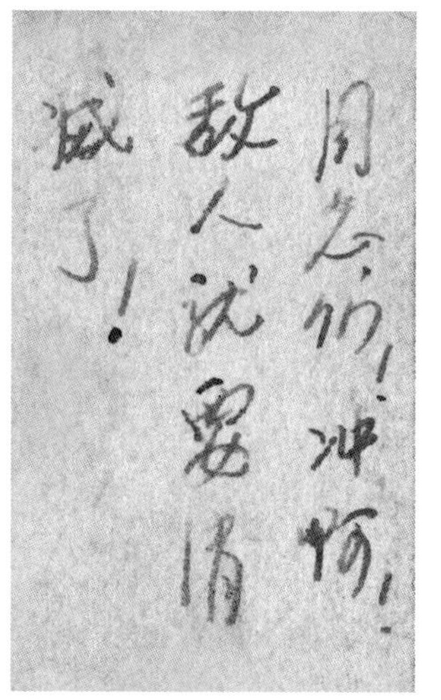

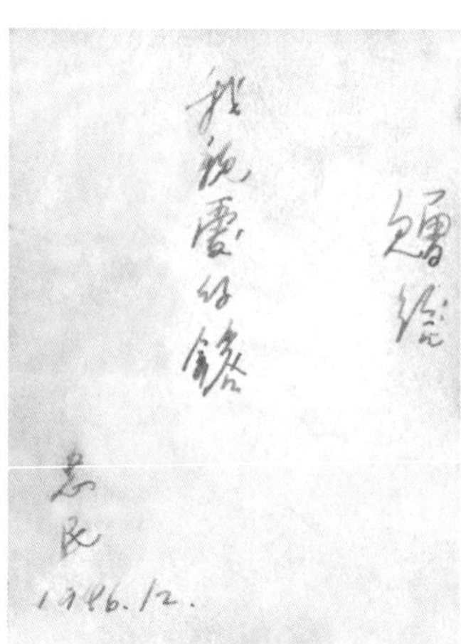

父母一九四六年十一月相识于太行山南麓美丽的山村——博爱县寨豁村。在相识后的一个多月时间里，父亲送给母亲的照片，仅家中保存下来的就有六张之多，而且每张背面都写有激情的文字。看来，父亲是对母亲展开了猛烈的“攻势”。这是其中的三张。

——尽管这些照片已经泛黄，尽管照片背面的字迹已经模糊不清，但从这些照片中，尤其是照片背面的文字中，仍能深深地感受到在战火硝烟的年代里，在艰难困苦的环境中，父亲和母亲那份浓浓的感情！

——按理说，这些照片和照片背后的文字应该属于父母他们私人情感的信物，不知没经他们同意就被我公开出来，是否会受埋怨。但我想，让后人感受一下在残酷的战争年代革命军人们的感情生活，应该不是一种亵渎，而是一种褒扬。

一九四六年十二月二十日，父母在博爱县寨豁村结婚。这张照片应是他们结婚后的第一张合影。

父母结婚后，父亲忙于军务、转战各地，母亲仍在地方工作，他们聚少离多。一九四八年，母亲服从组织安排，从地方转入部队，成为一名革命军人。图为母亲（右）转入部队后和战友的合影。

一九五〇年初，父亲率部驻守川北，父母才有了一段比较安定的生活。但短短几个月之后，父亲奉调空军，母亲怀着身孕，又随父亲辗转赶赴北京。（一九五〇年春于江油）

一九五〇年十二月九日，长子马鹏飞在北京陆军总医院出生。之后，母亲带着鹏飞到开原和父亲团聚。一九五一年初至一九五二年八月在开原的这段时光，是父母共同度过的最幸福的日子。（一九五一年初于开原）

母亲和鹏飞。（一九五一年初于开原）

父亲和鹏飞。这是父亲留给我们的最后一张照片。（一九五二年夏于开原）

一九五二年八月，空五师奉命参加国庆三周年阅兵。八月三十一日清晨，父亲驾机从中转地唐山机场起飞后，因飞行失事牺牲。噩耗传开，全军震动。空军司令部、政治部授予马勇烈士称号，刘亚楼司令员等空军将士在北京为马勇烈士举行了隆重的追悼大会。马勇烈士长眠于北京八宝山革命公墓。

空军司令部、政治部为马勇烈士撰写的碑文中写道：“马勇同志在长期艰苦的革命斗争中一贯刚毅顽强，对革命事业忠心耿耿、始终如一，为祖国、为人民立下了不朽的功绩。他的牺牲是党与人民的一大损失，谨在悼念之余撰文于此，以资垂念。”

空五师为马勇烈士举行安葬仪式。空五师政治部主任翟佑民（读稿者）代表空五师全体将士致祭文。（一九五二年十一月十九日）

母亲携我们哥俩和老家的亲人参加父亲的安葬仪式。图中左侧穿军装者为母亲，母亲怀中抱着的是我；母亲右侧是大姑马春雪，怀中抱着的是鹏飞。（一九五二年十一月十九日）

目录

前言

这本小书是我为父亲写的传记。

细算起来，这本传记从酝酿准备到最后成书，已有三十多年了。

为父亲写传的最初起因是一次偶然的机缘。

一九八七年年底，母亲收到父亲的老家——河北省藁城县党史办的一封信。信中提出，县里要编一部有关藁城县党史人物的丛书，以人物小传的形式入书。因对父亲的经历了解不多，希望母亲能提供一些父亲的生平资料。

接信后，母亲对这件事极为重视。经过慎重考虑，母亲决定让我来执笔写父亲的这个小传。

那时，我已在中央文献研究室工作多年，所从事的专业正是中共党史，这是母亲要我执笔的主要原因之一；而对我来说，为父亲写传则是责无旁贷。

征得藁城县党史办同意，我便着手开始做这件事。

写传，首要是第一手文字资料，这是最基础也是最可采信的依据。

家里有一只小皮箱，里面装着父亲的遗物，母亲精心保存着。遗物中，有父亲生前用过的公文包、飞行皮夹、手表、钢笔以及奖状、徽章、纪念章等，但最为珍贵的是一些文字资料和一批老照片。

清点父亲留下的文字资料，主要有：

一、两本日记。这是最为珍贵的。但遗憾的是，两本日记记述的时间段并不长，而且也不连贯——白色封皮略显残破的一本，内容为一九四六年十月至十二月，只有三个月；蓝色封面嵌有照片的一本时间略长，从一九四九年十一月至一九五〇年七月，约有九个月。

日记为何是断续的，是父亲只写了这些还是其他的没有保存下来，现在已无从知道了。但仅这加起来内容还不到一年的日记，已为后人追述这段历史留下了第一手材料。我在写作本书时，很多史实便来自这两本日记，它可以使我的叙述准确到某天，甚至是某个时辰。同时，这两本日记，也使我从那些在粗劣的纸张上写就的隽秀小字中，从字里行间里，读出了父亲的性格、文采和内在的精神世界。

二、两本笔记本。一本笔记本是用黄纸装订的，没有封皮，内容主要是一九四八年八月至一九四九年十一月期间一些会议记录、战斗总结以及学习心得；另一本是黑色封面的，开本较小，内容不多，主要是一九四九年五月至一九五〇年初的会议记录。

三、一份《军人登记表》和一份《自传手稿》。《军人登记表》是制式表格，一页纸，正反两面，何部门印制未注明。填表日期是一九五〇年六月八日，表中出生年月、籍贯、文化程度、家庭情况、个人简历、入伍后任职情况及证明人等均有简要填写。

《自传手稿》是我起的名，实际是一份两页纸的手写稿，大约七八百字，无标题无日期，稿中简单描述了从童年到参军入伍后的简历和思想状况。和《军人登记表》相对照，有的内容相同，有的内容略详些，也有个别不一致的地方，以我的判断，应该是父亲为填写《军人登记表》打的草稿。[①]

这些文字资料，当然是为父亲写传最重要的依据。

除了文字资料，同样重要的是父亲老战友的回忆。

为了写父亲小传，母亲断断续续给我讲述了父亲的不少往事。然而，由于父亲一直在部队领兵作战，而母亲相当长一段时间是在地方工作，分多聚少。后来母亲转入部队，但由于工作性质不同，对父亲的军事活动也知之不多，于是母亲便千方百计联系仍健在的父亲老战友，请他们为我介绍情况。

在父亲的老战友中，对我写作帮助最大的是崔殿宸伯伯和尉剑畴伯伯。

崔伯伯从一九四五年太行四十四团成立后不久便同父亲在一起，一个是团长，一个是政委，两人亲密合作，生死相托，共同战斗了四年多。父亲调空军后，崔伯伯留在成都军区工作，离休前是成都军区政治部副主任。

母亲给崔伯伯写了一封信，希望能给我提供一些父亲工作战斗的情况。令我没有想到，母亲的信寄出没多久，便收到崔伯伯的回信，而且是一封近万字之多的长信！那时，崔伯伯已是七十多岁的高龄，身体又很不好，竟在这么短的时

① 本书即将付印之际，有友人告之，父亲的档案可能存于解放军某部档案馆。得此线索，遂即查询。在曾供职于军委办公厅的老同学等人帮助下，终于查到了父亲的档案。父亲档案现存军委办公厅档案馆（原总政档案馆），内容并不多，主要是父亲生前填写的几份干部履历表，以及组织上的一些鉴定等，但对笔者来说已是分外珍贵。该档案馆还按有关规定向笔者复制了一份父亲于一九五二年五月填写的干部履历表（表中在检查机关一栏中盖有“中国人民解放军空军第五师中国共产党委员会”的公章）。这份履历表的获得，使家中保存的《军人登记表》得以互相印证，并且充实了不少新的细节，真是意外收获。在军办档案馆查看父亲档案时，还证实了笔者起名为《自传手稿》的这份资料，乃是父亲填写的一份干部履历表（由华北军区第一兵团政治部印制）中个人经历一栏的草稿，填写时间为一九四八年。由于本书已基本定稿，不宜大的改动，以上情况，特以注释方式补充说明。

间内回了这么长的信，太珍贵了。信以崔伯伯和老伴高吉祥阿姨的名义落款，详细介绍了和父亲共同的战斗经历，深情述说了对父亲的怀念。从信的字迹看，是年轻人工整的手笔，应是别人代抄的，但字里行间仍可见到崔伯伯那颤抖的修改笔迹。后来在北京见到崔伯伯的儿子，他告诉我，这封信是崔伯伯废寝忘食苦战三昼夜写成的，又逼着他用了整整一天时间抄写，每抄一部分，崔伯伯便修改订正一部分。

可以感受到，崔伯伯在这封信中，融入了多少对老战友的怀念之情！

崔伯伯去世前几个月，在写给母亲的信中还在问父亲的小传什么时候出版，叮嘱母亲："如果书出版希寄我一本作永久留念。"

尉剑畴伯伯是我最敬重的又一位老前辈，是父亲在空军时的老战友。父亲奉调空军后到锦州三航校学飞行，尉伯伯是三航校的参谋长。父亲在航校毕业后被任命为空五师师长，尉伯伯不久又调任空五师副师长兼参谋长。不仅父亲和尉伯伯是老战友，母亲和尉伯伯的爱人安若岚阿姨也是老战友。母亲在空五师任组织干事，负责家属工作，安阿姨是空五师卫生队的军医，两家来往很密切。

尉伯伯的经历也很坎坷。二十世纪五十年代从空五师副师长调任空二军参谋长，后又调任空军司令部领航部部长，却在那"史无前例"的混乱年代被打成空司"反党集团"重要成员，下放劳动多年。平反后任空司顾问，牵头顾问组工作，但身体已很不好。得知我要为父亲写传，尉伯伯抱病做了精心准备，并让秘书到空政档案部门查阅了有关档案，然后约我到家中，坐在轮椅上同我谈了整整半天。

我同尉伯伯一家还有不少故事，会在后面正文中详加叙说。

有了上述这些珍贵的一手材料，又陆续收集查阅了一些参考资料，父亲小传的完成就是顺理成章了。

一九九〇年十二月，收录有父亲这篇小传的《中共藁城县党史人名录（第一辑）》一书，由藁城市（此时藁城已由县改市）党史办印制完成。

令人万分遗憾的是，这本书印制完成之时，尉伯伯和崔伯伯却已于一九八九年一月一日和一九九〇年八月三十日先后去世，没能见到也凝聚了他们心血的最后成果！

由于篇幅的限制，《中共藁城县党史人名录（第一辑）》收入的父亲小传，在我的原稿上做了较大删减，只保留了两千多字。《中共藁城县党史人名录（第一辑）》一书没有正式出版，只是印制了一批在较小的范围内赠送和作为资料保存。

二十一世纪初，国家民政部主持编辑的国家级项目《中华著名烈士》多卷本大型丛书启动。父亲的这篇小传由我恢复了原来删减的内容，并稍作修改，大约八千多字，收入这部丛书第二十八卷，于二〇〇三年五月由中央文献出版社出版。

父亲的小传公开出版后，中华英烈网、中国军网、中红网以及百度百科等网络媒体均有转载或收录。

父亲小传完成后，欣慰之余却仍有些许遗憾。

前面提到，父亲的遗物中除文字资料外，还有一批老照片。这批老照片大约有一百来张，有父亲的单人照，有父亲和战友的合影，有父母的合影，也有战友们送给父母的留念照片。这些照片以图像的形式记录了父母亲战争年代和新中国成立初期的军旅生活，生动鲜活。但由于图书版式的关系，父亲的小传两次发表时都只有文字而没有收入照片。

后来在二〇〇五年六月，新华出版社出版了一部名为《铁血雄风》的书，记录了太行四十四团从抗日烽火中创建、新中国成立后转隶铁道兵和改建为中铁集团工程公司的光荣历史。书的作者之一是父亲的老部下、在四十四团做宣传工作的杨文彬叔叔。杨叔叔主写的前十章正是四十四团的战斗历史。这本书对我后来写作本书有重要的参考价值，在多次当面交谈和书信、微信来往中，杨叔叔也给予了我极大的帮助。但很遗憾，由于版面原因，《铁血雄风》一书也只收录了父亲两三张照片（由我提供）。

我在二〇一一年因国家出版单位体制改革、为保留公务员身份而提前半年办理了退休手续。虽然接着又返聘了几年，但毕竟不在领导岗位上，工作轻松了许多。二〇一四年十一月，一场突如其来的大病（急性心梗）几乎将我击倒，多亏抢救及时，我又幸运地从鬼门关爬了回来，于是就与工作彻底告别了。

退休赋闲在家，整理家中旧物，又翻出父亲和母亲的老照片。由于当年父亲牺牲时，我只有八个月大，尚在襁褓中，心中父亲的形象实际上是从这些发黄的老照片中获得的。对于我来说，这些老照片弥足珍贵。

翻看着老照片，忽然萌生一个想法——将这些照片整理出来，配上相应的背景文字，做一个图文并茂的小画传。这样，一来弥补了父亲小传出版时没有图片的遗憾，二来也为自己、为亲友、为后辈们留下点值得念想的东西。

现代科技的飞速发展，正在改变人们的阅读习惯，手机越来越成为大众特别是中青年一代传递信息的首选媒介。因此，我首先想到的是搞个通俗的手机版。

很快，手机版小画传《我的父亲——马勇烈士》就做出来了。收录在“美篇”App平台上。

这个小画传中收入的老照片，大部用手机翻拍，清晰度虽不是很理想，但手机阅览没问题，而且保持了照片的原汁原味。文字主要是在父亲小传的基础上增减而成，增减的目的也是为了突出照片。花费时间较多的倒是考证老照片的年代和合影中涉及的人物。当时，父亲的老战友大多已离世，母亲也去世多年了。经过多方考证，特别是在杨文彬叔叔以及父亲老战友后代的帮助下，照片背景基本搞清了（还有个别待考）。照片的拍摄年代，有的照片本身标有日期，有的是我根据各种资料推断的，虽不十分精准，但也相差不会太多。当然，由于年代久远，手机版小画传完成时仍留有遗憾。考证老照片这个工作，我到今天仍在继续。

前面说了，当初编写父亲小画传的初衷，仅仅是想梳理一下父母亲的人生足迹，给自己、给自己的家人留点东西。因此，《我的父亲——马勇烈士》小画传手机版完稿后，只在微信的家人群和几个好友群中发了一下。

没想到，这个小画传竟引起不小的反响。“美篇”平台上的阅读量达到几万，很多朋友圈微信群也互相转发、引荐，更多的人看到了这个东西。朋友们的点赞给了我不小的鼓励，由此还联系上了一些失联很久的朋友和从未谋面的父亲老战友的后代，也算是意外的收获了。

受到鼓舞，我便下决心为父亲写一部更为详尽的传记。

重新写传，最初方案是出一本图文版的画传。

为此，在后来的几年中，我和夫人鲁玉玲还驾车出行，到父亲生活和战斗过的地方实地寻踪，并拍摄了一批实地背景照片。

在二〇一七至二〇一九年期间，我们回老家，到正定参观父亲的母校正定中学；到山西的太原、祁县、临汾、晋城，寻访当年父亲的战斗遗址，参观太原战役、晋中战役和临汾战役纪念馆，拜谒革命烈士陵园；到河南的博爱、焦作、辉县等地，感受太行老区的风韵；还到了父母当年结婚的太行山南麓小山村。我们还穿秦岭，过巴山，经周至、洋县、汉中、南郑、巴中、三台，到达父亲所部在川北的驻地江油古城，一路领略了秦川山河的壮美，更感受了人民解放军翻越秦岭巴山、追击胡宗南集团、解放四川的艰辛与豪迈！

原计划这两年还走几个地方，突如其来的疫情使计划暂时搁浅了。希望这个计划在今后还能继续进行。

疫情限制出行，但也给了我更多的写作时间。经过近一年的努力，文字初稿完成了。

但把初稿配上图片后，发现全书篇幅过大了，而且父母的老照片只集中在几个时间段，难以在各章中分布均衡。再三斟酌，最后放弃了画传的方案，改为传记部分以纯文字入书，老照片精选后集中放在文前，这就是读者现在看到的样子。

照片做了取舍，但老照片保留了，而且以铜版纸作插页，照片也适当做了修版，更为清晰了。舍去的照片在手机版小画传中还保留着，读者可以互相对照。

另外，为配合书中内容，在书后还选配了一些母亲和我们哥俩在父亲牺牲后的照片，以及笔者寻访父亲足迹时拍的实地背景照片。

本书文字和最初的小传比较变化很大，几乎每章都是重新写过。

增加的文字内容首先是对父亲经历的补充。写手机版小画传时，由于时间仓促，资料不全，同时也为了突出照片，对父亲的有些经历做了简化，交代得不全面。特别是父亲在抗日战争时期的经历，几乎是一笔带过。这次成书，又做了较多的考证，补充了不少内容，可以说做到了“无缝衔接”。

文字的增加更多是历史背景的铺陈。从父亲的故乡、童年、学生时代，到参加革命后经历的抗日战争、解放战争，再到人民空军的初创，宏观的历史背景在画传修改时做了尽可能多的交代。

我做这些修改的想法是：只有把个人置于广阔的历史背景中，这个个人的形象才可能更加丰满和生动；而更重要的是，希望读者在阅读这本书时，不仅仅是只了解父亲个人的经历，而是通过一个普通革命军人的视角，去捕获中国革命战争年代和人民空军初创时期更多的更加宏大的历史画面，去触摸和体味那已经逝去但依旧辉煌的历史脉搏。

不知我的这个努力是否能得到读者的理解。

第一章　投笔从戎

父亲马勇，一九二二年六月出生于河北省藁城县贾村。

古老的藁城

藁城于一九八九年七月撤县建市，为藁城市；二〇一四年九月石家庄市行政区划调整，藁城撤市转为石家庄市直属区，现在的正式称谓应该是——河北省石家庄市藁城区。

今日藁城隶属石家庄市，但藁城的历史比起石家庄来说可是悠久多了。

一方水土养一方人。

作为藁城人的后代，理所当然要对自己的老根儿有所了解。更何况，了解藁城的历史变迁、风土人情也是探寻和了解父亲的人格性情、内心世界的最初切入口。因此，笔者在这里多费些笔墨，尽可能多地对藁城地区的人文地理和藁城人的风情秉性作番探究。

考古发掘表明，藁城地区在仰韶文化时期就有了人类活动的遗迹。至商代，人类文明活动已较发达。

藁城境内有多处商代文化遗存，其中最著名的当属“台西商代遗址”。

台西商代遗址规模之大、出土文物之多、文物价值之高被列为我国“建国以来重大考古发现之一”。一九八八年，台西商代遗址被列为全国重点文物保护单位。

台西遗址位于藁城县城西十公里处，居台西、庄合、故城、内族四村之间，以三个高大的土台（当地人俗称“台疙瘩”）为中心。三台中，“南台”因村民多年取土建房已被铲平，“西台”、“北台”尚存。从西台断崖处观测，上层属战国至汉代文化层，下层至底部全部为商代文化遗存。

据当地村民反映，此处在新中国成立前就挖出过不少青铜器。二十世纪六十年代中期至七十年代初期，台西村民在西台南侧取土时，又挖出过成组的青铜礼器，以及铜鼎、甗、斝、觚、匕、矛、尊、石罄等文物，其中一件长达三十九厘米的精美玉戈曾引起一时轰动。一九七二年出土的一枚铁刃青铜钺更为珍贵，曾引起国内外关于我国冶铁技术发明年代的学术论争。曾有专家据此认为这是我国冶铁技术的开端，如果此说成立，将使我国冶铁技术的发明年代提早数百年。但更多专家认为铁刃青铜钺中的铁是由天然陨铁制成，而非人工冶炼。尽管不是人工冶炼，这件铁刃青铜钺也是我先祖制造和使用铁器的标志性文物。

一九七三年，省文管处组成考古队对台西商代遗址进行了系统发掘。共发现房屋遗址十四座，水井两眼，灰坑一百三十四个，墓葬一百一十二座（其中有奴隶殉葬墓十座）。出土文物有陶器、石器、漆器、玉器、青铜器、蚕麻丝织物和植物药材标本等三千多件。

有意思的是，出土文物中还发现有酿酒工具、酿酒器皿、酿酒原料（枣、桃、李等）和人工培植的酵母，可见藁城先民们早在两三千年前就有了畅饮美酒的传统。那时酿酒不用粮食，而是以枣、桃、李子等果子制酒。

这次考古发掘证明，台西遗址是目前石家庄境内发现的最早的商代城垣遗址，甚至有专家认为，该遗址是商代王室成员的城垣遗址。

据有关文管部门考察统计，藁城境内除台西商代遗址外，尚有三十七处商代遗址尚未发掘，文化底蕴之深可见一斑。

到了春秋时期初期，藁城地区成为白狄肥族人所建肥子国（亦称肥累国）国土，肥子国都城遗址在今县城以南二点五公里的城子村一带。二十世纪五十年代，城子村北尚有残存垣墙一段。

简单科普一下，所谓“白狄”，是生活在欧亚大草原上的白种人，而非华夏本土民族。他们由于种种原因逐渐东迁，春秋前期主要分布于古雍州北部（今陕北一带），公元前五百五十年，东迁至太行山东麓冀中一带，曾先后建立过肥子国、仇由国、鼓国等政权。

春秋中期，肥子国为晋国所灭，藁城遂为晋地。后赵、魏、韩三家分晋，进入战国时期。战国初期，藁城地区为中山国之地（中山国亦为白狄政权）。后赵灭中山，藁城又属赵地。藁城县城西南十余公里处的宜安村，曾是赵国大将李牧（战国时期四大名将之一）屯兵抗秦的宜安城旧址。村中有李牧点将台一座，村民称为“李牧台”。

秦始皇统一中国后推行郡县制。秦政权虽仅享国十几年，很多制度并不完善，但汉承秦制，继续实行郡县制。汉武帝元鼎四年（公元前一一三年）藁城地区置县，属常山郡。其后历朝历代几经废置分合，至宋太祖开宝六年（公元九七三年）藁城境域即定。西汉时期置县后，县名也几经变换，曾名肥累、九门、槀城、高城、槀平等，至元太祖时期（公元十三世纪初）改为藁城，沿用至今。

从地理环境来说，藁城地处冀中平原，滹沱河全境穿越，蜿蜒东去。据县志记载，藁城自古土地肥美，农桑发达，尤以盛产小麦闻名，“丰年可饱，荒年可度”，素有“燕赵天府”之称，在河北省属比较富庶的县份之一。

有着如此深厚的历史文化积淀和优越的地理条件，藁城人形成了耕读传家、厚重守成的秉性。

但地处“多慷慨悲歌之士”的燕赵之地，藁城人淳朴厚重的民风之中，又有着侠义忠烈的一面。远的不说，在抗日战场上，藁城出了两位抗日名将，就是藁城人血性和骨气的展示。这两位将军，一位是郝梦龄，一位是何基沣。

郝梦龄将军是藁城庄合村人，一八九八年出生，毕业于保定陆军军官学校，后任国民革命军陆军第九军军长，陆军中将（阵亡后追授为上将）。一九三七年中日忻口会战中被任命为中央兵团长，指挥第九军及其他三个军坚守忻口以北主阵地，面对强敌，身先士卒，在向日军阵地冲锋时遭敌重机枪扫射，身中数枪，壮烈捐躯，是中国军队在抗日战争中牺牲的第一个军长。郝梦龄将军阵亡后，在其衣袋里发现一封未发出的致友人信，信中写道：“余亦决不惜一死以殉国，以求民族生存。此次抗战，誓当以沙场为归宿。”

何基沣将军是藁城北席村人，一八九八年出生，先后毕业于保定陆军军官学校、北京陆军大学，一九三三年在长城喜峰口率二十九军大刀队浴血奋战，抗击日军进犯，并以战功升任旅长。一九三七年在卢沟桥事变中亲临前沿阵地指挥，发出“与卢沟桥共存亡”的命令，顽强抗敌，打响全面抗战第一枪。退守大名府后又与日寇殊死搏斗，失守后悲愤已极、拔枪自戕（后经抢救脱险）。部下在抢救时发现一张墨迹未干的纸条，上书："不能打回北平过元旦，无颜以对燕赵之父老！"

何基沣将军在国民党军队中先后任师长、军长、绥靖区副司令官，因对国民党政权极度失望，一九三八年在周恩来安排下秘赴延安月余，并于次年加入中国共产党，一九四八年和张克侠将军一起率国民党军两万多人阵前起义，以此正式揭开了淮海战役的帷幕[①]。二十世纪八十年代的电影《佩剑将军》，讲的就是何基沣将军和张克侠将军的故事。

抗战时期，藁城北部地区为中国共产党领导的冀中抗日根据地主要地域，冀中军区七分区军政领导机关常驻南孟镇一带，藁城人民在分区领导下坚持抗战、英勇杀敌，谱写了可歌可泣的斗争篇章。

提到藁城人的民风，还有一个特点似乎值得一提——藁城人善饮。藁城的酒文化源远流长、远近闻名——好喝，海量，不醉不休。记得工作时有几次到石家庄市和周边的一些县市如平山、赵县、辛集等地出差，当地人在饭桌上提起藁城人的喝酒，无不竖起大拇指称赞，连称甘拜下风。笔者当时不知深浅，自报家门。饭桌上众人一听笔者是藁城人，于是锋芒齐指，几成众矢之的。当然，笔者是徒有虚名，每每狼狈招架，连连告饶，很为藁城人丢面儿——不知这算不算对藁城人性情的另类解读。

---

① 起义后，何基沣先后任中国人民解放军第三十四军军长、南京警备区司令员、水利部副部长、农业部副部长等职，一九八〇年去世。

贾村马家

贾村是冀中平原上一座普通村庄，今属兴安镇，位于藁城最东端，村东土地与晋县（今晋州市）接壤。新中国成立前，该村“户不过二百，人不足千口”；至二十一世纪初，人口亦不过约一千八百人，农田一千余亩。

老家我去过的次数不多。在一九六二年十岁时第一次回老家，是放寒假时最小的叔叔带我回去的，在老家过了一个旧历年。那次回去对老家印象并不佳。那时正值三年经济困难时期，物质极度匮乏，主食好像主要是一种地瓜面的蒸饼，副食就是咸菜，过年也没什么好吃的。记得年前和家里人到兴安镇赶过一次集，印象中集市也不很热闹，再加上兜里一个大子没有，穷逛了一趟。

前几年再次回去，情况可大不相同了。村里的土坯房没有了，砖木结构的灰砖老房子也不多了，代之而起的是一排排统一规划的红色砖瓦房，间杂着一些颇有些洋气的二层小楼。村中一条东西向的主街很宽敞，街上坐落着村委会大院和几座商店，村民们东一群西一伙悠闲地在街上歇息聊天。在村里看望了两位还健在的婶子，也去了几位叔伯兄弟的家，家家都住上明亮的大瓦房，还有前檐带柱子的厦架，再加上宽敞的大院子，看上去生活富足美满。

据《藁城县地名资料汇编》记载，贾村唐朝时称贾家庄，清末始改为现名。

让人不解的是，该村名为贾村，村内却并无贾姓人家，而是以马姓和武姓为两大主要姓氏。

何以至此呢？

二〇〇九年，贾村两委会（党支部和村委会）以武吉海老师为主笔编成《贾村志》，对此有详尽记述。笔者写作此书时，参考《藁城县志》和《贾村志》，亦对此做过一番考据，简述如下——

贾村村址和人员的变迁，应同冀中平原著名的滹沱河有着直接的关系。

滹沱河发源于山西五台山北麓，穿越太行山后流经冀中平原，最后汇入子牙河，属海河流域。滹沱河在古时水流很大，滋润和灌溉了冀中平原的农田阡陌，造福了华北大地的华夏子民。不过近几十年来由于气候变化和人为因素，这条著名的北方河流已几近断流。近几年经过治理，滹沱河又渐渐有了生气。

凡事有利亦有弊。滹沱河在造福冀中人民的同时也给冀中人民带来了无尽的烦扰。

滹沱河以多泥沙、善淤善徙闻名于中国北方，每到夏季，“大雨滂沱”“河水泛涨”“洪峰汹涌”，加之古时治水不利，大堤经常决口，改变河道，“推沙涌泥”“毁舍没田”，被沿河百姓称为“糊涂河”。

而贾村正建在滹沱河故道上。可想而知，当时的村民饱受水患之扰。

据《贾村志》考证，贾村见诸史料记载大约在唐天佑年间（公元九〇四—九一九年），当时村中以贾姓为首户，称贾家庄。至明弘治十四年（公元一五〇一年），滹沱河发了一场大水，泛滥成灾，县城几近被淹，冲毁房屋无数。地处滹沱河要冲的贾家庄“很有可能在此次大水中被淹没”①，村民尽

①《贾村志》，贾村志编撰委员会编，二〇〇九年印制，第三页。

数迁离了此地。中间或许经过了一段无人期，至清雍正三年（公元一七二五年），改道后的滹沱河又遭大水而致决口，藁城东南一带受灾严重。一族马姓人家从灾区迁到贾家庄旧址，垦田建舍，安住下来。因村中已无贾姓人家，遂改名贾村。至于这族马姓人家从何处迁来，现已不可考。

相传这族马姓人家先祖名马洛徐，生有六子，后分门立户，繁衍生息，被后人称为“六门六户”，为贾村第一大姓。据二〇〇八年国家人口统计，贾村全村人口一千八百六十二人，马姓一千二百一十九人，约占全村人口三分之二。

清嘉庆六年（公元一八〇一年），滹沱河再次泛滥，一族武姓人家迁至贾村，之后，陆续又有其他姓氏家族迁来，逐步形成贾村现在的格局。

马勇父亲名马国瑞，是“六门六户”中的一个分支。马国瑞一生务农，辛劳耕作，家境渐渐殷实，至马勇参加革命前，名下已有水旱田一百八十余亩，骡子五头，并有榨油坊等生意，在贾村中为第二大富户 。

尽管马国瑞一家是当地富户，但并未为富不仁。马国瑞思想开明，有爱国热情，在村中较有声望，抗日战争时期曾加入过中国共产党，还担任过中心村村长和抗日动员会主任。据老家老人讲，正因马国瑞人缘较好等缘故，在土改被划为地主后并未“受罪”。

马国瑞这一支曾是三代单传，到马国瑞这代却忽然人丁兴旺起来。马国瑞育有六子二女，而且都是一母所生。

至于发展到第三代（也就是我们这一代）就更不用说了。我前几年回老家时曾掰着指头和我那些叔伯兄弟统计过，我的叔伯兄弟姐妹就有二十四位（十三男十一女），两位姑姑的五个子女还不算（这在农村讲是外姓人）。如果都算上，有近小三十口人。

再科普个小常识，生长在城里的孩子可能搞不清这些。在我国传统的称呼上，同姓同祖的兄弟称为堂兄，一般指五代以内；而两代以内，即同一个爷爷的兄弟姐妹称为叔伯兄弟、叔伯姐妹，是除亲兄弟亲姐妹之外最近的血缘之亲。

在老家同叔伯兄弟们闲聊时曾听说起过，我们马家这个家族之所以一时兴旺，全凭奶奶之功。奶奶名叫李小菊，邻县晋县人，一生勤劳，心地善良，为人处世精明强干。嫁入马家后，不仅为马家生养和培育了八个子女，而且把家族的财产生意打理得井井有条。奶奶同情心很强，对下人很好，还时常接济穷人。这可能也是马国瑞·家在村中人缘较好的原因之一吧。

父亲在八个子女中排行老大，下面有五个弟弟和两个妹妹。按字辈排序，父亲这一代为“中”字辈，父亲家中起名马中秀，“马勇”是参加八路军后改的名，在后来一些场合也用过“马忠民”之名。

童年

马勇的童年是在中华民族蒙受危难时期度过的。

马勇七岁入小学读书。

马勇在《自传手稿》中说：“自幼八岁入初小读书，十一岁考入高小。”这里说的岁数根据笔者的推算应该是指虚岁，因为后面接着说“至十三岁考入正定中学”，马勇入正定中学是在一九三四年，时年十二岁，以此前推，入小学应是在周岁七岁。

藁城的教育在冀中地区是比较发达的。

清朝末期，在张之洞、袁世凯等重臣的推动下，朝廷“废科举，兴学堂”，全国陆续办起近代教育的学校。

光绪三十一年（公元一九〇五年），藁城县将位于县治东北隅的滹南书院改为藁城县第一高等小学校，全县各地陆续建起初等小学。到民国二十二年（公元一九三三年），全县建有高小两所、完小一所、初小一百五十八所、女子完小一所、女子初小五十三所。①

民国十八年（公元一九二九年），贾村村民马文芳捐资大洋五百元，在村东大寺内建起贾村第一所初级小学堂。

童年马勇成为贾村初级小学的第一批学生。一九三二年夏转入藁城县城内的第一高等小学。

民国初期，初级小学课程设置有国语、算术、习字课等，高级小学增设地理、自然、英语。马勇用五年时间读完初高小课程。

除接受近现代教育外，学校中浓烈的爱国主义氛围也使马勇深受教育。一九三一年九一八事变爆发，华北各地抗日救亡运动日趋高涨，学校的进步教师也在课内课外对学生进行抗日救国教育。耳濡目染，正在读小学的马勇萌发了初步的民族觉悟。在《自传手稿》中，马勇曾这样回忆自己的童年生活：“在高小初小时年纪小，只知玩耍，自己有点小聪明，不甚爱用功，时正值九一八事变，对日本很痛恨，略有民族意识。”

“有点小聪明”又“略有民族意识”的马勇同学，在读完高小后开始走向更广阔的天地。

---

①《藁城县志》，藁城市地方志编撰委员会编，中国大百科全书出版社一九九四年二月版，第三九六页。

正定求学

一九三四年夏，高小毕业后，十二岁的马勇考入正定中学。

正定东邻藁城。现在，正定的知名度不是很高，然而历史上，正定在冀中可是赫赫有名。

正定是国务院命名的中国历史文化名城，古称真定，秦置县以后为真定县，属恒山郡（后因避汉文帝刘恒名讳，恒山郡改为常山郡），为郡治所在地。北宋时期改设真定府，亦为府治所在地。在明代最鼎盛时期，真定府曾辖五州二十七县，包括了今石家庄地区的大部县市和保定地区的阜平县，与北京、保定并称“北方三雄镇”。清雍正年间为避胤禛名讳改真定为正定。

正定交通便利，古迹众多，文化发达，人才辈出。喜爱三国戏的读者都知道，刘备手下大将赵云一出场亮相便是一句：“吾乃常山赵子龙也！”这“常山”，便是正定。城中一座大佛寺（隆兴寺），隋唐建筑，佛高二十余米，为中国十大名寺之一。民国初期，河北修建一条通往太原的铁路，起点石家庄，却不叫“石太线”而叫“正太线”——正定至太原。抗战时八路军百团大战“破袭正太路”，指的就是这条铁路。

正定作为河北中部的中心城市，自古教育就很发达，其中的佼佼者，则非正定中学莫属。

正定中学校名几经更改，初建时定名直隶省立七中，后来曾改为河北省第七中学、河北正定第一中学等，最后定名河北正定中学，沿用至今。

正定中学作为冀中地区的名校，历史可追溯至东汉时期的“常山郡学”、“封龙精舍”，到清代演变为“正定府学”、

“恒山书院”，至今已有两千多年的历史。光绪二十八年（公元一九〇二年），清廷推行“新政”，正定府学和恒山书院经过改设，正式成立官定正定府中学堂，是当时直隶省（含北京、天津）最早设立的七所府级学堂之一。学制初为四二制（初中四年，高中二年），一九三二年改为三三制（初中三年，高中三年），教学引入西方自然科学教材，课程设修身、读经、国文、外国语、算学、历史、地理、格致、生物、体育、兵操、音乐、图画等，开正定地区近代新式教育之先河。

当时，正定府衙对办“新学”极为重视，知府江槐序亲任学堂总办（即校长）。江槐序办学有方，对学校的发展颇有贡献，当年的校长办公楼即命名为“槐序楼”——此建筑是现今校内唯一留存的一座老建筑。正定中学成立后，为国家为民族培育了一批栋梁人才，前面提到的何基沣将军和后面将要提到的马玉堂烈士，均出自此校。

顺便提一句，正定中学发展至今，仍是河北省的优秀重点中学之一，荣获“中华百年名校”、“中国百强中学”等称号。近年省内中学高考排名，正定中学均名列前茅。“千年传承，百年名校”是正定中学自我骄傲和对外宣传的口号。

二〇一七年九月，我们夫妇和哥哥鹏飞一行从老家返京，在叔伯弟弟京斌（原藁城市教育局副局长）和正定中学负责校史工作的黄雄老师陪同下，特意参观了颇具规模的正定中学校园和设在“槐序楼”内的校史展览，实地感受了百年名校的今昔。

正定中学还是中国共产党在冀中地区的发源地。一九二四年十二月成立的中共直隶省立第七中学支部委员会，是石家庄地区第一个中共支部，后发展为中共正定特别支部委员会、中共正定地方执行委员会，成为石家庄地区的红色革命摇篮。

在这所具有革命爱国传统的学校里，马勇同学受到深刻影响，成为学生中反日爱国运动的积极分子。

一九三六年十一月，绥远抗战爆发。绥远抗战是绥远省政府主席兼国民革命军第三十五军军长傅作义将军率部在中央军汤恩伯部和阎锡山军赵承绶部配合下，在绥远地区顽强抗击投降日本军国主义的傀儡——内蒙古德王伪蒙军的局部战争。

早在一九三一年，历史上臭名昭著的《田中奏折》中就声称："惟欲征服支那，必先征服满蒙"。《田中奏折》其实是日本军国主义分子在一九二七年上书日本昭和天皇的对华策略秘密奏章，欲在内蒙地区建立类似伪满洲国的傀儡政权，后冠以日本首相田中义一的名义发表。而内蒙古德王（德穆楚克栋鲁普亲王）是一位"泛蒙古主义"者，野心极大，组建所谓蒙古军，欲借日本势力在蒙古独立建国，不惜成为日本人的傀儡。

一九三六年十一月，傅作义率部向日蒙侵绥后方基地——百灵庙发起攻击，打败了由日本关东军头领指挥的伪蒙军，取得了百灵庙战役完全胜利，收复了被伪蒙军占领的失地。此次胜利史称"百灵庙大捷"。

绥远抗战是自九一八事变以来中国军队第一次取得胜利而事后又没有签订屈辱条约的大事件，沉重打击了日本军国主义的嚣张气焰，极大鼓舞了华北和全国军民的抗日热忱。

消息传到内地，群情高涨。正定中学在进步师生的推动下马上成立了后援会，组织各种社会活动，为在前方浴血抗敌的将士们声援和募捐。马勇同学十分活跃，积极报名参加后援会，上街参加演讲，演小话剧，宣传绥远抗敌将士的英勇事迹，号召广大市民慷慨募捐。

时隔不久，在绥远抗战取得胜利的影响下，又爆发了西安事变，东北军将领张学良和西北军将领杨虎城十二月十二日在西安扣留了蒋介石，要求他调转枪口，一致对外，反抗日本侵略。张、杨二将军的行动得到全国各界群众的支持。

正定中学的师生们闻讯后，立即将后援会改为学生自治会，吸收更多的学生参加，上街游行，散发传单，宣传抗日，反对蒋介石的“不抵抗主义”。马勇在《自传手稿》中回忆这一时期的思想状况时曾说过，虽然那时还不懂得更多的革命道理，但包括自己在内的大多数同学们都痛恨蒋介石，不赞成释放蒋介石，因为“蒋介石不抗日”。于是马勇同学更加积极地投入到学生运动中去。

学生们的行动得到各界人士的响应，却使校方十分恐慌。校方极力阻挠学生们上街，还通报警方无故抓了几名学生。这种倒行逆施的行为激怒了广大学生，学生们立即组织罢课游行，闹起了学潮。愤怒的学生们还冲进校长室，把校长痛打了一顿。学潮震动了正定当局，县府不得不释放了被抓的学生，更换了校长。

在声援绥远抗战和西安事变的学生运动中，马勇的民族觉悟有了进一步提升。他在后来填写的《军人登记表》中写道：“中学时正值绥远抗战和西安事变，抗日意志甚强。”

一九三七年七月，马勇同学以优异的成绩从正定中学初中毕业。

三年的正定中学学习生活，不仅使年轻的马勇受到现代教育，同时也受到强烈的爱国主义熏陶。

从正定中学初中毕业后，学校的一位校长带着几个学习较好的同学赴北平考学。

七月上旬，马勇一行人行至卢沟桥，正遇“卢沟桥事变”爆发！

当时，北平城的北、东、南三面早在一年前就已被日军占领，只剩西面的宛平县城（今丰台区卢沟桥镇）是唯一的进出口。七月七日，日军在宛平城外卢沟桥一带挑衅性地举行军事演习，后借口一名士兵失踪，强行包围了宛平城，并欲进城搜查，遭到守城将领二十九军三十七师二一九团团长吉星文的严词拒绝。八日凌晨，日军强行攻城，打响了侵占华北的第一枪。中国守军二十九军奋起抵抗，同日军展开激战，战至七月底，最终不敌而退出宛平城，北平失守。这一事件史称“七七事变”，是中华民族开始全面反抗日本军国主义侵略的标志性事件。

马勇等同学在宛平城外目睹了日军侵略的暴行和国土沦丧的耻辱，亦深感国家民族危亡的迫近。

考学无门，马勇一行人只得返回家乡。怀着满腔义愤，马勇决定投笔从戎，报效国家。据老家的老人们回忆，马勇返回家乡，刚进家门就大哭起来，说：“卢沟桥已炸，日本人侵略中国太甚！中国就要亡国了！没有国家，哪还有我们，我决定不考学了，要救国，要参军抗日！”

马玉堂的队伍

一九三七年十月间，在日军攻势下，藁城县国民党县党部和县政府要员随国民党军队仓皇南逃，十三日，驻石家庄日军派遣三名日本兵带领四十余名朝鲜仆从军占领了藁城县城，藁城陷落。

不久，在县城以南出现一支百余人的抗日队伍，自号

"抗日义勇军"，于十一月二日夜袭县城，击毙守城的三名日本兵和仆从军头目"独角龙"，俘获其余守敌，一时在藁城及周边地区声威大震。

这是一支什么队伍?

建立和发展壮大抗日武装、开展敌后游击战争是中国共产党人在抗日战争全面爆发后面临的首要任务。

一九三七年八月，中共中央在陕北洛川召开的政治局扩大会议（史称洛川会议）上通过了《中共中央关于目前形势与党的任务的决定》，号召全党："共产党员及其所领导的民众和武装力量，应该最积极的站在斗争的最前线，应该使自己成为全国抗战的核心，应该用极大力量发展抗日的群众运动"。

九月二十五日，中共中央军委主席毛泽东在给已抵达山西抗日前线的中央军委副主席周恩来和中共北方局负责人刘少奇、杨尚昆等的电报中再次强调："整个华北工作，应以游击战争为唯一方向"，"发动全华北党（包括山东在内）动员群众，收编散兵散枪，普遍地但是有计划地组成游击队"。

按照中共中央要求，刘少奇十一月十五日在为北方局起草的《关于目前形势与华北党的任务的决定》中要求华北各级党组织："目前我党在华北就是要进一步独立自主地去领导游击战争，动员最广大的群众去参加游击战争，争取广大的乡村成为游击战争的根据地。"

中共藁城临时县委根据中共中央、中共北方局的指示，决定在当地组织游击斗争。

马玉堂、朱诚、韩子毅、张正身、李汉英、李庭桂等冀中地区一批中共地下党员，招兵买马，收集枪支，拉起了一支百余人的队伍，命名为"抗日义勇军"，马玉堂任司令，朱诚任党代表。

十一月二日夜袭藁城、威震晋中的就是这支队伍。

这支队伍的发起人马玉堂是藁城的传奇人物，一九一〇年出生于藁城东刘村，一九二六年加入中国共产党，是石家庄地区的早期中共党员。学生时代考入正定中学，在校从事革命活动，宣传抗日思想，为学生会骨干。后受党组织委派，奔走于滹沱河两岸，在周围农村秘密发展党员，建立党员活动站，并于一九三一年秋与中共直中（直隶中部，即河北省中部地区）特委联系，建立了藁城县委。一九三二年冬，他因从事革命活动被捕，经家人营救获释后又被校方开除。辍学后，组织了两次农民暴动，其后又根据直中特委的指示，到井陉正丰煤矿领导工人运动。一九三三年三月，他担任直中特委巡视员，因叛徒告密再次被捕，被转押到北平军法处，受尽毒刑，坚贞不屈。又被押入北平军人反省院（即北平草岚子监狱），在狱中和中共顺直省委军委常委、秘密党支部领导人薄一波接上关系。一九三七年三月，马玉堂经中共北方局营救获释，先在东北军吕正操部做兵运工作，七七事变爆发后回到家乡，组织开展武装斗争。

朱诚也是一名老共产党员，赵县人，一九三三年入党，曾任直中特委巡视员、赵（县）藁（城）栾（城）中心县委书记，领导过冀中暴动。一九三七年底为争取晋县保安团抗日赴该团谈判时不幸被害。

马玉堂的队伍拉起来后发展很快，迅速发展到一两千人，后遵照上级指示，改番号为“抗日义勇军第二路第五支队”，马玉堂任支队长，韩子毅任政委，张正身任政治部主任（韩子毅他调后代理政委）。

马玉堂的队伍发展起来后，连续在藁城、无极、栾城等地与日伪军展开斗争，歼敌数百，缴获步枪、轻机枪数百支，迫击炮多门，装备了队伍，打出了士气，鼓舞了家乡人民的抗日信心。

但由于这支队伍扩充很快，来不及整顿，以致队伍中成分复杂，成员的政治军事素质参差不齐。在取得一系列战斗胜利后，根据中共北方局指示，马玉堂于一九三八年初同八路军一二九师取得联系，率部西过平汉路，转至太行山东麓赞皇县黄北坪村一带，接受了一二九师的整编。一二九师政治部副主任宋任穷[①]领导了该部的整编工作。

宋任穷是井冈山时期的老红军，长征到陕北后曾任红二十八军政委（军长刘志丹牺牲后改任军长），一九三六年红军西路军在甘肃失败后任援西军政治部主任。而援西军就是由红四方面军未渡河西征的部队组成，也就是全民族抗战开始后一二九师的主要组成部分。宋任穷在一二九师先任政训处副主任，恢复政委制后改任政治部副主任（政治部主任由师政委邓小平兼），同时兼冀豫晋省委（后改称晋冀豫省委）军事部部长。马玉堂的队伍到太行山东麓赞皇县时，宋任穷正带领一二九师骑兵团等部在这里做开辟根据地的工作。

这次整编“很简单，时间也很短，就是几天”[②]，但在队伍中加强了政治纪律教育，建立了党的各级组织，充实了政工干部。整编结束后，部队番号改为“八路军一二九师东进纵队独立支队”，马玉堂继续担任司令员，调一二九师的鄂豫皖老红军、曾任红四方面军某团团长的徐绍恩担任政委，原代理政委张正身还任政治部主任。

---

① 宋任穷（一九〇九—二〇〇五），湖南浏阳县人，开国上将。一九二五年加入中国共产主义青年团，次年转入中国共产党，冀南敌后抗日根据地创建人之一。新中国成立后历任二野四兵团政委、解放军总干部部部长、三机部部长、东北局第一书记、七机部部长、中顾委副主任等职。

② 《宋任穷回忆录》，解放军出版社二〇〇七年八月版，第一一六页。

晋县参军

一九三八年二月，马玉堂、徐绍恩率领独立支队从平汉路西返回路东，在藁城、晋县（今晋州市）、束鹿（今辛集市）一带开展抗日游击活动。

马勇从北平回到藁城不久，藁城即遭日军侵占，农村处于无政府状态，十分混乱。听到马玉堂拉队伍打日本的消息，马勇十分振奋，到处打听马玉堂的队伍在哪里。

一九三八年二月，马勇得知马玉堂的队伍从平汉路西返回，正在晋县活动，立即赶到晋县县城，报名参加了这支队伍。

马勇在《自传手稿》中写道："一九三七年……秋后家乡被日寇侵占，会门、联庄会[①]、土匪到处出现。到一九三八年春，我县马玉堂同志领导的抗日游击支队由平汉路西返回，遂决心参加该部。"

入伍时，马勇尚不满十六周岁。

入伍一个月后，马勇被任命为支队政治部教育干事。

参军不久，马勇曾回过一次家。家里人问他："什么时候再回来？"他坚定地说："不回来了，不打败日本鬼子坚决不回家！"从此，他义无反顾地踏上了献身于民族解放事业的人生旅程。

抗战胜利后，藁城地区成为共产党领导下的解放区。马勇和家乡的父母通过几次信，也有过回家省亲的想法，新中国成立后也曾计划过回家乡看望双亲，但这个愿望直到牺牲也没能实现。

---

① 中国北方农村自清末以后出现的一种自发武装组织，多为地主士绅掌握。

第二章 冀南五年

一九三八年三月，马勇随一二九师东进纵队独立支队开赴冀南，在冀南大平原开展游击战，创建敌后抗日根据地。到一九四三年七月转战太行，马勇在冀南地区度过五年多的战斗生活。

南宫整训

冀南地区泛指河北省南部，抗战时期的大致地域划分是：东至津浦铁路，西至平汉铁路，北以沧（州）石（家庄）公路为界，南以漳河卫河为界。

冀南地区几乎全是一马平川的大平原。这里地势坦荡，人口稠密，资源丰富，是华北著名的产粮区和产棉区。从军事的角度看，立足冀南，可控制或袭扰华北两条主要的运输大动脉——平汉线和津浦线；退可西撤太行山，进可南下河南，威胁华中，在华北敌后抗战中具有举足轻重的地位。

开辟冀南敌后抗日根据地，是八路军在华北抗战中实施的一盘大棋。而这盘棋的第一步，则是一二九师组建东进纵队，东出太行，挺进冀南。

东进纵队全称为“八路军一二九师东进抗日游击纵队”（简称“东进纵队”或“东纵”），一九三七年底组建，最初的兵力由一二九师六七九团五个连（三个步兵连、一个机枪连和一个骑兵连）组成，人数虽不多，但成员大部是参加过长征的老红军。三八六旅副旅长陈再道①担任司令员，冀豫晋省委书记李菁玉②担任政委。

陈再道司令员是一九二七年参加黄麻起义的老红军，曾任红四方面军红四军军长，身经百战，作战经验丰富；而李菁玉是南宫本地人，曾担任过南宫中心县委书记，对冀南地区很熟悉，在当地群众中有很高威信。

一九三八年一月，陈再道率新成立的一二九师东进纵队从山西榆次县（今晋中市榆次区）出发，开赴冀南地区，执行在冀南平原地区开展游击战争的任务。东纵到冀南后，很快收复以南宫为中心的巨鹿、清河、冀县（今衡水市冀州区）等区县，司令部设在南宫县（今南宫市）。

一二九师东进纵队是第一支从山地作战转入平原作战的八路军主力部队。

东进纵队成立几个月后，一九三八年三月，为加强八路军在冀南地区的军事力量，一二九师又派宋任穷率骑兵团和马玉堂的独立支队挺进冀南，与先期进入冀南的陈再道部会

① 陈再道（一九〇九—一九九三），湖北麻城县人，开国上将。一九二七年参加黄麻起义，次年加入共产党，鄂豫皖老红军，冀南抗日根据地创建人之一，新中国成立后历任中南军区副司令员兼河南军区司令员、武汉军区司令员、铁道兵司令员。

② 李菁玉（一九一一—一九七二），河北南宫县人，一九二九年加入共产党，冀南抗日根据地创建人之一。新中国成立后任农业部农机管理总局局长等职，二十世纪六十年代初受到错误处理，一九七二年去世。一九七九年由农业部平反。

合，加入东进纵队，宋任穷接替李菁玉任东进纵队政委（李菁玉改任新成立的冀鲁豫边区省委书记），东纵的实力得到进一步增强，也为冀南抗日根据地开创和巩固打下更好的基础。

独立支队由宋任穷率领挺进冀南后，在南宫县王村进行了一个月的整训。

东纵首长十分关心这支新生队伍的建设，对广大官兵尤其是各级干部进行了深入细致的政治教育。陈再道司令员在整训期间亲自给排以上干部作报告，在充分肯定支队成立半年来所取得的成绩的基础上，尖锐指出了部队存在的问题，如“单纯军事观点”“阶级意识模糊”“军队旧习气严重”“逃兵现象突出”等，要求支队各级领导加强队伍建设，加强党组织工作，树立无产阶级思想作风，加强组织纪律性，严格执行我军的“三大纪律八项注意”。

陈司令员的报告使支队各级干部受到很大触动，认识到首长的批评实事求是、切中要害。通过学习讨论，各级干部对党的武装斗争、群众路线、根据地建设等方针政策以及革命军队中官兵平等、军民一致、瓦解敌军工作等传统有了进一步认识。这次整训，使整个部队在执行党的路线方针政策、工作作风、部队风气等方面有了很大提高。

在进行政治教育的同时，东纵首长又从老部队抽调了一批红军干部到支队各级组织担任领导，言传身教，严格管理，使这支成立不到一年，成分复杂的部队逐步成长为合格的共产党队伍。

马勇作为支队的教育干事，部队政治教育不仅是自己的本职工作，自身在这次整训中也受到深刻的教育。

整训结束后，独立支队返回宁晋、赵县、栾城、藁城、晋县、束鹿一带，执行开辟抗日根据地和游击区任务。

创建一分区

开辟冀南敌后抗日根据地之所以说是八路军华北抗战的一盘大棋，是指八路军继全民族抗战初期在华北西部山区实施“独立自主的山地游击战”战略方针后，又根据战争形势变化，在平原地区开展游击战，创建新的敌后抗日根据地。这是一次战略转变，标志着八路军的抗日斗争又进入一个新的阶段。

为使读者对开辟平原地区抗日根据地的重要意义有所理解，这里对全民族抗战初期的华北形势和我党我军在华北敌后战略方针的发展作一简要回顾。

七七事变后，蒋介石于一九三七年八月二十二日以国民政府军事委员会名义宣布将红军主力改编为国民革命军第八路军。二十五日，中共中央军委发布命令，红军改编为八路军，朱德任总指挥，彭德怀任副总指挥，叶剑英任参谋长，左权任副参谋长，任弼时任政治部主任，邓小平任政治部副主任。八路军下辖一一五、一二〇、一二九三个师。一一五师师长林彪、副师长聂荣臻；一二〇师师长贺龙、副师长萧克；一二九师师长刘伯承、副师长徐向前。同日，朱德、彭德怀发布就职通电。由此，国共两党正式开启第二次合作。

八路军的番号实际上只存在了二十天。九月十一日，国民政府军事委员会按全国统一战斗序列，将八路军改称国民革命军第十八集团军，八路军总部改称第十八集团军总司令部（简称“集总”），但八路军的称呼，仍被广大指战员和人民群众习惯性地沿用下来。

八路军改为第十八集团军后，朱德改任总司令，彭德怀改任副总司令。

到十月，中共中央决定恢复一度被国民党取消的政治委员制度，一一五师政委聂荣臻[①]、一二〇师政委关向应、一二九师政委张浩[②]。

八路军成立时，华北已危在旦夕。侵华日军继攻占平、津后，为迅速占领整个华北，遂沿平绥、平汉、津浦路三路齐下，向国民党守军发起新的进攻，国民党军队在日军的大举进攻下节节败退。

在此危急形势下，八路军不待改编完全就绪，于八月底从陕西誓师出征，东渡黄河，开赴华北抗日前线。

但是，在强大的日军攻势面前，只有区区几万人、武器装备又十分简陋的八路军和敌人硬拼无疑是不明智的。

如何在抗日战争中发挥八路军的作用，留守延安的毛泽东有着清醒的认识。

毛泽东一九三七年九月二十一日在给彭德怀的一封电报中指出："今日红军在决战问题上不起任何决定作用，而有一种自己的拿手好戏，在这种拿手戏中一定能起决定作用，这就是真正独立自主的山地游击战（不是运动战）。"[③]

山地游击战，是八路军开赴华北初期的主要战斗形式。

根据中共中央制定的在敌后开展独立自主的山地游击战的战略方针，八路军总部先后对三个主力师发出指示和训令，要求各师依托恒山、管涔山、太行山、吕梁山，在山西开展

① 一九三七年十一月聂荣臻任晋察冀军区司令员兼政委后，一一五师政委由罗荣桓接任。

② 一九三八年一月张浩回延安养病，一二九师政委由邓小平接任。

③ 《毛泽东军事文集》第二卷，中共中央文献研究室、中国人民解放军军事科学院编，军事科学出版社、中央文献出版社一九九三年十二月版，第五十三页。

山地游击战争。其中，一一五师开赴恒山五台山地区（后一一五师兵分两路，副师长聂荣臻带领独立团留在五台山，师长林彪带领主力部队开赴晋西南吕梁山地区）；一二〇师开赴晋西北管涔山地区，一二九师开赴晋东南太行山地区。

很快，八路军在山西的“四角”站稳了脚跟，晋察冀、晋西北、晋鲁豫、晋西南等山岳地区的抗日根据地初步形成。

但是，由于日军在华北进攻迅猛，至十一月上中旬，国民党军溃败已成定局，很快退出了河北、察哈尔全境和山西、绥远大部以及山东北部地区。而由于日军兵力有限，主要兵力部署在中心城市和铁路沿线，华北广大平原地区成为了“真空”地带。于是，依托山区，向华北平原发展，就成为发展壮大我党我军力量、牵扯日军兵力支援友军抗战的绝好时机。

而且华北敌后抗战的进展，也印证了在平原开展游击战争的可行性。

在冀中，东北军第五十三军第六九一团团长、中共秘密党员吕正操拒绝国民党南逃命令，于一九三七年十月中旬率部在晋县小樵镇举义，成为中共领导下的一支武装力量，并同中共领导的另一支武装河北游击军一起，在冀中平原坚持游击战。到一九三八年四月下旬，冀中区党委、冀中行政主任公署和冀中军区相继成立，冀中抗日根据地初具形态。

在鲁西北，中共山东省委在没有主力部队支撑的情况下，同原国民党山东省第六区专员兼保安司令范筑先建立了合作抗日关系，派遣一大批中共党员干部、民族解放先锋队队员和爱国青年到范部工作，帮助建立起一支约六万人的抗日武装，开辟了鲁西北三十多个县的抗战局面。这是抗战时期唯一的一个国共合作的抗日根据地。

冀南同样如此，东进纵队在冀南地区坚持敌后抗战，以南宫为中心的广大地区已经打开了开展游击战争的局面，冀南敌后抗日根据地的规模不断扩大。

根据华北平原抗日形势的发展，中共中央及时调整了八路军在华北敌后的战略方针，作出除坚持山地游击战外，要加快发展平原游击战的果敢决定。

四月二十一日，毛泽东、张闻天、刘少奇在给八路军总部朱德、彭德怀和一二九师刘伯承、徐向前、邓小平等的电报中指出：

> 甲、根据抗战以来的经验，在目前全国坚持抗战与正在深入的群众工作两个条件之下，在河北、山东平原地区广大地发展抗日游击战争是可能的，而且坚持平原地区的游击战争也是可能的。
>
> 乙、党与八路军部队在河北、山东平原地区，应坚决采取尽量广大发展游击战争的方针，尽量发动最广大的群众走上公开的武装抗日斗争。秘密的抗日斗争只有在敌人统治的城市与铁道附近才成为主要的方式。
>
> 丙、根据上述方针，应即在河北、山东平原划分若干游击军区，并在各区成立游击司令部，有计划地系统地去普遍发展游击战争，并广泛组织不脱离生产的自卫军。①

根据战争形势变化而主动调整行动方针，是掌握战争主动权的前提条件。

为贯彻中共中央在平原开展游击战争的指示，八路军总

①《建党以来重要文献选编（一九二一——一九四九）》第十五册，中共中央文献研究室、中央档案馆编，中央文献出版社二〇一一年六月版，第二六六页。

部加快了向平原地区发展的步伐。

根据总部命令，一二九师刘伯承、邓小平、徐向前等于四月下旬在辽县[①]召开师部会议，决定全师主力立即兵分两路，左纵队（“路东纵队”）以一二九师七六九团、一一五师六八九团以及第五支队组成，由徐向前率领，东跨平汉路，向冀南平原挺进；右纵队（“路西纵队”），由三八六旅主力组成，由旅长陈赓率领向邯台、沙河一带展开，配合“路东纵队”行动。

命令下达后，徐向前立即率路东纵队从辽县出发，翻太行，跨平汉线，于五月二日到达南宫，与东纵会合。

五月二十一日，已到达冀南平原的徐向前在《群众》周刊[②]上发表文章《开展河北的游击战争》，对开展平原游击战争的意义作了更加具体的阐述，指出：在河北开展游击战争，“可以破坏日寇在平汉、津浦两大铁路干线的运输”；可以打击日寇组织的伪“维持会”“清乡军”“护路队”等，“使日寇利用中国人打中国人的阴谋归于泡影”；可以在河北这个“物产丰富之区”“打击日寇的资源掠夺”。徐向前在文章最后充满激情地号召河北军民，“把游击战争的火焰在河北各地广泛地燃烧起来！”

徐向前率领的路东纵队与东进纵队会合后，八路军在冀南的力量空前强大，收复县城二十余座，冀南敌后抗日根据地基本形成。

结束整训后，马勇所在的独立支队于一九三八年四月由

① 山西省辽县，一九四二年九月为纪念牺牲的八路军副总参谋长左权改名左权县。
② 中共长江局在国民党统治区公开发行的机关刊物。

陈再道司令员亲自率领返回藁城、宁晋、赵县、束鹿等县，在这片熟悉的热土上打开了新的抗日局面——创建冀南军区一分区敌后抗日根据地。

建立根据地，首要任务是摧毁日伪政权，打击投靠日军的汉奸武装，在军事上站稳脚跟。

独立支队四月下旬再一次攻入藁城县城，消灭了城内的伪军和伪政权组织，缴获了大量武器装备，随后在石家庄日军前来增援时主动撤出了县城。

藁城地区最大的汉奸武装是盘踞在藁城南部梅花镇的恶霸曹万祥的联庄会，有两千余众。独立支队撤出县城后以奇袭方式攻击梅花镇，激战数小时全歼该敌，活捉曹万祥，公审后就地枪决。接着又消灭了藁城刘海庄张会山的联庄会、晋县庞桂露的伪保安团、赵县南庄的联庄会、宁晋大曹庄号称“天下第一师”的伪军李小贞部、伪称“人民军”的股匪阎吉禄部等汉奸武装，使得这一地区除县城和一些交通重镇外基本控制在我八路军手中，为创建根据地打下基础。

晋县伪保安团团长庞桂露就是前文提到杀害党代表朱诚的元凶，消灭这支反动武装也为朱代表报了仇。

在对日伪政权进行军事打击的同时，独立支队在政权建设上协助地方党组织建立了各级抗日民主政府，建立了公救会、农救会、妇救会、青抗会、儿童团等抗日团体，帮助各县组建和训练游击大队、游击中队和村民兵组织。

创建根据地的条件基本成熟了。

一九三八年四月二十七日，一二九师遵照中央四月二十一日“应即在河北、山东平原地区划分若干游击军区，并在各区成立游击司令部”的指示精神，决定先将冀南地区初步划分为五个军分区，发展和巩固地方武装，建立根据地。

笔者写作本书查阅资料时，发现近年来有些出版物和网上文章把四月二十七日说成是冀南军区成立的日期，这是不准确的。实际上，在冀南地区，未成立军区前先成立的是军分区。

为什么在成立军区前先成立军分区呢？宋任穷在回忆录中对此作了解释："军区成立之前，就组建了几个军分区。为什么组建军分区这么急？我下太行赴冀南前，刘师长专门跟我讲：你去了以后，要把军分区快搞起来，光有正规军没有地方武装不行，要大力发展地方武装。所以，我到冀南后，根据当时的发展情况和部队活动区域，于四月底，初步划分了五个军分区，并向刘师长作了报告。"[①]

在初步划分的五个军分区中，宁、赵、栾、藁、晋、束一带起初定为第五军分区，分区由独立支队兼，马玉堂任司令员，徐绍恩任政委。

不久，一二九师根据冀南地区形势迅速发展的需要，重新对冀南地区的军分区划分作了调整，仍为五个军分区，但辖区有所变化。宁、赵、栾、藁、晋、束地区改为一分区，马玉堂调四分区任司令员，徐绍恩接任独立支队司令员兼一分区司令员，调广（宗）威（县）中心县委书记李林[②]任独立支队政委兼一分区政委。

一分区是冀南地区最早开辟的根据地之一。

一个月后，在我党领导的根据地政权——冀南行政主任公署成立的同时，冀南抗日游击军区成立，宋任穷任司令员兼政委。之后不久（十二月），冀南抗日游击军区改称冀南军

---

① 《宋任穷回忆录》，解放军出版社二〇〇七年八月版，第一三四页。

② 李林（一九一四——一九四〇），河北魏县北马庄人，一九三〇年加入中国共产党，一九四〇年调任一二九师新九旅二十五团团长兼政委，同年十一月牺牲。

区，成为一二九师直接领导的三大军区之一（另两个军区为太行军区和太岳军区）。

后来在一九四〇年五月，由于形势的变化，中共北方局决定，冀南军区一军分区所辖宁、赵、栾、藁、晋、束六县划归冀中军区，从冀南军区三分区划出临漳、成安、元成（后并入大名县）、魏县、大名等县重组新的一分区。

独立支队的创建人马玉堂后来到北方局党校学习，毕业后被调往豫皖苏根据地工作，担任过水东独立团团长兼政委等职务。一九四二年一月奉命到延安抗大学习，过平汉铁路封锁线时遭日军包围不幸牺牲。新中国成立后，马玉堂被国家民政部列入首批著名抗日烈士名录。

七月底，独立支队在补充了新收编的一些游杂武装后，力量进一步壮大，遵照一二九师命令改编为东进纵队第一支队，下辖三个大队、十二个步兵连，仍由徐绍恩任司令员，李林任政委。

这年九月，支队收到上级下发的两份重要文件，要求各部队认真学习。两份文件，一份是毛泽东五月二十六日至六月三日在延安作的著名演讲——《论持久战》；一份是中共中央机关刊物《解放》杂志第四十期于五月三十日发表的毛泽东重要文章——《抗日游击战争的战略问题》，这两份文件是我党在全民族抗战初期的纲领性文献。接到文件和通知后，支队政治处立即组织工作人员向指战员进行传达，展开学习和讨论，使广大指战员进一步认清了抗日战争的性质、特点、发展规律、胜利前途以及游击战争的战略战术。

马勇在积极组织部队学习讨论毛泽东两篇著作的过程中，不仅尽职尽责，自己也在理论水平上也得到极大提高，从而更加自觉地投入到这场伟大的民族解放战争中。

入党

一九三八年十月，参军半年后，马勇在束鹿县经李汉英、于文介绍加入中国共产党，候补期一个半月后转为正式党员。

李汉英时任支队政治处主任，河北赵县人，一九三三年的老党员，是和马玉堂共同创办抗日义勇军的早期领导人之一。从抗日义勇军创建到改编为独立支队、第一支队，再到后来改编为东纵第一团、东纵第二团、新七旅二十团，李汉英一直在这支部队做政治工作，是马勇的老领导。

于文时任政治处干事，后任新七旅干教科科长。

加入中国共产党，标志着马勇从一个单纯抗日报国的热血青年成长为自愿为共产主义理想献身的革命军人，实现了人生质的转变。

在马勇写的《自传手稿》中，曾这样回忆自己刚入伍时的思想状态："当时的动机纯是为了抗日"。——"为了抗日"，这不仅是青年学生马勇，应该也是抗战初期加入共产党队伍的大多数青年知识分子的一个共同思想基础。

从"纯是为了抗日"的爱国青年到成为一名为主义献身的共产党人，是在党的培养教育下，在斗争烽火的锤炼中蜕变的。

这批在抗战烽火中加入共产党队伍，又在抗战烽火中锤炼成长的干部，被人们习惯性称为"三八式干部"。他们在中共组织史上占有重要地位。

这里不妨把话题稍稍扯开点，简略梳理一下中共夺取全国政权前的干部构成。

在新中国成立前，中共干部大致分为几批：

第一批是建党时期的干部。这是一批以信仰为思想基础的知识分子，是党的灵魂，是引领全党前进的主心骨。他们在中国共产党成立前后参与建党或加入到党的组织中来，在艰难困苦的斗争环境中，有的英勇牺牲了，有的动摇脱党了，也有的可耻叛变了，但经过大浪淘沙、前仆后继，留存下来的即是党的精英、党的领袖，如毛泽东、周恩来、刘少奇、朱德、董必武、邓小平等第一代中共领导人，都属于这一批。

第二批是大革命时期的干部。这批干部大多数同样是以信仰为支撑而加入中国共产党的，但同建党时期的干部比，军事干部明显增多，黄埔军校的培训以及北伐战争的锤炼，使这批干部在后来的军事斗争中大显身手，共和国的开国元帅、开国大将、部分老资格的开国上将以及因转入地方工作而未授衔的党政高层领导大多属于这一批。

第三批是红军时期的干部。这是在党处于最艰难时期加入队伍中的，其中有知识分子，但更多的是贫苦家庭出身的放牛娃、泥腿子，认定共产党是穷人的救星，加入队伍即处在艰苦的战争环境中。这批干部普遍文化水平不高，但立场坚定，作风勇敢，能吃苦，能打仗，在十年内战和长征中，相当数量的人牺牲在战场上，牺牲在艰苦环境中，甚至牺牲在自己人的枪口下，但生存下来的，百炼成钢，成为我军在抗日战争、解放战争和新中国成立初期的高级将领。本书中提到的陈再道、宋任穷、刘志坚、李达、刘亚楼、皮定均、秦基伟、韦杰、张廷发、黄新友等一批开国将军，都是这批干部中的佼佼者。

再下来就是这批“三八式”干部。他们中间青年学生占有很大比例，有强烈的爱国民族意识，对国民党的消极抗日和腐败现象不满，但在加入队伍的初期对共产党的纲领和宗旨往往还没有透彻的理解和信仰，“为了打日本”、“抗日救国”是他们投笔从戎的最初动机。加入队伍后，在抗日战争的实践中、在党的各级组织的培养教育下，他们的阶级觉悟、党性修养和意志品质才有了显著提高，并逐步成长为党的干部队伍的新生力量，担负起了更重的领导担子。

从出生地域来说，由于中国革命最早是从南方发起的，前三批干部以南方人居多，尤以湖南、湖北、江西、四川等省更多，十大元帅只有徐向前一人是北方人，十大将几乎全部是南方人。而“三八式”干部则相反，由于抗战烽火从北方最早燃起，这批干部则以北方人居多，特别是河北、山西等省，占了相当一部分，这同国民党军队在抗战初期在这些地区的快速溃败有很大关系。

在新中国成立前后相当长的时间内，“三八式”干部年富力强、有文化有知识、数量较多的优点显露出来，逐渐成为我国党政军干部的中坚力量，在党的历史上有着独特的地位。

当然，在“三八式”干部之后，还有抗日战争中后期和解放战争时期的干部，因不在本文记述范围，就不赘述了。

一九三八年十一月二日，一二九师决定东纵一支队同“平汉抗日第八支队”（八路军收编的宁晋县赵勤甫联庄会）合编，改番号为东进纵队第一团。团长仍为徐绍恩，政委由第二军分区政委余品轩接任①，赵勤甫任副团长（一九三九年一月赵逃跑投敌被我处决）。

共产党八路军在冀南的快速发展，使侵华日军感受到

① 余品轩（一九〇六年—一九八一年），安徽省六安市人，开国少将。一九三一年参加红军，一九三二年加入中国共产党，历任团政委、师政治部主任、旅政委、河南省军区副司令员等职。

背后的威胁。一九三八年十一月，日军从石家庄、邢台、邯郸以及德州方向分四路合围南宫，对冀南根据地发动了“扫荡”，冀南军民迎来抗战以来第一次大的考验。

为避敌锋芒，冀南军区决定主动放弃南宫和周边的一些县城，在广大农村发动群众挖沟破路，空舍清野。各部队则避实击虚与敌周旋，采取伏击、截击、袭扰、围困等战术战法，打击消耗敌人，使敌人疲于奔命，捉襟见肘。在冀南军民的打击下，敌人被迫于十一月下旬退出所占的南宫、隆平（今隆尧县一部）、故城、临清等县城，第一次反“扫荡”战斗取得胜利。

改造土匪队伍

一九三九年初，日军出动三万余人，分十一路向我华北根据地进行“扫荡”。面对来势汹汹的强敌，军区决定调整兵力部署，东纵一团转至成立较晚的第五军分区，配合分区部队开展反“扫荡”作战。

五分区位于冀南地区东北部，以武邑、衡水为中心，辖枣强、景县、故城、阜城等县，境内敌我顽匪各种势力交织，斗争形势十分复杂。

这年春，马勇接受了一项“艰巨任务”——到五分区独立大队担任政治教导员。

这项任务由五分区副司令员赵义京直接向马勇布置的。

赵义京是五分区实际上的军事第一把手，在干部战士中享有很高威望。

五分区建立初期，曾收编了当地三支“游杂”武装。其中最大一支的头头叫葛桂斋，景县人，曾在东北军混过，后来打着抗日的旗号在武邑、景县一带拉起了一支几千人的武装，自命司令。东进纵队到达冀南后，收编了葛桂斋的队伍。为了团结各方力量抗日，让葛桂斋做了五分区司令员。但为了加强党的领导，冀南军区向一二九师师部打报告，要求派“得力干部”充实五分区领导力量。师部经慎重考虑，选派了赵义京来五分区，先是任参谋长，不久任副司令员，直到葛桂斋后来叛变投敌，才正式任命为司令员。

赵义京是湖北省黄陂县（今武汉市黄陂区）人，一九一二年出生，一九三〇年参加鄂豫皖红军，在长征中曾担任营长，是一名久经沙场的老红军。红军改编为八路军后，历任一二九师师部通讯队队长、作战参谋、作战科长。在五分区，由于他军事水平过硬，理论水平高，平易近人，讲话风趣幽默、深入浅出，官兵们称他为“懂军事，会打仗，有文化”的“教授”参谋长。

令人痛惜的是，一九四三年八月底，五分区在枣北县（今枣强县北部）召开全区干部会议时被日伪军两千余人包围，已担任军分区司令员的赵义京为掩护参加会议的五地委书记李尔重、五专署专员任仲夷和分区各县领导干部二百余人，亲自指挥分区部队与敌人展开肉搏，战斗中身中数弹，牺牲于西江官村村北。同时牺牲的还有五分区副司令员陈耀元等三十多人。

为纪念牺牲的烈士，枣北县曾一度更名为赵陈县，直至抗战胜利枣强县建制恢复方撤销。新中国成立后，赵义京、陈耀元是国家民政部公布的首批著名抗日英烈。

提到葛桂斋，五分区还流传着一段陈司令单枪匹马对付葛桂斋、追回抗日武装的佳话。

葛桂斋自从当了八路军的分区司令，自认官运亨通，便为所欲为，“流氓”旧习恶性复发。他鼓励和纵容部属向敌占区贩运粮食和棉花，并排挤和打击我党我军派去的政工干部，甚至要将我任命的二团政委胡灿章装进麻袋，扔到河里。通敌叛变的事也时有发生，其中最严重的是葛部一团团长习跃华投降了驻津浦路交通重镇景县连镇的日伪军。葛桂斋和连镇的敌人也取得了联系，要把分区的基干营拉走。为了防止葛桂斋投敌，赵义京一面密切注视葛的行动，一面将情况上报军区。徐向前等领导接到报告后，命令陈再道司令员立即率部队赶至景县。到达景县后，得知葛桂斋已经带着三四百人向连镇日军据点逃跑，于是，陈司令顾不得通知其他人，立即带领骑兵大队向连镇方向追去。这时，葛桂斋已经到了龙华以东，将部队部署在一条干河对岸，命令部队如遇我军追击，不问青红皂白就开枪射击。之后，他自己带着几个心腹到连镇与日军联络去了。陈司令率部追到河边，立即向河对岸的部队喊话：“葛桂斋要带着你们投降日本当汉奸，你们不要上当！要抗日的，跟我回去；要当汉奸的，我今天放你们走，以后咱们战场上见！”陈再道在五分区检查工作时，曾给这个部队讲过话，他们一听是陈司令的声音，便立即跑回对岸，跟陈司令回到根据地。至于葛桂斋，只身跑到日军据点，日本人见他无用，就把他枪毙了，落了个可耻又可悲的下场。后来，这事在五分区传来传去，就传成了陈司令单枪匹马追回队伍的传奇故事。

赵义京副司令员交给马勇的任务，竟是到一支收编的土匪队伍中去做改造工作。

收编并改造“杂色”武装，是八路军进入华北之后面临的一项特殊任务。

全民族抗战以来，华北大部地区由于处于无政府状态，出现了很多打着各种旗号的武装。这些武装有的是爱国人士为了抗击日军入侵而组织起来的；有的是当地群众为了“保家护村”而建立的；也有的是原有的会门、土匪队伍为了扩充实力、借抗日旗号而拉起的。这些武装被我党称为“杂色”武装或“游杂”武装。这些武装除个别被坏人汉奸控制操纵外，大都具有一定的抗日要求，但成分复杂、关系复杂、政治背景复杂，总之一句话就是“杂”。当然，如果引导改造好，这些队伍可能成为真正的抗日武装；但引导不好，也可能被敌人收买、利用，倒向反面，成为反动武装。

毛泽东在一九三八年四月二十一日关于开展平原战争给八路军总部和一二九师师部的电报中明确提出：“对于会门、土匪采取慎重的态度去应付，依据具体可能条件去改造他们。”遵照中央的指示，先进入冀南的东进纵队和徐向前率领的路东纵队积极开展了收编和改造“游杂”武装的工作，并取得很大成效。

如活跃在武强、冀县一带的段海洲的“青年抗日义勇团”，人数从最初拉队伍的几百人发展到六千余人，经徐向前、陈再道反复做工作，收编后改名一二九师“青年抗日游击纵队”，定为旅级部队，段仍为司令，调三八六旅参谋长李聚奎任政委。后又把老红军七七一团部分主力加入进来，将该部队改造成为一支正规的野战部队，即颇有名气的一二九师“青纵”。

还有原威县城北保安团，曾被日军收编为伪威县警备旅。后经军区和地方党组织做工作，加之八路军的威望和实力，最终弃暗投明，被收编后命名“冀南抗日游击独立第二师”，后改编为新四旅十一团，成为冀南军区主力部队之一。

当然，也有相当一部分收编的武装没有改造成功，他们因受不了共产党严明纪律的约束而转而投靠了国民党军或日伪军。

马勇被派去担任政治教导员的“独立大队”，实际上就是一支活动在武邑、衡水一带的土匪队伍，有几百人枪，被我收编后命名为“五分区独立大队”。

这时的马勇只是一名初出校门、入伍仅仅一年的年轻知识分子，尚不满十七岁，而面对的却是几百名混迹江湖、浑身匪气的兵油子，这个工作可真是头痛。马勇自己后来也回忆说，“和那种人在一起”，“工作很不熟悉”①。但作为一名共产党员，上级交给的任务是不能讲价钱的，马勇只能硬着头皮上任了。

改造这种队伍从哪里着手呢？马勇决定循序渐进，从教唱革命歌曲入手，培养队伍的正气和纪律性，同时结合上政治课，给队伍官兵们讲些粗浅的革命道理，增强队伍的政治素养。这样几个月下来，效果还不错，这支曾经的土匪队伍的政治素质和组织纪律性有了显著提高。

到九月份，经过半年多的改造，这支队伍改编为东进纵队特务营，由纵队总部直接领导，马勇被任命为特务营副教导员。

黎城轮训

一九三九年冬，马勇接到命令，“到太行山一二九师轮训队学习”②。能有机会到向往已久的一二九师大后方太行山轮

①② 马勇《自传手稿》。

训，马勇自然十分高兴，于是立即从部队驻地出发，西越平汉线，到达一二九师师部所在地——黎城。

在太行山区，黎城是一个富有传奇色彩的地方。

黎城地处太行山南段东翼腹地，晋、冀、豫三省交界，素有“三省通衢”之称。境内四周群山环绕，山势雄浑，而中部为小型山间盆地，地势复杂，落差极大，最高山顶海拔两千余米，最低河谷海拔仅六百余米，形成天然屏障，易守难攻，是创建敌后根据地的理想环境。

一九三七年九月，一二九师从陕西誓师东征、开赴太行山区，第一个收复的县城就是黎城。

随着华北地区敌后抗日游击战争的展开，黎城成为华北敌后抗战的中枢。

中共中央北方局、八路军总部、一二九师师部、太行军区司令部、晋冀豫（太行）区党委、晋冀鲁豫边区政府、抗日军政大学等众多党政军机关都曾经在黎城驻扎；华北敌后最大的兵工厂黄崖洞兵工厂、八路军最大的后方医院广志山医院、八路军最大的被服厂下庄八路军总部被服厂、八路军最大的造纸厂石壁底“太行纸厂”、八路军最大的制药厂北委泉“利华制药厂”也均设在这里。

八路军总部、中共北方局和一二九师师部首长朱德、彭德怀、杨尚昆、左权、刘伯承、邓小平等长期在黎城战斗生活，在这里运筹帷幄，指挥了神头岭伏击战、响堂铺伏击战、两次反九路围攻战役、磁武涉林战役、白晋战役、百团大战、黄崖洞保卫战等著名战役战斗，部署了东进冀南、开辟鲁西等重大战略。可以毫不夸张地说，黎城是华北地区的“抗日第一县”。

说到黎城，不得不提到抗战即将结束时发生在黎城的一个故事——一次颇具冒险意味的飞行使黎城成为延安中共领导人密切关注的焦点。

一九四五年八月的一天，太行军区司令员李达接到延安来电，通知有一架美军运输机将在黎城降落，机上有重要人物，要李达安排警卫并负责接待。

黎城有一座简易机场，是李达带领太行军民于一九四四年为沟通和延安的往来、运送人员和物资而修建的，位于黎城东北方向长宁村旁的一条开阔山沟里，被称为“长宁机场”。说是机场，其实就是一片开阔的硬土地，既无雷达也无灯光，飞机导航只靠临时堆起的火堆。机场建成后，来往的都是美军飞机，也时常有我方相关领导搭机。所以接延安来电后，李达并未多想，安排接机就是了。

谁料想，飞机降落后，从舱门鱼贯走出的人却使李达大吃一惊、目瞪口呆：先出机舱的是刘伯承、邓小平，后面紧跟的是陈毅、林彪、薄一波、陈赓、陈锡联、陈再道、张际春、滕代远、杨得志、萧劲光、邓华、宋时轮、李天佑、傅秋涛、王近山、江华、聂鹤亭、邓克明、黄华，一共二十一人，几乎囊括了我党我军在外线作战的半数以上领导人！

如果按照新中国成立后的职位来论的话，这批人员中有党的总书记一名、元帅三名、将军十二名，其余未授衔者均为政府部长以上领导干部。

更令人匪夷所思的是，这些中共要员所乘的飞机，却是一架产于三十年代的美式道格拉斯 CD-3 运输机，老而破旧。据杨得志将军后来回忆，这架飞机由于长期使用，舱门已关不严实，起飞时螺旋桨还要靠人推动，人坐在铁皮座椅上，头都抬不起来——这要是有什么闪失，恐怕往后的历史真要改写了。

这批领导人为何集中乘坐这样一架破破烂烂的美机来到黎城呢？

原来，一九四五年六月中共七大闭幕，不久之后日本即宣布无条件投降。抗战胜利后的形势瞬息万变，异常紧迫，这些参加七大的各根据地领导人必须立即赶赴岗位，贯彻党的部署，应对时局变化。而要从延安赶赴斗争第一线，仅到晋东南，少说也要走一两个月，路上还不安全。当时，延安经常有美军运输机往返重庆等地，接送美军驻延观察组成员和运送相关物资。于是，毛泽东就想到了利用美军观察组的飞机把我党我军指挥员快速送达前方的办法。经商朱德、刘少奇、任弼时同意后，这项任务交给了八路军参谋长叶剑英和中办主任杨尚昆。

叶帅于是就去同美军机组负责人商量，但并未告诉他乘机的具体人。结果机组负责人很爽快地答应了。于是就有了这次"紧迫飞行"。

对于这次飞行，毛泽东对叶剑英、杨尚昆再三嘱咐：要绝对保密，万无一失！

当时，有许多明的暗的国民党特务在延安活动。为了保证安全，中央采取了很多严密的防范措施，如此次飞行乘坐人员不提前通知、乘坐人员一律不准带参谋和警卫人员、不准其他无关同志去送行等。许多将帅都是头天夜里临时接到通知，几乎连自己都不知道要坐飞机前往前线。临起飞前，又临时加派精通英语的中央军委外事组联络科科长黄华随机往返，以便同美军驾驶员沟通。

八月二十五日上午，美军飞机从延安东关机场起飞，四个小时的颠簸飞行后到达黎城。到黎城后，各路"诸侯"立刻奔赴前线。刘伯承、邓小平连夜赶往河北涉县赤岸村师部。

十天后，刘、邓指挥的上党战役打响。

美军飞机安全飞抵黎城的消息报到延安，毛泽东等中共领导人那颗悬着的心才放下，大大地松了一口气。而国民党那边，据说蒋介石在事后得知这一消息时，曾大声“哎呀”了一声。这声“哎呀”里究竟蕴藏着何等玄机，我们这些后人只能暗自揣测了……

马勇到黎城参加的这次轮训，即一二九师成立后著名的“黎城整军”。

七七抗战以来，八路军的兵力发展迅猛。拿一二九师来说，组建时一万三千人，由于一部分留守陕甘宁，一九三七年九月师出陕西、东渡黄河时，仅九千一百余人。随后，一二九师挺进晋东南，兵发冀豫，创建冀豫根据地，部队也取得快速发展，到一九三八年十月一二九师成立一周年之际，全师已扩充到五万余人。一二九师如此，一一五师、一二〇师等其他部队也呈同样发展趋势。

兵员扩充自然是好事，也是抗战形势发展的必然需要，但由于部队发展过快，加之环境日趋复杂，难免带来种种问题。一是随着部队中新战士、新干部、新党员人数增多，比例增大，一些部队的思想政治教育工作和军事训练工作没有及时跟进和充分展开，部队的政治素质和军事素质与红军时代相比有所下降；二是部队处在统一战线和高度分散的战争环境中，不少地主、资产阶级分子加入到抗日队伍中来，受其影响，部队中军阀主义、游击习气有所滋长；三是新收编的“杂牌”武装成分复杂，作风涣散，还未形成有效战斗力。因此，整军整纪刻不容缓、势在必行。

一九三九年二月，中央军委和总政治部向八路军全军下达整军训令。训令决定从一九三九年初至一九四〇年底全军分期分批集中进行整训，每期三至四个月。要求各部队通过整训，进一步巩固和加强党在部队中的绝对领导，加强政治思想工作，加强内部团结，发扬人民军队的光荣传统，克服军阀主义和游击习气，使部队在思想上、政治上、组织上巩固起来，同时加强军事整训，即加强游击战的战术和射击、投弹、刺杀等技术训练，进行组织编制整顿，健全各种规章制度。

根据中央军委指示，二月七日，中共北方局和八路军总部发出《关于整军计划的训令》，规定分两期整训部队，每期三个月，共整训六十个团。随后，八路军野战政治部又发出《政治工作训令》和《整军政治工作计划》，对整军中轮训干部、健全政治机关等各项工作作出具体指示。

由此，一场旨在锻造“铁的军队”的整军运动在八路军中拉开序幕。

三月十八日，一二九师师部在黎城乔家庄关帝庙召开全师干部会议，邓小平政委传达总部整军训令，部署全师整军工作。会议决定，全师十六个团成建制分两批进行整训，第一期九个团，三月下旬开始，六月底结束。

乔家庄会议后，一二九师整军运动正式开始。由于整军会议在黎城召开，整军运动又主要在黎城进行，所以这次整军被称为“黎城整军”。

到七月中旬，第一期整训顺利结束，第二期整训按计划开始。第二期整训，仍以三个月为期，有七个团参加。

但计划赶不上变化。七月初，日军对晋东南根据地发动了第二次九路围攻，八月七日，日军侵占了黎城县城。一二九师的整军工作只得暂时中断，部队转入反“扫荡”作战，集中整训变为“战训结合”。十二月八日，一二九师主力部队、一一五师三四四旅大部以及晋冀豫军区部队发起邯（郸）长（治）战役，至二十三日，黎城重新回到我军手中。黎城收复的第三天，一二九师发出《政治整军补充训令》，不失时机地恢复了整训。

黎城整军的主体是以团为单位成建制地进行。与此同时，从四月开始，一二九师又在离乔家庄不远的李庄开办了干部轮训队，主要对部队部分基层干部进行培训。

抽调参加轮训队学习的，大多是基层部队有培养前途的干部。这些学员学成后，再回到原部队或分配到新部队，作为部队骨干，带领部队进行政治学习，开展战术讲授和军事训练。干部轮训，成为提高部队素质的一项有力措施。

马勇参加的轮训学习，就是这个干部轮训队。

参加师一级轮训学习，是马勇军事生涯中一次难得的机会。这次轮训，集中学习了党的六届六中全会决议，深刻理解领会了我军“党指挥枪”的基本原则，进一步巩固了对我军的革命历史、光荣传统的认识。在进行政治理论、文化水平教育的同时，还开展了战术素养、指挥能力和军事技术的训练。

这次轮训虽然时间不长，只有两三个月的时间，但对于军龄党龄都不长的年轻干部马勇来说，收获是巨大的，是一次思想理论和军事能力的难得教育，政治素质、军事素养以及党性党纪都得到极大的提高。

一九四〇年二月，马勇从一二九师轮训队学习结束，返回冀南后又回到老部队。此时，老部队东纵一团已于一九三九年八月和东纵独立团（由枣强县“华北人民抗日联军三十支队”改编）合并，改编为东纵二团。团长仍为徐绍恩，政委由东纵参谋长卜盛光[①]接任，余品轩改任副政委。东纵一团另组。

改编后，全团兵力得到进一步加强：全团辖三个营（原一团三营拆开编入一、二营，独立团编为三营），每营四个步兵连，外加团直炮兵连、骑兵连和特务连，共十五个战斗连。

马勇被任命为一营副教导员。

三讨石友三

马勇刚到东纵二团报到，就赶上冀南军区一次大的军事行动——讨伐顽军石友三。

所谓“顽军”，是中国共产党在抗日战争期间使用的词汇，指的是国共合作建立抗日民族统一战线以后，仍然顽固反共、同八路军新四军不断抢夺地盘、制造磨擦的国民党军队。

邓小平在《我的自述》一文中，曾这样回忆一二九师反磨擦斗争：

> 反磨擦斗争从一九三八年起没有断过，一九三九年和一九四〇年就很激烈，我们在太行、太岳和冀南地区面对着的国民党磨擦专家张荫梧、侯如墉、石友三、鹿钟麟、朱怀冰、庞炳勋等等，同阎锡山的磨擦也很多，南面还有中条山和豫北的大量国民党军队。这批磨擦专家每天都直接损害着我们。[②]

① 卜盛光（一九〇六—一九八四），江西南康县（今赣州市南康区）人，一九三〇年参加中央红军，曾任师政治部主任，后在长征中调任红四方面军保卫局执行部部长。新中国成立后历任中南军政委员会公安部部长、湖北省政协副主席等职。

② 《邓小平传（一九〇四—一九七四）》上卷，中共中央文献研究室编，中央文献出版社二〇一四年八月版，第三六〇页。

冀南反磨擦斗争，是自鹿钟麟主政河北来到冀南后开始的。

国民党军从华北溃败后，蒋介石不甘心共产党部队在华北发展壮大，不到一年又开始回派军队，与八路军争夺地盘。一九三八年六月，蒋介石任命鹿钟麟为河北省主席、冀察战区总司令，率国民党军一部返回河北。鹿是西北军冯玉祥手下的一员干将，曾代理过西北军司令，也受过蒋介石的重用，在冯玉祥发动“北京政变”时曾因带兵将清朝逊帝溥仪赶出故宫而名扬一时。鹿到任后不久，便不顾彭德怀副总司令、徐向前副师长和宋任穷、陈再道、杨秀峰等我冀南军政领导的争取和团结，开始制造磨擦，破坏团结抗战，制造了多起驱赶和迫害我党我军人员的事件。尽管鹿与我党我军制造摩擦，但蒋介石对鹿在河北的表现仍不满意，鹿在主政河北一年多后便被蒋施以压力被迫辞去河北省主席职务。

鹿钟麟虽然在河北积极反共，但后来并未忠心跟随蒋介石，在蒋介石败退台湾前辞掉所有职务，在天津做了寓公。新中国成立后，中共念其资历和影响，让他做了国防委员会委员。鹿十分感激。宋任穷曾回忆说，二十世纪五十年代有一次在国防委员会的会议上同鹿见了面，鹿迎上来，拱着手大声向宋任穷说：“任穷兄，那些年真对不起，对不起！”

继鹿钟麟之后，石友三就成为在冀南地区对我党我军大搞磨擦的主角。

石友三何许人也?

在中国近现代政治舞台上，由于政令不一，军阀割据，连年混战，各路“豪杰”一切以枪杆子说话，于是就产生了这样一批时代的“畸形儿”——他们行伍出身，无背景无靠山，无原则无信仰，拿命赌前程，打仗豁得出去，在军阀队伍中混得一官半职后，便自立门户，圈地为王。然而因实力有限，于是便信奉“有奶便是娘”的处世哲学，谁势力大就投靠谁，在各派势力中左右逢源，夹缝中生存。像东北的张宗昌、山东的韩复榘、河北的孙殿英，便是这类人的典型代表。石友三，也是不逊于张、韩、孙之流的这类角色。

有兴趣的读者可以随笔者的叙述简单了解一下石友三其人其事，可能会从一个历史侧面加深对民国初期中国政坛乱象的理解。

石友三，一八九一年生于吉林省长春县（今长春市）。因家境贫困，又想出人头地，便投入北洋陆军，在清朝新军第三镇吴佩孚部下当了一名士兵。不久，第三镇发生兵变，石友三无法栖身，就流落北京。一九一二年，清王朝灭亡后石友三再度从军，投入冯玉祥部下，任冯的马夫、亲兵，后在冯部逐渐升迁，当上营长。一九二〇年，冯玉祥率部在陕西省兴平县与陕西督军陈树藩部作战。其中濮阳村一战，阵地屡攻不下，于是冯玉祥就调石友三的第二营上阵。石友三二话不说，当即从各连挑选四十人组成“奋勇队”，亲自给每个队员的腰包里放进三块大洋，然后率领他们冲锋，一鼓作气攻克了濮阳村，得到冯玉祥赏识。

一九二四年，冯玉祥出任西北边防督办，便提升石友三为第八混成旅旅长，驻防包头，任包头镇守使，成为冯玉祥的“十三太保”之一。一九二四年冯发动北京政变，成立国民军，石友三升任第六军军长兼第六师师长。

石友三在旧军队中随着官职的升迁和实力的膨胀，逐渐独树一帜，成为一方军事集团的首领。在长期的军阀混战中，他朝秦暮楚，反复无常，以“倒戈将军”的旗号而闻名于世。

一九二六年，直奉军联合进攻冯玉祥的国民军，阎锡山也在张作霖的诱使下出兵雁北，企图断绝国民军退往绥远的后路。冯玉祥命石友三进攻雁北，以保障平绥铁路的通畅和安全。而石为了保存自己的实力，竟在暗中与晋军签订了互不侵犯协议，后在阎锡山部将商震的斡旋之下，石干脆率部背叛冯玉祥投降了阎锡山。后来，冯玉祥派人到石友三那里劝说，许以若干好处，石这才率部脱离晋军又加入冯玉祥西北军行列。冯玉祥为保证部队军纪，加强对石友三部队的控制，便对石友三部队进行整顿，撤换了石部参谋长和一些师旅长，这引起了石友三的不满。石偷偷活埋了冯玉祥派往该部工作的参谋长李秉璇，以示对冯的报复和抗议。

一九二六年十一月，冯玉祥率国民军联军撤离包头赴陕西。石友三身为援陕第五路总指挥、国民革命军第二集团军第一方面军副总指挥兼第五军军长，却迟迟不动，直到奉军万福麟部逼近包头，他才率部离包。

一九二八年，国民政府对各路部队进行整编，石部被缩编为国民革命军第二十四师，驻河南信阳。

在驻守河南时，石友三率兵攻打河南地方实力派樊钟秀设在登封少林寺的司令部，曾制造了火烧少林寺、千年宝刹毁于一炬的恶行。

一九二九年蒋桂战争爆发。在西北军反蒋战争中，石友三再次与韩复榘一道叛冯投蒋。石友三投靠蒋介石后，被蒋任命为第十三路总指挥，后又担任了安徽省主席。

一九三〇年，冯玉祥和阎锡山联合反蒋，一时实力大增，石友三见状，于是重回冯玉祥麾下。石友三弃冯投蒋时，曾信誓旦旦地对蒋介石表示无限忠诚，但时间不长却又反蒋而投冯、阎。在蒋、冯、阎中原大战中，石受命率十万大军进攻陇海线。不料此时东北军张学良通电拥蒋，入关参战，蒋介石阵营壮大起来，石友三立即又率部第三次背叛冯玉祥，通电响应张学良，割据河南北部和河北南部地区。次年，张学良将石友三部编为国民革命军十三路军，石任总指挥。但石对此仍有不满，图谋夺取整个华北地区。

一九三一年，汪精卫联合国民党内的反蒋势力在广州成立“国民革命政府”，与蒋介石的南京政府唱对台戏。石友三在张学良的堂弟、亲日派首领张学成等人的鼓动下，接受汪精卫广州国民政府的任命，出兵反对张学良。出兵后，石部旋即遭到蒋介石和张学良的南北夹击，全军覆灭。石逃往山东德州，托庇于韩复榘麾下。

一九三二年秋，石友三由济南潜往天津，与日军及其汉奸殷汝耕进行勾结，收编了一支土匪队伍，调驻冀东，企图凭借外力东山再起。

七七事变爆发后，石友三乘机打着抗日的旗号扩充实力，被蒋介石任命为陆军第一一八师师长。不久，石部又被扩编为陆军第六十九军，石升任军长。蒋令石友三部返回山东、河北一带打游击。

在返回山东、河北后，石友三见八路军在华北发展壮大，为保存实力，遂转而做出与八路军合作的姿态。中共为扩大统一战线，团结友军抗日，对石友三部采取了团结争取的方针，杨秀峰、张友渔、黄松龄等中共党员多次做石友三的工作，还派了张友渔、张克威、袁也烈等一批中共党员到石友三部工作，张友渔任六十九军政治部部长，张克威任学兵大队大队长。石友三到冀南后，宋任穷等军区领导也多次到石部看望，做石的团结工作。宋任穷回忆说：“在当时极其困难的条件下，我们尽量给石部以照顾和优待。八路军战士吃小米，省下白面给石军吃；八路军缺衣少穿，还帮助石军解决棉衣等。可以说，我们对石友三做到了仁至义尽。”

一九三九年四月，蒋介石以主政华北为条件，密令石友三反共，“在万难中拿住冀局，以对付八路军”。蒋升任石友三为第三十九集团军总司令、冀察战区副司令，同时兼察哈尔省政府主席，并将孙良诚、张云祥等部划交石指挥。石得到蒋介石的青睐和褒奖，立刻转为彻底反共，要求所部官兵全部加入国民党，并挤走了张友渔等在石部工作的中共党员，在河北取代了鹿钟麟的权势，开始与八路军不断发生冲突，制造磨擦，犯下了累累罪行。

石友三的部队驻守在山东观城[①]蜿蜒至冀南的大名、威县、南宫、冀县、枣强一线近两百公里的地带上，像一条长蛇威胁着我冀南根据地军民的安危。

石友三在南宫、清河等地，先将东进纵队两个连和青年纵队一个排包围缴械；后又捕杀清河县大队长和抗日人员家属五十余人。在威县，我青纵二团几十人在反“扫荡”中与部队失去联系，被石部抓去后全被活埋。石部还惨无人道地袭击威县我后方医院，残害伤病员。同时，石还派其弟石友信到北平、天津、济南与日军勾结，并从天津聘来日军军官吉田为顾问。

石友三白手起家，投冯叛冯，投阎反阎，投蒋反蒋又投蒋，与八路军合作又与八路军为敌，还勾结日军和汉奸势力，十足的政坛一丑角。

鉴于石友三已经撕破脸皮、与我为敌，一九四〇年二月

---

① 观城，民国时为山东省的一个县，一九四三年与朝城县合并为观朝县，后撤销；一九五三年再次设立观朝县；一九五六年撤销，观城改为镇，属山东省莘县。

三日，毛泽东、王稼祥[①]致电八路军总部和一二九师，明确提出："对石友三应采取坚决彻底全部干净消灭政策，用各种办法引其出来而消灭之，这是无可救药的反革命坏蛋，争取方针已不再适用了。"根据这一指示，八路军总部决定集中冀南、冀中、冀鲁豫等军区的部队，对石友三部发起自卫反击战。

讨伐石友三分为三个战役。第一次战役始于一九四〇年二月，称冀南反顽战役；第二次战役在同年三月，称卫东反顽战役；第三次战役称直南反顽作战，始于同年七月，至十一月结束。

参加第一次战役的有冀中、冀南两个军区的部队以及一二〇师在冀中的部分部队共二十五个团，由冀南军区政委宋任穷和冀中军区政委程子华统一指挥。

战前，石友三部主力六十九军及孙良诚等部共一万七千余人驻扎在南宫之垂阳、董家庙和枣强之大营以及威县之郭固、雪塔等地区；石友三部下高树勋的部队在冀鲁边观城地区，一部延伸到临清、冠县间。

我攻击部队分三路纵队。左翼纵队由东进纵队两个团、青年纵队一个团、冀中军区刘（子奇）支队、一二〇师贺（炳炎）余（秋里）支队等十个团组成，是这次战役的主攻部队，任务是将石部拦腰截断，由西北突击消灭郭固、董家庙地区之石军；右翼纵队由筑先纵队和一一五师曾（国华）支队组成，任务是钳制高树勋部北援石军；中央纵队由东进纵队、青年纵队、先遣纵队、筑先纵队各一个团组成，由南突击消

① 王稼祥，时任中央军委副主席兼总政治部主任，负责中央军委日常工作。一九三八年任弼时代表中共中央赴苏向斯大林汇报期间任八路军总政治部代主任。

灭郭固、董家庙之石军。

马勇所在的东纵二团属左翼纵队，由陈再道司令员和刘志坚[①]政委指挥。

我军原定二月十一日开始反击，结果行动被石友三发觉。石部于二月九日秘密南窜，并令高树勋部为其策应掩护（高未执行）。我军立即分数路追击和堵截，第一次讨石战役正式开始。

东纵二团的任务是围歼盘踞在威县东北雪塔镇的石部暂三师一个团另一个营。雪塔镇是个几百户人家的大村，顽军在村内外筑有坚固阵地，是个难啃的硬骨头。团部决定二营从村西主攻，一、三营从东北方向助攻。

当夜狂风呼啸，大雪纷飞，寒气逼人。二营在营长楚大明带领下，不顾天气恶劣，率先以迅猛动作突破前沿，抢占村中心的十字大街，并连续击退顽军的三次反扑。一、三营趁此机会突破敌阵地，向街心推进。

守敌被我压缩在村内三个大院里，妄图固守待援。此时，东纵三团也投入战斗。经一夜激战，至十日凌晨五时攻占雪塔镇，毙伤顽军一百一十余人，俘四百余人，余敌向南逃窜。

战斗刚结束，部队还没有吃饭，即接上级命令马上追击逃敌。于是，团部命令一营为前卫营，立即从雪塔镇出发，追击南逃之敌。

当一营追至侯贯镇狼窝村时，截住敌一个团。一营营长赵振奎立即命令部队向敌军发起攻击，随后二、三营和骑兵

---

① 刘志坚（一九一二—二〇〇六），湖南平江县人，开国中将。一九三〇年参加中央红军，同年入党，曾任红四军政治部主任、一二九师政治部副主任。宋任穷改任冀南军区政委后接任东进纵队政委。新中国成立后任中央军委情报部部长、总政副主任、军事科学院政委、昆明军区政委、政治学院院长兼政委等职。

连也赶到加入战斗，将敌击溃。

激战中，赵振奎营长不幸中弹牺牲，营长由副营长赵振刚接任。

从九日战斗开始，二十团从威县一路向南追歼逃敌，终于于十五日夜在曲周县香城固镇（今属邱县）追上石部主力暂三师师部和三个团。徐绍恩团长立即命令一、三营从东向敌发起攻击。赵振刚营长和三营营长赖贤普率部顶着大雪于夜十一时突入村内，攻占了几座院子。敌人疯狂反扑，激战五小时，毙伤敌三百余人，余部弃镇西逃。

十六日晨，石部逃到曲周龙堂禅寺准备西渡滏阳河，又被我军追上，二团和其他兄弟部队一起发起进攻，又歼敌一个营。石友三仗着人多，装备好，率残部从曲周西塔寺桥村渡过滏阳河，向南逃窜。

此时，和石友三部早有勾结的日伪军见石友三部被我军追击甚急，便先后由广平、曲周、肥乡、威县、邱县等地调集日伪军三千余人，分数路到东目寨、下堡寺一带，攻击我军尾部，并施放大量毒气。因我军腹背受敌，伤亡较大，刘、邓首长遂下令暂停追击顽军。石友三率残部乘机向南穿过日伪据点密集、我军工作比较薄弱的魏县，从大名、临漳之间渡过漳河，逃到清丰、濮阳地区。第一次讨石战役到此告一段落。

第一次战役虽未全歼石部，但共歼灭顽军七千余人，缴获甚多，将其赶出了冀南，使我军摆脱了“前门拒虎，后门拒狼”（刘伯承语，意指日顽前后夹击我军）的被动局面，冀南抗日根据地得到进一步巩固。

第一次反顽战役结束不久，逃到清丰、濮阳的石友三部不甘心失败，再次向我冀南、冀鲁豫根据地发起进攻，第二次反顽战役又于三月初开始。因这次战役是在卫河以东进行，所以又称卫东战役。

参加这次战役的有冀南、冀中、冀鲁豫部队共十七个团，由宋任穷、程子华统一指挥。

东纵二团和冀南其他四个团、冀中四个团共九个团组成中央纵队，仍由陈再道、刘志坚指挥。

当时石友三的部队分布在清丰、观城、濮县[①]一带。按照总部部署，中央纵队首先进攻观城六塔集地区之敌，成功后即向西进攻清丰黄城之敌。东纵二团和三团作为战役预备队集结于濮县古云集地区待命。

三月四日战斗开始。冀中赵（承金）谭（冠三）支队率先攻入六塔集，其他主攻部队也向濮县、观城展开攻击。石友三见六塔集被攻占，急令驻黄城部队向六塔集反扑，企图夺回六塔集。陈再道司令员立即命令二团和三团进抵六塔集以南投入战斗，向反扑之敌展开攻击，将敌击溃。

次日，顽军主力分路向南逃窜。我中央纵队跟踪追击，多次重创顽军。

十一日，石友三部从民权县以东柳河集车站越过陇海线，逃往日军占领区，我军遂停止追击。

但石友三不善罢甘休，当我军大部返回鲁西北时，石友三稍作喘息，即在菏泽日军五百余人掩护配合下于四月初进占东明县城和濮阳徐镇、保安集以东地区，企图与我抢夺地盘。

四月六日至八日，二团在中央纵队编成内再次向石友三

① 濮县，民国时和新中国成立初期为河南省一个县，一九五六年改为范县濮城区，一九八三年改为濮城镇，仍属河南省范县。

部发起进攻。在我沉重打击下，石部逃到曹县、定陶一带。我参战部队根据“有理、有利、有节”原则，在顽军没有发动新的进攻之前，便适可而止，不再继续追击，第二次讨石战役结束。此次战役，先后歼灭顽军六千余人，将他们赶至根据地边沿地区。

在这次战役期间，二团还顺带围歼了鲁西地区的土顽王金祥部，解了我冀鲁豫部队在鲁西地区的心腹之患。

王金祥原是范筑先的部下。范筑先在抗日战争初期任山东省第六区行政督察专员、保安司令兼聊城县县长，拒绝执行山东省主席韩复榘的撤退命令，积极同我党合作，组织抗日武装，开辟了鲁西北敌后抗日根据地。王金祥曾任范筑先的参谋长，同我党有过合作。但在范筑先于一九三八年十一月聊城保卫战牺牲后，王金祥立即撕下伪善面孔，积极反共，杀害我党派出的莘县县长，驱逐我党工作人员，围攻我地方部队，甚至打着共产党的旗号到处抢掠，给我党造成不良影响。王金祥的恶行不但没被制止，还被国民党山东省部任命为第六区专员兼保安司令，鲁西北地区的抗日民族统一战线遭到严重破坏。王金祥曾被我冀鲁豫部队教训多次，但仍不悔改，继续与我为敌。

一九四〇年一月，我冀鲁豫军区集中了先遣纵队、筑先纵队和杨勇的鲁西部队等主力攻打王金祥保安司令部所在地朝城[①]，将王金祥的部队击溃，王金祥率残部向西南逃窜，逃至濮县、清丰一带。

三月十四日，二团在追歼石友三部后回撤过程中，于清

① 朝城，民国时为山东省的一个县，一九四三年与观城县合并为观朝县，后撤销；一九五三年再次设立观朝县；一九五六年撤销，朝城改为镇，属山东省莘县。

丰县瓦屋头镇将王金祥残部七百余人包围。十五日凌晨，二团一营、二营分别从镇西门和东门向心突击，骑兵连在南门负责掩护和截击逃敌。王金祥部在我猛烈夹击下纷纷投降，七百余人除王金祥率少数骑兵趁乱逃脱外，大部被歼。

两次讨石战役的胜利，改变了国民党顽固派长期在冀南地区进攻我军的严重局势，为冀南敌后抗日根据地拔除了一大祸根。

还在卫东战役进行中，冀南军区所属部队进行了一次较大的整编。

四月十日至二十六日，中共北方局和集总在黎城召开高级干部会议，提出“建党、建政、建军”三大任务。冀南区宋任穷参加了会议。会后，宋任穷在南宫段芦头村主持召开冀南区党委地县委书记和冀南军区营以上干部会议，讨论贯彻黎城会议精神。

六月，根据一二九师指示和段芦头会议精神，冀南军区领导机构和东进纵队领导机构实行合并，撤销东进纵队番号，冀南地区的野战部队和地方部队统归军区领导。合并后，陈再道任冀南军区司令员，宋任穷改任政委，王宏坤任副司令员，范朝利任参谋长，刘志坚任政治部主任。同时，冀南军区各主力部队和分区基干部队按一二九师序列编为四个野战旅。即新四旅、新七旅、新八旅和新九旅。

新四旅由原青年纵队编成，新七旅由东进纵队编成，新八旅由原筑先纵队和先遣纵队编成，新九旅由分区基干部队和军区特务团编成。每旅各辖三个团，加上军区直属骑兵团，冀南军区的野战部队达到十三个团。

新七旅新任旅长易良品[①]，政委文建武[②]。

马勇所在的东纵二团按新编成的序号改为新七旅二十团，团长仍为徐绍恩，政委由刘福胜[③]（一说刘志朝）[④]接任。

这次整编，在冀南地区抗日武装发展史上有着重要的意义。陈再道司令员在回忆录中曾感慨地说：

> 组建四个野战旅后，冀南地区的部队达到十三个主力团。这些主力团转战各地，威震敌胆，成为冀南平原抗战的中流砥柱。回想我初来冀南时，只带了五个连队几百人的队伍，那时能否在一望无垠的平原上站稳脚跟，坚持抗战，心里没有把握。因为开展平原游击战争是件新事，过去没有这方面的经验可以借鉴，一切都得在实践中摸索。经过两年多的斗争实践，我们不仅站住了脚，而且部队也在不断发展壮大，从几个连发展到几个旅，还有大量的分区武装、县大队等。想到这些，我这个带兵打仗的人，心里特别高兴。[⑤]

石友三等顽固派遭八路军两次打击后不甘心失败，进一

① 易良品（一九一〇—一九四三），湖北麻城县人，一九二八年参加红军，曾任红四军团长。一九四三年在冀南反“扫荡”战斗中牺牲。

② 文建武（一九一一—一九五一），湖北罗田县人，一九三〇年参加红军，曾任红三十军师参谋长、一二九师作战科科长。新中国成立后任河南省军区副司令员兼参谋长，一九五一年病逝。

③ 刘福胜（一九一四—一九九四），湖北黄安县人，开国少将。一九三一年参加红军，曾任红三十一军团组织部部长、一二九师青年纵队团政委、晋冀鲁豫军区十纵旅长，新中国成立后历任空军二十四师师长、中南军区空军后勤部政委等职。

④ 刘福胜接任二十团团政委，见《陈再道回忆录（上）》，解放军出版社一九八八年八月版，第四二二页；《步兵第一一零团战史》中记述为刘志朝，特录以备考。

⑤《陈再道回忆录（上）》，解放军出版社一九八八年八月版，第四二二—四二三页。

步勾结日军，向我抗日根据地反扑，对石友三的斗争又持续了近半年之久。

石友三率残部退到曹县、定陶地区后，便派其弟石友信到商丘向日军求援。从六月中旬开始，石友三纠集残部和拼凑杂顽军二万五千余人，在日伪军的“扫荡”配合下卷土重来，向我进攻，占领了观城、范县、清丰、濮阳、濮县等地，并进一步向北进犯。

八路军总部决定发起第三次讨石战役，彻底解决已同日伪合流的石友三部。这次战役也叫直南反顽战役。“直南”即直隶南，包括河北南部、河南北部以及山东西部的部分地区。

由于这次战斗是在豫北鲁西展开，冀中军区的几个团由程子华政委率领返回冀中，宋任穷和鲁西军区政委萧华指挥这次反顽作战。

新七旅二十团和新四旅七七一团、新八旅二十二团、军区骑兵团组成中央纵队，由新四旅旅长徐深吉①指挥。

七月十二日，中央纵队在宋任穷、徐深吉指挥下东渡卫河，奔赴冠县、范县、濮县、濮阳一带。

从十五日开始，二十团在中央纵队编成内，经两天激战，在大名县龙王庙村、范县吴桥村等地将石友三部和孙良诚部击溃。经此一役，石友三部实力大损，再也没有能力向我军闹军事磨擦了。

后来，石友三部在濮阳龟缩一隅，凭借深沟高垒固守不

① 徐深吉（一九一〇—二〇〇〇），湖北省黄安县人，开国中将。一九三〇年参加红军，次年入党，曾任红三十一军师长、一二九师七七一团团长、青纵副司令员兼政委、新四旅旅长、冀南军区司令员。新中国成立后任空军副司令员、北京军区副司令员。

出。八路军总部根据石部的现状，于八月中旬指示我军军事打击和政治攻势双管齐下。在军事打击的同时，我军采取了空室清野、截断其粮源的方针，同时展开政治攻势，召开群众大会、开明绅士座谈会，散发传单，释放俘虏，揭露石友三等勾结日军、破坏抗战等种种罪行，宣传我党的抗日民族统一战线政策，收到很好的效果。群众纷纷起来反对顽军，开明地主和士绅也同情、支持我军。顽军内部十分不稳，基层不少官兵不愿再跟石友三走，大量逃亡。到十一月，第三次反顽斗争胜利结束。

在这次作战中，我军曾一度包围驻扎在濮阳巩庄的石友三第三十九集团军总部，石友三甚为恐慌，给被围在观城附近的石友信发一密电，令其速去清丰联络日军出动“扫荡”。石友信接电后，连夜派教导师副师长文大可伪装成八路军，混出了我包围圈，到清丰城内与日军取得联系。次日，石友信教导师与日军一个联队一起出动，向我进攻，给石友三解了围。当晚，日军和石友信部一同宿营，石友信派人抢杀老乡两头牛慰问日军。不久，石友三又先后派石友信到济南、开封、北平，找日军头目联络，与日军进一步勾结在一起。我军从战斗中缴获的石友三的密件里，还发现石友三派人到郭城向日军报告石部移动和部署等情况。石友三投敌的大量证据进一步暴露在光天化日之下。

石友三勾结日军臭名昭著，就在国民党军队内部也声名狼藉。蒋介石见石已无利用价值，即密令卫立煌、高树勋处决石友三。一九四〇年十二月，高树勋以开会为由诱石于高之军部——濮阳柳下屯，将石活埋于黄河岸边。“倒戈将军”终获可悲下场。

石友三的部下高树勋虽是石友三结义兄弟，追随石多年，却是一位有民族心有正义感的军人，不愿随石投降日本，出于义举杀掉石友三。后来亦对蒋介石发动内战不满，遂于一九四五年十月举行阵前起义，加入共产党阵营，对国民党军心造成极大冲击。

讨伐石友三斗争的胜利，沉重打击了汉奸和亲日派的反动气焰，铲除了华北几大害，大大鼓舞了广大抗日军民的斗争士气，对冀南抗日根据地的巩固和发展起了关键作用。

日本兵秋山良照

三次讨伐石友三战役的胜利，打击了国民党顽固派“消极抗日、积极反共”的气焰，鼓舞了冀南人民和冀鲁豫人民的抗日热情，却使山东顽固派首领沈鸿烈如坐针毡。

沈鸿烈时任山东省政府主席、省保安司令、国民党山东省党部主任委员，是国民党在山东省的大员。但他不但不积极抗战，反而公开打出“防共、限共、反共、剿共”的旗号，处处阻挠八路军抗日活动，反复与八路军制造磨擦，发动军事挑衅。

在大名、范县等地完成对石友三的讨伐后，二十团和新四旅七七一团、新八旅二十二团、军区骑兵团等部队没有马上返回冀南，而是继续留在鲁西北地区，执行军区首长继续打击敌顽武装的指令。

王金祥部被我军击败后，另一支顽军武装齐子修部成为我军在鲁西北的主要对手。齐子修是河北固安人，土匪出身，曾是国民党二十九军宋哲元的部下，背叛宋哲元后被范筑先收编，任范部三支队司令。继王金祥后，齐子修被沈鸿烈任命为山东第六区专员兼保安司令。

当时，齐部一个团（邵基胜团）驻守在堂邑县[1]白堂村、李海村一带，建有据点，四周修有坚固的防御工事，经常袭扰我鲁西北根据地。

一九四〇年八月，邵基胜团又一次出动向我鲁西北根据地进袭。军区立即命令二十团从白堂以南地区向邵基胜团发起进攻。二十团歼敌百余人，余敌慌忙逃回白堂据点。次日凌晨，二十团向白堂据点发起攻击，因地形不利，加之敌人的顽强抵抗，攻击受挫。翌日再次攻击仍未奏效，敌我形成对峙局面。

正当我军集结兵力准备再次实施攻击时，齐子修暗向敌伪乞援解围，驻聊城日军古屋中队一百余人和伪军二百余人前来增援白堂据点。

得此消息，军区首长决定围点打援。徐绍恩团长接令后命令楚大明带领二营在郑家屯东北公路构筑工事，正面防御增援之敌，一营三营侧翼援助。

九月五日，日伪军在炮火掩护下向二营阵地发起攻击，一时战场上硝烟弥漫，杀声震天。敌人第一次攻击未得逞，竟丧心病狂使用毒瓦斯弹，加之猛烈炮火发起二次攻击。

正当敌人端着刺刀嗷嗷叫着冲向二营阵地时，马勇率领一营三、四连绕到敌人背后突然打响。楚营长见状立即命令二营发起反击。敌军在我前后包围夹击下，惊恐万状，丢盔弃甲，急忙向东北方的一片沙丘撤退。二十团全团发起追击，日伪军死的死，伤的伤，剩下的狼狈逃窜。这次战斗，共击毙日军五十二人，伪军上百人。

① 堂邑县，民国时为县，民国后期为纪念武邑县出生的义丐武训，曾改名武训县，一九四九年撤销武训县，恢复原称谓武邑县。一九五六年武邑县撤销，辖地分属聊城县和冠县。今有堂邑镇，属聊城市东昌府区。

这次战斗中发生了一个插曲。

在追击逃敌时，七连战士赵二虎独身追击两名日军机枪手，刺死一名，俘获一名，缴获轻机枪一挺。被俘的这名日军士兵是机枪副射手，因为负伤跑不动而被俘。别看这“小鬼子”负了伤，由于深受“效忠天皇”思想和“武士道”精神的影响，可是顽固得很，拒绝吃饭，拒绝治疗，嘴里哇啦哇啦乱喊，直要自杀。

这时，团政治处敌工干事谭立夫赶到。谭干事入伍前在日本九州帝国大学留过学，日语很好，经谭干事反复做思想工作，“小鬼子”的情绪才逐渐稳定下来，由卫生员包扎好伤口，用担架抬回团部。

在团部，谭干事耐心开导，终于使这名俘虏停止绝食，开口说话。通过交谈，才知道他叫秋山良照。

李汉英主任安排由谭干事、团宣传队队长李胜杰和三名宣传队员杜连达、周勇治、岳文进负责对秋山良照的管教。

六十四年后，当年的二十团宣传队员杜连达①在一篇题为《永恒的友情——忆秋山良照》的文章中，回忆了与日本兵秋山良照相处的日子：

> 从1940年9月6日至11月上旬，谭立夫及我们宣传队四人和秋山良照日夜相伴。行军排在一行，宿营同居一室。秋山教我们绘画，我们给秋山讲故事。秋山教我们学唱《满洲姑娘》，我们教他学唱《三大纪律八项注意》。中日两国六名青年军人逐渐地建立了友谊。
>
> 秋山主动叙述了他的经历。家有父母和妹妹，

① 杜连达，北京军区离休干部，离休前曾任北京军区炮兵十四师政委。

他和小妹在中学读书。中日战争爆发后，他被迫辍学应征入伍，在日军古屋中队当副机枪射手，曾跟随古屋“讨伐”数次。我们问秋山为什么来中国打仗？秋山说他也不知道为什么。古屋中队长对日军士兵常讲“是为了征服支那（中国），建立大东亚新秩序”，“中日经济提携”“中日共存共荣”“强化治安”等。我们问秋山他的太君古屋对士兵怎样？秋山说古屋很残暴，经常体罚士兵，要士兵绝对服从。古屋经常宣扬“武士道”精神，效忠天皇，宁肯自杀，不许被俘。秋山还告诉我们说，古屋为了培养日军士兵的“武士道”精神，锻炼新兵的胆量，有一次捉住两名穿便衣的八路军，绑在树上，让新兵猛刺……

秋山被俘后，不但没有受到虐待和侮辱，反而受到热情优待，渐渐地愿意和我们推心置腹地谈心。他认识到并不是中国侵略日本，而是日本军阀抢占了大半个中国，罪责完全是日本军阀。日本军阀所宣扬的“建立大东亚新秩序”“中日共存共荣”“强化治安”的实质，就是烧杀奸淫、任意掠夺，让中国和亚洲各国人民长期做他们的奴隶。日本军阀宣扬“武士道”精神，就是鼓动日军士兵替他们卖命送死。

日本军阀为什么要侵略亚洲各国？我们给他做了具体分析：当时世界分为两大营垒，德、意、日属于法西斯国家，他们妄想重新瓜分世界，霸占全球，因此疯狂侵略，连续发动战争。这种行为属于非正义的，“多行不义必自毙”，最后必然失败。中国及苏、美、英等大多数国家和法西斯抗争，经过艰苦奋战，必然会取得最后的胜利！

秋山良照消除了心中的迷雾，思想逐渐明亮了，和我们的感情更加浓厚了。11月中旬，我团接到冀南军区指示，派人护送秋山良照到军区政治部。临别之前依依不舍，秋山给我们每人画了一张画，我送给他一本《政治经济学教程》。大家互赠礼品，作为永恒友谊的纪念。①

还在秋山被俘前，一名叫前田光繁的日军战俘在太行山创办了在华日人第一个反战组织“觉醒联盟”②。秋山到冀南军区后，和前田取得联系，建立了“觉醒联盟冀南支部”。这个支部起初只有三个人，后来发展到十六七个人，秋山是负责人。

秋山在冀南军区生活战斗了五年多，直到一九四六年战后才回到日本。在这五年多的时间里，秋山采取多种形式开展了反战宣传。

秋山多才多艺，能写会画，他自办的日文小报《日本士兵之友》，图文并茂，每周一期，散发到各个日军据点，还自己创作了一部小说《活路》，描写日本下层士兵被迫参战的痛苦经历，在《日本士兵之友》连载，引起不少日军士兵的共鸣和厌战情绪。

在一九四二年日军对冀南“大扫荡”期间，秋山和八路

---

① 杜连达：《永恒的友情——忆秋山良照》，载《军事历史》杂志二〇〇四年第一期。

② “觉醒联盟”，全称为“国际反法西斯东方民族觉醒联盟”，创建于一九三九年十一月。一九四二年八月在延安召开“日本在华士兵代表大会”和“全华北反战大会”后，“觉醒联盟”和“在华日人反战同盟”合并，组成“日本人反战同盟华北联合会”，和周恩来一同从苏联回到延安的日本共产党领导人野坂参三为实际领导人。

军共同战斗，端起机枪射向“扫荡”的日军。在一次反“扫荡”中，秋山和大部队跑散了，他机智勇敢，带领另外五名失散的战士，趁夜间用“乡音”骗过日军，安全回到自己的队伍中。

秋山的反战活动，引起日军的极度恐慌，甚至在私下传说：八路军中有个“秋山良照部队”。日军指挥官对此也大发雷霆，下令如果抓住或击毙秋山良照，连升三级还奖赏一万元钱。

由于秋山在反“扫荡”战斗中表现出色，陈再道司令员亲自批准秋山加入八路军，成为一名八路军战士。

反“扫荡”胜利后，刘伯承师长在太行版《新华日报》写文章称赞秋山良照：“多次在枪林弹雨之中，亲自拿机关枪去协助我们作战。”①

一九四二年九月一日，在“觉醒联盟冀南支部”成立一周年之际，朱德总司令、彭德怀副总司令等亲自发来贺电：“一年来你们在冀南前线协助八路军进行争取日本兵士工作，成绩优良。当此反法西斯胜利前夜，希望你们百倍努力。”②

战后秋山回到日本。开始亲友们不理解，甚至孤立他，但听他讲了在华所见所闻，也马上转变了态度。秋山后来加入日共，继续进行反对日本军国主义的活动。他写了一本《八路军中的日本反战士兵》，记叙了在冀南的战斗经历。

日共第一书记野坂参三在战后编写了名为《为和平而战》③的书，详尽真实记录了日本战俘在华的反战宣传活动，其中

① 《宋任穷回忆录》，解放军出版社二〇〇七年八月版，第一八八页。

② 《朱德年谱（新编本）（1886—1976）》，中共中央文献研究室编，中央文献出版社二〇〇六年十一月版，第一一一三页。

③ 《为和平而战》一书，二〇一五年由解放军出版社翻译出版。

就多次提到秋山良照的反战同盟冀南支部。

一九八一年秋山重返中国，和昔日的老战友们重逢，并受到老领导宋任穷（时任全国政协副主席）的亲切接见和盛情款待。

破击王高路

一九四〇年直南反顽战役后，马勇“秋季即入冀南军区轮训队学习，四一年春出学仍回二团任副政教”①。

马勇回到部队时，全团已返回南宫、曲周以东地区休整，准备参加全军区的冬季大整训。

从一九四一年三月七日开始，遵照冀南军区《关于主力兵团分期分批参加冬季整训的指示》，二十团参加了新七旅第二批冬季整训，为时两个月。

这次整训，以干部为重点，主要进行形势任务教育，要求各级干部认清日寇对国民党进行诱降、逼降的同时，对我敌后根据地却如芒在背、如鲠在喉，予欲除之而后快的形势，认清今后平原抗日斗争更加严峻的局面，要充分做好反“扫荡”、反“蚕食”、反“治安强化运动”的准备，增强部队战斗意志和胜利信心。

在进行政治整训的同时，部队也开展了军事训练。根据敌后游击战争的特点，进行了袭击据点、野战进攻、村落战、伏击战、遭遇战等战术演习；进行了射击、投弹、刺杀三大技术训练；举办了爆破、埋雷等各种技术训练班，显著提高

① 马勇《自传手稿》。文中“二团”应为“二十团”，东纵二团于一九四〇年六月编入新七旅后番号已改为二十团。

了部队的作战能力和战术水平。

这年五月，原一营教导员李庭桂调往军区骑兵团，马勇接任一营教导员。

这时，马勇尚不满十九岁。

整训结束后，二十团主要活动在南宫、曲周、威县、广宗、枣强、武城一带。

在此期间，马勇参加的大小战斗不下数十次，如武城县庙上村伏击战、拔除枣强县里祥村日伪据点、东岳庄攻坚战、盛树林村阻击战、奔袭广宗城解救区长和二百多名群众的战斗、攻进威县县城抢夺军用物资战斗、端掉段芦头镇敌据点等等。

在威县侯贯镇义和营村的一次反“扫荡”战斗中，马勇还负了伤，腿部中了一枪，但仍然坚持战斗。马勇后来回忆：“受伤后还跑了几里路”[1]。

在马勇参加的这些战斗中，打得最出色、影响最大也最具戏剧性的当属破击王高路战役。

王高路是侵华日军从一九四一年年初起，强征数万劳工、费时半年新修筑的一条战时公路，南起清河县王官庄，北至南宫县大高村，全长约七十多里。这条公路横穿冀南抗日根据地腹心地带，将冀南根据地分成东西两片，日军沿路修筑封锁沟、封锁墙，建立几十个据点、炮楼，日军一个大队、伪“治安军”高德林集团一〇二团、一〇四团沿路驻守。公路沿线的日伪军对附近群众敲诈勒索，无恶不作。对过路行人，严加搜查，任意扣押拷打，杀害了我军多名联络员和抗日群众，严重阻碍和威胁着我军的生存安危。正如陈

①《马勇日记》。

再道司令员所说，“王高路是卧在我们冀南腹心地带的一条毒蛇”！[①]

冀南军区首长报请一二九师师部批准，决心集中兵力，斩断这条“毒蛇”。

这项任务的主攻就交给了新七旅。

陈司令员和宋政委研究决定，斩蛇要分段斩——新七旅十九团向垂杨以北至大高村一段之敌攻击；二十一团向马固庄以南至王官庄一段之敌攻击；新七旅旅长易良品率二十团围攻马固庄（今南宫市东马固村）据点。

马固庄据点位于王高路中段，是这条公路的中心据点。据点几乎占据了半个村子，修筑了炮楼和子母堡群，周边筑有七八米高的寨墙，墙上筑有地堡掩体，寨墙外挖了深三米、宽五米的外壕，有一道鹿砦护围，易守难攻。这里是护卫王高路的指挥中枢，如将其斩断，守敌就将首尾不能相接，整条公路防线就会陷于瘫痪。

任务确定，冀南区党委、行署向有关县区布置了配合部队破袭王高路的任务。各县区群众听到要大破王高路，非常高兴，他们对王高路沿线的日伪军恨之入骨，早就盼望部队为百姓除害。南宫、垂杨（垂杨县于一九四五年并入南宫县，今为镇）、清河、威县、武城等县政府，组织了上万群众参加破路队、担架队，县委书记、县长亲自带队上阵，“真是气势磅礴，威武壮观，形成了人民战争的汪洋大海”。[②]

一九四一年八月三十日夜，攻打马固庄据点的战斗打响。二营从西门担任主攻，一营从西北担任助攻，三营为预备队。

①《陈再道回忆录》，解放军出版社一九八八年八月版，第四五五页。
②《陈再道回忆录》，解放军出版社一九八八年八月版，第四五六页。

经过一夜激战，扫除了马固庄据点的外围工事，但据点和炮楼的敌人拒不投降。

破击战必须速决而不宜久拖，否则夜长梦多。易良品旅长请示正在一线指挥的陈再道司令员，陈司令员便使出了一道绝活——用大炮轰！

原来，陈司令员手中有一件“秘密武器”——日式三八式野炮①。这门大炮是一九四〇年九月陈司令员率领新七旅十九团和新九旅二十五团在故城县东高才村围歼日伪军“扫荡”部队时缴获的，同时还缴获了六发炮弹。当时因这门炮炮体太重，无法带走，便由地方政府组织民兵就地隐藏了。这门野炮是日军在冀南战场丢失的第一门野炮，后来日军还几次出动兵力搜寻这门大炮，搜寻了几个月也没找到。这次发动王高路破击战，陈司令员估计要打攻坚战，于是就提前让人把大炮组装好，拉到马固庄据点附近的玉米地里隐藏起来，以备不时之需。这次果然派上用场了。

陈再道司令员在回忆录中回忆了这次战斗：

> 进攻马固据点的二十团，在团长徐绍恩率领下，向敌人发起猛攻。经一夜战斗，扫清了据点周围的掩体工事。敌人集中在据点和炮楼内负隅顽抗。天亮后，二十团指战员向敌发起政治攻势，纷纷向伪军喊话，劝他们赶快投降，我们优待俘虏，不要再

---

① 关于这门野炮的型号，《陈再道回忆录》和《冀南军区战史》两部书中均记载为“八八式野炮”。有研究者考证，在《二战日军主要地面武器装备目录》中，没有“八八野炮”这一门类，只有“八八高射炮”，而高射炮与野炮完全是两种不同性质的火炮，日军在平原作战不可能使用高射炮。据《二战日军主要地面武器装备目录》记载，二战日本陆军装备量最大的重型火炮是“三八式野炮”，因此，东高才战斗缴获的应是“三八式野炮”。三八式野炮炮管长二百三十三厘米，口径七点五厘米，重量九百四十七公斤，最大射程八千三百五十米，出产于日明治三十八年（一九〇五年）。

给日本人卖命了，顽抗到底，死路一条。敌人不听劝告，仍在炮楼内固守，拒不投降。

易旅长找到我，问我怎么办？

我说用炮轰！

破击王高路前，我们事先就把在东高才战斗中缴获的八八式野炮组装好，拉到前沿阵地，隐蔽在玉米地里，易良品立即命令炮手开炮。第一发炮弹没有打中，炮手有些紧张。那时炮弹很珍贵，只有缴获来的那几发炮弹，打一发，少一发。我们的炮手算是神炮手，第二发炮弹打出去，将敌据点的围墙炸开了一个大缺口，炮楼内的敌人顿时乱成一团。徐绍恩团长率部队猛扑过去，冲进据点。冲杀声、手榴弹的爆炸声、机枪的怒吼声，响成一片。在我军强大火力攻击下，敌人死伤大半。高德林部一〇二团副团长率残部向我投降。马固据点被我彻底摧毁。俘敌百余人，缴获步枪一百五十余支、机枪三挺及大批弹药、物资。①

读者们看到这里，是不是似曾相识？电视剧《亮剑》里李云龙在围歼日军坂田联队时，就是指挥炮手柱子用两颗炮弹轰掉了坂田的指挥部，坂田也死于弹下。不过那是电视剧，真实版的炮轰日伪军据点的故事在这里呢！据说，当年《亮剑》的作者创作时还真参考了这次战役。

陈司令员也是第一次见识到这种大炮的威力，马上来了灵感，命令部队拉着大炮到王高路沿途其他据点和炮楼向敌守军示威。二十团将大炮配给六连，六连连长及振江带领全

① 《陈再道回忆录》，解放军出版社一九八八年八月版，第四五七—四五八页。

连在向马固庄以南沿路据点进攻时，用八匹大马拉着大炮，故意暴露在敌人视野之内，并让被俘的那位副团长向据点喊话：我们的据点被八路的大炮轰平了，你们快投降吧！守据点的伪军看到我军的大炮和投降的长官，纷纷放下武器投降。用这个办法，六连连续拔掉了十个伪军据点。

这门三八式野炮从抗日战争到解放战争一直在我军手中发挥着作用。后来中国人民革命军事博物馆建成后，这门火炮作为文物收藏和展出。

王高路破击战持续了三天，攻克敌碉堡十六个，歼灭伪军两个团，缴获轻重武器六百余件，日伪军苦心经营半年之久的王高路毁于一旦。

这次破击战之后，二十团在两个月之内又参加了两次秋季公路破击战，并拔除了沿路敌伪据点。

一次是九月中旬，破击临清至王官庄一段公路，激战三昼夜，突击了郑家集和焦家堂据点，全歼伪军三百余人，破公路四十余里；一次是十月中旬，破击武城至武官寨一段公路。

在十月这次破击战中，二十团第一次使用了地道爆破，震惊了敌军。

当时，一营的任务是攻打武官寨据点，二营的任务是攻打刘官屯据点。

十月十一日战斗打响。武官寨据点很快被一营攻克。但刘官屯据点有一座主碉，高达三十米，五层火力点，日军一个警备小队驻防，火力很猛，还配有燃烧弹和毒气弹，二营几次攻击未能奏效。见此状况，旅、团首长亲临第一线，经研究决定采取挖地道炸碉堡的办法。于是二营利用已攻占的伪军营房作遮掩开始挖地道，一直挖到日军炮楼下，然后用一口棺材装满炸药，外加几十颗地雷。十三日晨，团首长一声令下，轰天巨响，黑烟升腾，主碉顿成废墟。此役，炸死日军小队长以下二十多人，俘获八人，缴获轻机枪六挺、掷弹筒一个、步枪冲锋枪一百五十余支、摩托车一辆。

刘官屯战役被俘的八名日军俘虏后来加入了秋山良照的“觉醒联盟冀南支部”，成为在华日军的反战人士。

笔者手里有一部资料书，书名为《华北治安战》，是日本防卫厅战史室在战后编写的，记叙了日军华北驻屯军从一九三七年“华北事变”（即七七事变）到一九四五年日本宣布投降的作战史，一九八二年由天津市政协组织翻译，作为内部图书出版。

说实话，从史学研究者的角度看，日本防卫厅战史室的这本书写得不怎么样，支离破碎，东拼西凑，而且一面偏颇之辞甚多，但可贵之处是书中的许多史料来自日方档案和日方当事人的回忆。书中一篇曾在武城地区驻防的侵华日军某警备小队小队长山口真一少尉的回忆，还有点意思，从一个侧面反映了冀南及鲁西北地区的抗日形势和侵华日军的处境。

当时，日军一个中队（中队长今枝荣作中尉）驻防山东武城地区，兵员分布在各个据点中。山口真一的警备小队驻武城十二里庄（十二里庄今属河北故城县）据点。我军攻打武官寨和刘官屯时山口真一并不在场，但他在回忆中特别提到刘官屯战斗：“此地前任警备队曾受到共军地道战的攻击，损失重大，是个很成问题的地方。”①

山口真一在回忆中有一段应该是发自内心的感慨，颇值得玩味：“作为下级指挥官的独立队长，其判断正确与否直接

①《华北治安战（下卷）》，日本防卫厅战史室编，天津市政协编译组译，天津人民出版社一九八二年九月版，第一六八页。

关系到全队的生命，责任非常重大，同时对神出鬼没的共军每天都要进行神经紧张令人恐怖的战争，不如打一场大规模的战斗反倒痛快。其后我参加过老河口作战[①]，我回忆在中国四年之中，再也没有比驻防在十二里庄当队长更苦恼的。”[②]

“渡过今冬明春”

一九四二年，华北敌后抗战进入第六个年头，也进入最艰苦的阶段。

宋任穷政委在回忆录中说：“一九四二年和一九四三年两年，是冀南抗战最艰苦的年代。”[③]

陈再道司令员在回忆录中说：“一九四二年，是冀南斗争最尖锐、最残酷的一年。”[④]

《中国人民解放军战史》则这样描述当时华北敌后形势：“一九四二年上半年，敌对华北各抗日根据地继续进行疯狂地‘蚕食’，致使许多根据地，特别是平原地区仍处于退缩局面。至四月底，冀中根据地基本区的面积和人口减少了约三分之二。冀南根据地仅剩下枣（强）南、武（城）北和威县以南香城固附近以及馆陶周围这三小块地区。”[⑤]

一九四二年这一年，冀南、冀东、冀中、冀鲁豫等平原

---

① 即老河口保卫战。一九四五年三月，中国守备部队同日军在鄂北光化县老河口镇（今老河口市）为争夺老河口军用机场进行的一场战役，双方激战数日，均付出重大伤亡后，老河口失守。

②《华北治安战（下卷）》，日本防卫厅战史室编，天津市政协编译组译，天津人民出版社一九八二年九月版，第一六九页。

③《宋任穷回忆录》，解放军出版社二〇〇七年八月版，第一七六页。

④《陈再道回忆录（上）》，解放军出版社一九八八年八月版，第五〇三页。

⑤《中国人民解放军战史（第二卷）》，军事科学院军事历史研究部编著，军事科学出版社一九八七年七月版，第三二八页。

根据地，甚至包括晋察冀、太行、太岳等山区根据地，也就是说，整个华北敌后，都遭遇了前所未有的困境。

困境的成因是多重的——

国际战场上，以德、意、日为首的轴心国气焰日益嚣张。

一九三九年九月德军入侵波兰，第二次世界大战爆发；一九四〇年六月巴黎陷落，法国投降，英军全部退出欧洲大陆；九月，日本与德国、意大利结成军事同盟；翌年六月，德国对苏联发动突然进攻，苏德战争爆发，德军攻势迅猛，直抵莫斯科城下；十二月七日，日海军偷袭珍珠港，并相继占领菲律宾、香港、马来亚、南太平洋诸岛，太平洋战争爆发。

日本同美英开战，并在交战初期占据了优势。为了巩固优势，日方急于解决中国战场特别是华北战场的问题，提出“变华北为大东亚作战兵站基地”、“建立华北参战体制”的新方针，企图稳定华北，变华北为太平洋战争的大后方。

国内战场上，蒋介石仍在推行“消极抗日、积极反共”的方针。

太平洋战争爆发后，蒋介石国民政府虽追随英美两国对日正式宣战，但对内仍把共产党视为异己，顽固推行“消极抗日、积极反共”的方针，继续制造军事磨擦。一些反共顽固分子同时又提出一个所谓“曲线救国”的汉奸理论，为投降日军的国民党军队开脱。在华北，先后有第三十九集团军副总司令孙良诚、新五军军长孙殿英、第二十四集团军总司令庞炳勋投敌，调转枪口进攻我抗日根据地，使得我腹背受敌。

华北敌后战场上，日军进一步把主要进攻矛头集中到八路军身上。

从华北被日军占领开始，日军就逐渐意识到八路军在华北占领区的威胁，多次组织针对八路军的“清剿”“扫荡”，妄图消灭八路军的有生力量。但由于日军并没有真正把“土八路”放在眼里，因此动用的兵力和行动的规模都不算很大。日军对八路军更加重视，并感到震惊和恐慌，是在“百团大战”之后。

百团大战是八路军在华北敌后发动的一次大规模进攻和反“扫荡”战役。一九四〇年下半年，为打破日军在华北推行的“以铁路为柱，公路为链，碉堡为锁”的“囚笼政策”，同时扭转在日方政治诱降下国民党政府出现的妥协投降危机，八路军总部决定以一二九师、一二〇师和晋察冀军区部队为主力，发动以破袭正太路为主要目标的对日反击战役。战役从一九四〇年八月下旬发动，到一九四一年一月底结束，分为三个阶段：一九四〇年八月二十日至九月十日为第一阶段，中心任务是摧毁正太路交通；九月二十二日至十月上旬为第二阶段，主要任务是继续破坏日军的交通线，并摧毁日军深入我根据地的主要据点；十月上旬至一九四一年一月二十四日为第三阶段，主要任务是反击日军的报复性“扫荡”。战役最初叫正太铁路破击战，计划投入二十二个团的兵力（晋察冀十个团，一二九师八个团，一二〇师四个团）。但随着战役的进行，各部队参战热情高涨，战线不断扩展，延长至同蒲、平汉、石德、沧石、北宁、津浦等多条铁路和公路，几乎覆盖整个华北地区；参战的兵力也不断增加，最后统计竟有一百零五个团参战，故改称为“百团大战”。

百团大战是抗战相持阶段八路军在华北发动的一次规模最大、持续时间最长的战役。毫无疑问，百团大战沉重打击了日军的嚣张气焰，打出了敌后抗日军民的声威，振奋了全国人民争取抗战胜利的信心，在战略上有力地支持了国民党正面战场，打击了国民党内的妥协投降倾向，在我国抗日战争史上写下了光辉的一页，在国际上也产生了巨大影响。对此次战役，中共中央给予了充分肯定，国民政府军事委员会委员长蒋介石和第二战区南路前敌总司令卫立煌也立即发电予以嘉奖。

但毋庸讳言，百团大战也是八路军战史上一次颇具争议的战役。

战后，中共党内对是否应该发动百团大战曾产生了严重争议。一九四五年在延安召开的“华北座谈会”[①]上，百团大战问题被提出讨论，战役主要指挥者彭德怀（百团大战期间朱总司令在延安）受到尖锐指责。指责的主要内容之一就是发动百团大战使华北敌后根据地在一九四一年以后处于更加困难的局面。一方面，百团大战频频发动运动战和攻坚战，尤其是进行到第二阶段和第三阶段，战役规模和持续时间，都超过了我华北部队战斗能力和华北根据地补给能力的限度，部队消耗过大，在日军报复下根据地遭到严重的摧残和破坏，加重了根据地今后巩固和发展的困难；另一方面，百团大战过早暴露了我军的实力，引起日军的警觉和恐慌，使得日军十分震惊，更坚定了“在华北以八路军为主要打击目标”的战略部署。

关于“百团大战”的争论，在后来的其他历史场合中还被多次提及（如一九五九年庐山会议批彭），宣传口径也多有变化。此事因涉及的问题较为复杂，又不在本书的主要叙述范围之内，在此就不详加叙述了。

百团大战后，日军秉承既定的华北战略意图，从华中抽调两个师团的兵力增兵华北，使日军在华北的兵力达到三十万，主要目标就是使其如芒刺在背的华北八路军。

---

① 全称为“华北地方与军队工作同志座谈会”，一九四五年二月至七月间在延安召开，会期总计四十三天，参加人员主要是华北地区党政军主要领导和中央有关部门负责人。

从一九四一年春开始，日军对包括冀南在内的华北敌后抗日根据地持续不断地发起“围剿”“扫荡”，出动的兵力一次比一次多，“扫荡”的范围一次比一次大，持续时间一次比一次长。

一九四二年一年中，日军在冀南地区搞了三次大规模“铁壁合围”，每次出动的兵力都在万人以上。

“四二九”大合围是三次合围中最严重的一次。四月二十九日，侵华日军驻华北方面司令官冈村宁次亲临德州，指挥德州、临清、临西、邢台、衡水的日伪军三万多人，并动用飞机和坦克，对冀南抗日根据地进行了空前规模的大“扫荡”，冀南党政军领导机关、新七旅旅直、四地委四专署机关、第四军分区机关和新四旅旅直同时被包围。当时陈再道司令员在下面检查工作，宋任穷政委去太行山开会，部队由冀南军区参谋长范朝利[①]、政治部主任刘志坚指挥，经数天激战最终突围，但仍牺牲了四分区司令员杨宏明、政治部主任孙毅民、新四旅政治部副主任陈元龙和干部、战士、群众五百余人。

对于冀南的困境，宋任穷在回忆录中写道：

在敌人疯狂的进攻下，冀南区受到严重损失。首先是根据地被分割、“蚕食”，日益缩小。有些根据地变成游击区，有些游击区变成敌占区。根据地被分割成大大小小的“格子网”，抗日军民的公开活动受到很大限制。敌人的据点碉堡星罗棋布，公路

① 范朝利（一九一四—二〇一二），河南新县人，开国中将。一九三〇年参加红军，同年入党，历任红四师参谋长、一二九师旅参谋长、冀南军区参谋长、分区司令员等职，新中国成立后任十四军军长、济南军区副司令员。

沟墙纵横交错。到一九四三年，敌人在冀南的据点碉堡，除平汉、津浦、德石等铁路干线上的外还有一千个左右，形势严重的一些地区，平均每三个村庄就有一个碉堡。据点与据点之间，据点与碉堡之间，碉堡与碉堡之间，平均只有几里，甚至更近。抗日军民的活动经常是在敌人的眼皮底下，极为困难。①

华北敌后根据地在军事上遭到日军的针对性进攻，经济上也受到严重破坏。

日军在“围剿”“扫荡”的同时，在根据地内部实行烧光、杀光、抢光“三光”政策，使老百姓无家可归，无地可种，甚至出现了不少“无人区”。

祸不单行。敌情严重，天灾也来凑热闹。一九四二年春，冀南地区大旱无雨，夏粮收成无几。春旱延至秋季，波及十几个县，许多地方大秋作物无法下种，致使秋收所获甚微。旱情持续长达八个月，一直到一九四三年夏，致使许多水井干涸，河水断流，甚至人畜的饮水都成了问题。

旱灾过后又是水灾。一九四三年入秋后，又连遭暴雨，洪水泛滥，河流两岸尽成泽国，受灾地区达三十余县，许多地方房屋塌倒，人畜漂没，断垣残壁半浸在水中，景象十分凄惨。

除了旱灾水灾，又遇上经年不遇的雹灾和蝗灾。身历其境的宋任穷回忆说：

冰雹大者如鸡蛋，实为少见。蝗虫之多，遮天蔽日，也是罕见的。蝗虫飞过来，简直像天阴了一样，太阳也看不见了。这样说并非夸张。大的蝗

①《宋任穷回忆录》，解放军出版社二〇〇七年八月版，第一六七页。

> 群方圆几里，一落地，顷刻间就把几亩、几十亩甚至几百亩农作物吃得一干二净。蝗虫所到之处，寸草不留。据南宫、巨鹿、隆平三个县统计，有五百二十四个村的庄稼完全被蝗虫吃掉。①

大灾之后必有大疫。痢疾、浮肿甚至霍乱开始流行，曾是富庶之地的冀南变成贫困之地，冀南人民灾病交加，苦不堪言。

面对如此困境，我党我军采取了多种应对措施。

一九四一年十二月十七日，中共中央在《关于太平洋战争爆发后敌后抗日根据地工作的指示》中提出："为进行长期斗争，准备将来反攻，必须普遍地实行'精兵简政'。敌后抗战能否长期坚持的最重要条件，就是这些根据地居民是否能养活我们，能否维持抗日的积极性，敌后抗日根据地的民力财富一般的说已经很大减弱，因此：'精兵简政'，节省民力，是目前迫切的重要的任务"②。

根据中央指示精神，刘伯承师长在一九四二年一月三日《如何贯彻中央精兵简政政策》报告中作出部署："我们当前的具体工作是：实行整编，紧缩领导机关，充实战斗连队。"

冀南军区遵照中共中央和一二九师的指示，在一九四二年一年中对所属部队先后进行了三次精简整编。

第一次整编于二月进行。整编中劝退了战斗部队中的老弱病残，减少了领导机关事务人员，同时合并了一些营、连建制。此外，对后方医院、工厂也做了缩编。

在这次整编中，冀南各主力团只有二十团作为机动部队

---

①《宋任穷回忆录》，解放军出版社二〇〇七年八月版，第一七一页。
②《建党以来重要文献选编（一九二一——一九四九）》第十八册，中共中央文献研究室、中央档案馆编，中央文献出版社二〇一一年六月版，第七五六页。

保留了营级建制，其他各团均取消了营级建制。保留营建制的二十团也从原来的三个营缩为两个营，每营从辖四个连改为三个连。改编后，一营二营保留，三营撤销，三营人员补充到一营二营中，团直骑兵连撤销，加设特务连，这样，全团兵力从十三个连减为七个连。

团长仍为徐绍恩，政委李汉英，副团长楚大明。

马勇仍任一营教导员，原七连连长马克勤任营长，辖二、三、四连。

二营营长刘敏芝，教导员张广和，辖五、六、七连。

值得一提的是，马克勤营长和马勇同为藁城县贾村人，算起来，还是贾村马姓家族“六门六户”中的同一门户兄弟，而且俩人又是同年参加的八路军东纵独立支队，现在作为军政主官共同领率一营，也算是二十团团史上的一段佳话了。

第二次整编在五至七月进行。为加强分区独立自主能力，加强一元化指挥，减少重叠的领导机构，冀南军区决定，军区各旅和分区合并，取消旅级建制。为保持必要的突击力量，应对可能的变化，只剩新四旅暂不取消。二十团所在的新七旅与成立不久的六分区合并，新七旅撤销，二十团划归新四旅建制。新四旅旅长徐深吉，政委钟汉华①。

第三次整编在十月至十二月进行。这次整编进一步减少了重叠的领导机构，唯一保留的新四旅也被撤销，与四分区合并。二十团直属冀南军区，实行机动，先后活动在六分区、五分区、四分区和一分区。

① 钟汉华（一九〇九—一九八七），江西万安县人，开国中将。一九二六年加入中国共产主义青年团，同年转党，一九三〇年参加红军，历任团政委、东纵政治部主任、中野二纵政治部主任、四川军区副政委、武汉军区第二政委、装甲兵政委、成都军区政委等职。

缩减部队的目的是更好地在新的形势下开展游击战争。一九四二年五月七日，刘、邓首长电示冀南军区："我们必须争取时间、空间以全力斗争及广泛的游击战争消耗敌人力量，保持我有生力量。"①一天后，刘、邓再次电示："必须估计在两年苦斗中的残酷性，目前特别严重。冀南部队组织必须适应广泛的群众性的游击战争。"

六月二十二日，北方局在对冀南区的指示中提出：目前冀南抗日根据地的形势，正处在严重危险之中，此种危险还在发展。冀南区党委和军区在困难与危险面前，要克服悲观失望情绪，提高坚持冀南抗战的信心。北方局号召冀南地区"全党、全军与冀南千百万群众共存亡"。

十月十日，在宋任穷主持召开的冀南区党委扩大会议上，根据一二九师和北方局指示精神，作出《关于渡过今冬明春艰苦局面的决议》。决议指出：冀南区今冬明春的严重困难与艰苦局面不会有所减轻和改变，我们的一切工作部署要从最严重、最困难、最艰苦的局面着想，作长期打算，积蓄力量，渡过难关，从思想上、组织上、工作上做好准备。

"渡过今冬明春，以准备反攻"，成为冀南全体军民在一九四二和一九四三年的奋斗口号。

面对困境，二十团全团官兵在团党委的坚强领导下，保持了旺盛的斗志和战胜困难的决心。在开展游击战同时，各营、连、排广泛开展了"签名誓约"活动。面对党旗军旗，指战员们庄严宣誓：

---

①《邓小平年谱（一九〇四—一九七四）》上卷，中共中央文献研究室编，中央文献出版社二〇〇九年十二月版，第四三三页。

在任何情况下，不畏艰险，不叫困难，坚守阵地，坚持工作，坚决斗争；抗战到底，绝不动摇，死不屈服，死不变节；个人利益服从党的利益，一切听从党组织决定！①

二十团在整编后从六分区转至五分区，活动于枣强、景县、武邑等地。

在五分区，团部按照冀南区党委和冀南军区“在根据地被分割、大兵团活动困难的情况下，分遣小部队活动应为目前的主要形式”的决定，把部队分散，以营、连为单位组成多个小部队，由得力干部带领，分散到各县区，和地方武工队结合开展游击战，扩大斗争回旋余地。

马勇接受的任务是带领一个连进至武邑县，帮助武邑地方武装恢复战斗力，重新打开那里的抗日局面。

武邑县地处冀南敌后抗日根据地北部，紧邻沧石公路，全境地势平坦，无险可守，与敌伪打游击十分困难。在冀南根据地全盛时期，武邑是五分区五地委机关所在地，与北面的冀中根据地几乎相连。但从一九四二年日军疯狂的“扫荡”开始，武邑根据地的地盘日益缩小，只剩下南面的一小块根据地。

而发生在五月的一次日军大“扫荡”，使武邑的抗日武装遭受了极为惨重的损失。

一九四二年五月二十一日拂晓，活动在武邑滏阳河以西的五分区机关、二十七团三个连和县大队共三百余人遭日伪军五千余人包围在任角村一带。部队在五分区政治部主任张

---

①《步兵第一一零团战史（1937—1950）》，战史编写组编，一九九一年印制，第五十三页。

俊峰带领下正欲从东南方向突围，却发现交通沟内挤满了逃难的群众。为掩护群众突围，张俊峰毅然决定放弃突围，阻击日军。三百多名战士与敌人展开殊死搏斗，子弹打光了就同敌人拼刺刀、肉搏战。战斗从凌晨持续到黄昏，先后击退敌人五次攻击，但终因敌我力量悬殊，除少数战士突出重围外，三百多名战士为国捐躯，张俊峰主任亦中弹牺牲！

为纪念牺牲的烈士，当地政府于二十世纪五十年代在武邑县任角村建立了“五二一”烈士陵园和烈士纪念碑，并在二〇二一年被河北省委宣传部命名为河北省爱国主义教育基地。

“五二一”战斗失利，武邑的抗日形势更加严峻。

正是在这种形势下，马勇带领一个连来到武邑。

按照区党委“创造小块根据地”的指示，马勇带领一连人同当地的武工队结合，活跃在武邑北部地区，“开展了那里的局面”。

四年后，已转战太行的马勇在一篇日记中，记叙了在山西晋城街头和老战友的一次偶遇，提到当年在武邑的斗争。

日记写于一九四六年十二月五日：

> 出人意料地在晋城的街头，遇见了前在廾团时候的两位老战友袁鸿舟及王福柱两同志。袁在这里做生产工作，王是退伍下来了。几年的分别，见了觉得格外亲热，他们是和我同过甘苦的，和我在一起流过血的，那时——一九四二年的秋天，在冀南的武邑县北境，我们度过最艰苦的日子，是抗日期间最激烈的日子，我带着一个连（王福柱就在那当班长，袁是团供派来帮我们搞冬衣的），穿梭于武北，开展了那里的局面。那时我们都抱定了牺牲的

决心，就是要以无比的英勇斗争在那时度过“今冬明春”，以准备反攻，可是曾几何时，我们又各分别了，以至三四年之久。

马勇带领一连人在武邑县是如何“开展局面”的，笔者没有找到具体资料，但“最艰苦的日子”“最激烈的日子”，“我们都抱定了牺牲的决心”——马勇日记中这寥寥数语，却使当年所处环境之艰险、经历斗争之严酷跃然纸上！

一九四二年十月底，二十团转赴一分区。

一分区是冀南军区原一分区划到晋中军区后成立的新分区，主要活动区域在魏县、漳河[①]、大名、元城（一九四九年并入大名县）、临漳、成安一带。在一九四二年日伪军反复“扫荡”“铁壁合围”中，一分区处境比较困难，一度无法存身，被迫退出根据地，撤到冀鲁豫边区。

面对这种情况，军区决定由陈再道司令员率二十团和骑兵团进入该地区，恢复和发展那里的根据地。

二十团到达一分区后，打的第一仗是攻打回隆镇。

回隆镇地处漳河县，是冀南军区和冀鲁豫军区的结合部，有六七百户人家。镇中驻有汉奸武装“东亚同盟自治军”两个旅，但这两个旅矛盾很深。驻街西是程明轩旅，其父是“东亚同盟自治军”副军长程希孟，父子俩死心投敌，是日军的宠儿，装备精良，工事坚固。驻街东的李成华旅不受日军待见，经常遭到排挤、监视。

战前，经军区敌工部做工作，李成华同意部队配合我军

① 漳河县，一九四〇年八月从魏县析出，漳河以北为魏县，漳河以南为漳河县。一九四四年八月并回魏县。

行动，撤离阵地，给我攻击部队让道。

十一月四日零时三十分，在陈再道司令员亲自指挥下，二十团和骑兵团以及漳河支队相互配合，开始向回隆镇攻击。

此役，一营攻西门，二营攻南门。

南门岗哨在攻击前实际已由二营一个排穿上伪军服装从李成华旅手中接管，攻击命令一下，立即打开镇门，二营随即进入南大街。而李成华部则撤出镇外，对着河沟打枪，佯装抵抗。一营也从西门突入，和二营一起包围了位于镇西南一座大炮楼的敌旅部。

此时，镇西方有一股日伪军前来增援。正在西门指挥战斗的马勇立即命令四连一个排出镇阻击，将增援之敌阻在镇外。

在我攻击部队的勇猛进攻面前，敌军终于抵挡不住，趁援兵到来之际，程氏父子趁机率残部突围，向安阳方向逃窜。

攻克回隆，捣毁程氏父子的老窝，并缴获了大批枪支弹药，显示了我军的强大威力，对恢复一分区根据地起到了决定性作用。

之后，二十团在一分区以突袭、伏击等多种形式，连续开展了多次军事行动。如十一月十日奔袭临漳城，缴获大批棉花、布匹，解决了部队入冬的战略物资；十二月在魏县西南反合围突击战，打退敌人连续七天的“扫荡”；一九四三年除夕夜袭击魏县县城，捣毁伪县政府，缴获一批军粮、食盐、布匹等。

在战斗中，二十团也付出了血的代价。一九四三年四月的一次反“扫荡”中，团政治处主任王干牺牲。

但最令人痛心的是，二十团在一九四三年竟遭到一场刻骨铭心的重创！

事件的发生十分突然——

一九四三年上半年，为减轻冀南人民的负担，保存我军主力，中共北方局和一二九师决定，冀南军区的部分主力部队调出冀南地区。骑兵团、二十一团调往冀鲁豫军区；七七一团、十团、二十团调往太行军区。

五月二十三日，一分区接一二九师命令，调二十团到太行军区休整。分区领导经研究并报一二九师同意，决定由徐绍恩团长和李汉英政委率团直和一营转至太行，楚大明副团长率二营继续在冀南坚持一段时间后再归建。出发时间定在二十六日夜间。

当时，一营各连正分散在魏县、漳河、成安一带单独活动。二连随团部和团直属部队在漳河县执行保卫任务（一地委、一专署、一分区以及下属各县党政军领导于十九日至二十五日在北台头村召开保卫麦收、防止敌人抢粮的联席会议）；三连由马克勤带领在成安县东南一带活动；四连由马勇带领在成安县漳河店镇一带活动。

接到集结命令，三连因离集结地较近，于二十六日拂晓前已赶到离团部只有几里地的东上村。四连活动地区在成（安）魏（县）公路路北，路程较远，二十六日拂晓还未到达集结地点。

二营按照分区命令，由楚大明副团长带领向临漳东南一带机动，以转移敌人视线，掩护部队转移。

二十六日拂晓，二十团团直和一营的二、三连突然被从临漳、成安、魏县出动的四千多日伪军以“铁壁合围”方式包围，敌摩托化部队、骑兵部队和步兵部队开始轮番向我军进攻。参加联席会议的人员来不及疏散，也被兜在合围圈里。事后从与我方有关系的一伪军排长处得知，敌人的这次合围是事先得到情报而有预谋的行动。

三连首先在东上村与敌交火。徐绍恩团长率团直重机枪排和二连三排在南台头村掩护地委、专署和分区机关突围时，陷入重围，徐团长和两个排的战士全部阵亡！其余部队和机关人员在李汉英政委带领下突出重围，向卫河方向转移，进到寺南村附近时，又遭从大名出动的敌人截击。李政委在激战中身负重伤，为不拖累战友，不当俘虏，拔枪自戕！其余人员在参谋长何明先带领下北渡漳河，刚跳出包围圈，在沙口集村北又遇一股日军快速部队拦截，后面的骑兵部队也追杀过来，我军腹背受敌，队伍被打散。在掩护战友突围的战斗中，马克勤营长和二、三连四十多名战士牺牲。剩余人员最后在特务队长于凤章和团直机关指导员傅一宗带领下趁夜色从沙疙瘩村成功突围。

这一仗打了三天三夜，毙伤日伪军七百多人，但我方也损失惨重，一专署专员解蕴山、一分区参谋长郑前学等多名机关干部牺牲，一地委书记兼一分区政委吴建初被俘（不久逃回）；二十团军政主官徐绍恩、李汉英等共四百多名指战员血洒疆场！

二十团的勇士们用生命和鲜血谱写了冀南抗战史上悲壮的一页！

二十九日晚，“扫荡”的日伪军撤回据点。楚大明副团长带领二营及其他未被包围的部队赶到王圈村、南台头村、沙疙瘩村一带，收容打散的干部战士，救护伤员，掩埋烈士的尸骨，处理善后事宜。

至今，魏县南台头村仍保存有一座“二十八烈士公墓”，以纪念在此村牺牲的二十八名战士。

遭受重创的二十团在战后重新集结，及时进行了建制调整。团部决定：二、三连在战斗中减员严重，建制撤销；从其他各连抽调一个班，加上突围出来的原二、三连人员组建新一连，和四连归属一营；二营各连原建制不变。

整顿后，一二九师决定二十团全团转至太行。

七月，二十团全体官兵告别冀南，奔赴太行。

艰难困苦，玉汝于成。

冀南五年多的战斗岁月，是马勇军旅生涯中最为艰苦的一段岁月。这段岁月，对于刚刚加入八路军的青年军人马勇来说，思想觉悟和意志品质得到了极大的锻炼和考验，精神得到了极大的升华。

陈再道司令员在离开冀南到延安中央党校学习时曾慨叹道：“冀南抗战五年，不知脱衣睡觉是何滋味！”——堂堂司令尚且如此，麾下将士们岂能免乎！

第三章　转战太行

巍巍八百里太行，南端起于豫北，北端绵延至北平西山，以西南至东北走向，划出山西河北两省边界，筑起中国地理第二阶梯的东缘。

抗战期间，这条雄伟的山脉哺育了两大块中国共产党领导下的敌后抗日根据地——以太行山北段为中心的晋察冀抗日根据地和以太行山中南段为中心的晋冀豫抗日根据地。后来由于日军修筑白晋铁路①，造成路东路西联系困难，因此晋冀豫抗日根据地一分为二，路东为太行军区，路西为太岳军区。

在太行军区，马勇战斗生活了四年。

移师涉县

二十团由副团长楚大明带领，于七月二日撤离冀南，向太行转移。

① 白晋铁路，亦称东潞铁路，祁县白圭村至晋城，原为阎锡山发起修建，未完工即落入日寇手中，一九三七年建成，抗战末期日寇投降时拆除。

转移的目的地是一二九师师部所在地——涉县。

涉县位于河北、河南、山西三省交界处[①]，太行山东麓，距魏县约一百五十公里。

从魏县转移涉县，需穿越百里敌占区，跨过成（安）临（漳）公路、平汉铁路和武（安）彭（城）公路等日伪严密把守的封锁线，一路也是险关重重。

经过周密准备和派出侦察，二十团于七月二日夜从成安县东南部出发，利用夜色掩护顺利通过成临公路，进入邯郸东南地区，白天就地隐蔽一天。

次日入夜后部队向平汉路开进，准备从邯郸城和马头镇之间的南张庄过路。前卫连六连到达铁路东侧时，正遇日军一辆铁甲车巡逻，开到南张庄附近停下来，探照灯把铁路两侧照得雪亮。六连连长及振江和指导员赵桂海沉着冷静，命令战士们隐蔽。装甲车乱照一气没发现情况就缓缓开走了，全团迅速通过平汉铁路。

第二天中午，部队到达武彭公路过路点。公路旁建有一座大炮楼，驻扎伪军一个中队。这个伪军中队和我军有联络，事先打过招呼，但为以防万一，楚副团长仍派七连面对炮楼展开警戒。同时，太行军区派太行七六九团佯攻彭城，牵制日伪军，掩护兄弟部队过路。二十团在路边一个村子吃了饭，迅速通过公路，顺利进入山区安全地带。

第三天，二十团全团安全到达涉县，驻涉县胡峪村。

这是马勇第二次来到太行了。一九三九年冬天马勇在黎城参加轮训，那时一二九师师部设在黎城。时隔三年半之后

① 涉县，民国时属河南省，一九四九年划归河北省，属邯郸地区，今属邯郸市。

来到涉县，一二九师师部也已于一九四〇年迁到涉县，驻赤岸村，距胡峪村仅约二十里地。

二十团到涉县不久，即接师部通知，说刘伯承师长要来看望大家并检阅部队。全团上下立即振奋起来，擦拭枪支，抓紧训练，准备迎接师首长的检阅。

笔者在写作本书期间十分幸运地得到一本《步兵第一一零团战史》。这部团史是二十世纪九十年代由中国人民解放军十三军三十七师一一〇团团党委组织编写的，记录了一一〇团从一九三七年在河北藁城成立到一九五〇年解放祖国大西南的战斗历程，而二十团正是这支部队的前身。

《步兵第一一零团战史》一书记录了这次检阅：

> 检阅这天，晴空万里，阳光灿烂。全团整齐地排列在清漳河的沙滩上。指战员们精神焕发，喜笑颜开。刘伯承师长准时到来，副团长楚大明向师长报告后，部队做了几个简单的队列动作。师长举手致意，问候同志们好！全团官兵坐下来聆听刘师长的重要讲话。他分析了国内外形势，强调指出：日寇表面上张牙舞爪横行霸道，实际上是做垂死挣扎，日寇像秋后的蚂蚱，蹦跶不了几天了！他号召大家要多打胜仗，争取抗日战争胜利早日到来。最后，刘师长表扬我们团很能打仗，是个好部队。同时，批评了有些同志纪律不好，要改正。
>
> 冀南军区政治部主任刘志坚战伤未愈，拄着拐杖前来检阅我们团，对干部战士进行了情真意切的勉励。①

①《步兵第一一零团战史（1937—1950）》，战史编写组编，一九九一年印制，第七十二页。

——刘志坚主任因何负伤被俘以及被二十团成功解救的传奇故事，笔者将在后文详加叙述。

在这次检阅之后，全团连以上干部又到一二九师师部驻地赤岸村听取邓小平政委的报告。邓政委分析了国民党掀起三次反共高潮和大批国民党军投靠日军的国内形势，要求各级干部保持高度警惕，高举抗日旗帜，“有理有利有节”地对顽固派进行斗争。

到太行后，一二九师师部决定，楚大明接替牺牲的徐绍恩任二十团团长。

林南战役

二十团到太行后参加的第一场战斗是蟠武战役，但这一仗二十团却没有打好。

蟠武战役是我太行部队在武乡县蟠龙镇一带拔除日伪据点的一场小型战役。

一九四三年五月上中旬，日伪军出动几万兵力向我太行根据地合围“扫荡”，企图一举消灭我主力部队，结果没有得逞，我主力部队根据准确的情报和周密的计划，不但跳出包围圈，还给日伪军以重大打击，又破坏了敌补给交通线，不断袭扰敌后方，合围的敌人不得不撤回。一个月后，敌人不甘心失败，又派出日伪军一千五百人，深入太行腹地，占领了武乡县蟠龙镇一带，设置据点，修筑公路，准备长期驻守经营。

蟠龙镇一带是太行军区的中心地区，距太行三分区只有不到二十公里的距离。在我心脏地带长期驻守，我军当然不能答应，于是八路军总部和一二九师决定集中六个团的兵力，拔除这颗钉子。

战役于七月十九日打响，我军顺利拔除了敌人两个据点，毙伤日伪军五百多人。后因主力部队要参加林南战役，就把围攻蟠龙镇的任务交给了太行三分区。

在战斗中，交给二十团的任务是攻取日军据守的一个叫奶奶凹的山头。但由于二十团刚刚在冀南遭受重创，人员不整，士气也不高，所以这个山头二十团居然没有打下来，贻误了战机不说，部队伤亡还不小，受到上级的批评。连一向秉性宽厚的刘伯承师长都罕见发了火："再打不好就撤番号！"

知耻而后勇。在随后的林南战役中，二十团打了一个漂亮的翻身仗。

林南指林南县，晋冀豫边区政府一九四〇年将林县（今林州市）分置为林南（治所今林州市）、林北（治所今林州市任村镇）两县，一九四六年恢复林县。林南县地处太行山南部[①]东麓，抗战时期一直是敌顽我三方争夺的焦点。

全民族抗战初期，国民党军在豫北溃败，林县由我八路军开辟为抗日根据地。一九四〇年三月，为照顾国共两党关系，维护抗日统一战线大局，根据第十八集团军总司令朱德和国民党第一战区司令长官卫立煌达成的协议，八路军部队主动让出太南大部地区，由国民党军占据。

一九四三年五月，占据太南地区的国民党军庞炳勋部和孙殿英部投敌，与另一部伪军合编为伪第二十四集团军，分布在新乡至安阳间平汉铁路各要点和两侧地区，积极配合日军进攻我抗日根据地，并于七月进占了林县及周边地区，直

① 太行山南部，简称太南，指山西长治、武乡、黎城与河北涉县一线以南山区。

接威胁我太行根据地。

在八路军总部统一部署下，一二九师决定集中太行、冀南军区主力部队，拔掉家门口的这颗“毒牙”，重新开辟太南抗日根据地。战役由一二九师参谋长李达统一指挥。

八月十八日，林南战役打响。

战役参战部队分为东西两个集团。二十团和第二、第三、第三十二、第七六九团，警备第三十二团共六个团组成西兵团，任务是向林县县城及其西南的合涧、原康等地伪军进攻；第一、第十、第十三、第三十四、第七七一团和警备第二团共六个团组成东兵团，向县城以北的姚村、以东的横水和东南的东姚等地伪军进攻；另以主力一部及地方武装对平汉、白晋铁路可能出援之敌进行警戒。

十八日凌晨，我攻城部队发起进攻。二十团指战员早就憋足了劲儿，得到命令，立即率先从城西登上城墙，第一批突入城内。进城后，各突击排迅速沿小巷分别向北、东、南方向发展，将守城伪军大部歼灭，残敌龟缩进伪军司令部一座大院内，加修工事，固守待援。

上午十时，攻城部队正在部署向敌司令部总攻，驻守城外南关的日军伊藤大队突破新一旅三团的南门防线，企图为困守的伪军解围。当时，战斗极为激烈，三团团长周克东牺牲，政委负重伤，三团部队一时失去指挥，丢失阵地撤退下来，还冲乱了二十团的阵地。在此千钧一发之际，楚团长大吼一声：“我是二十团团长，三团也听我指挥！共产党员集合，跟我一起上！”二十团在楚团长带领下，立即沿南大街向嚣张的伊藤大队冲去。全团共产党员怒吼着冲在队伍的最前头，子弹打光了，就和敌人拼刺刀，一番血战，终于打退了日军的进攻，鬼子丢盔弃甲，慌忙回撤，战场恢复了原来的态势。

中午十二时，二十团对敌司令部发起总攻，成功爆破敌司令部大院内的中心炮楼，冲进大院全歼了守敌。

十九日，日军动用数架飞机轰炸我方阵地，但我军顶住了敌机的轰炸，最终攻克了林县周边除南关以外的所有日伪军据点，战斗中还击落敌机一架。与此同时，东集团亦将包围在南北陵阳、东西夏城、蒋里、曲山、姚村的伪军全歼。

二十日，战役进入第二阶段，东西两个集团顺势南下，力克林南南部大批日伪重要据点。二十团的任务是奔袭合涧镇，消灭驻守伪军。二十一日夜部队前进至合涧北的王家村时，正遇敌一个营，楚团长指挥前卫连智擒敌人哨兵，然后大部队摸进村内将敌分割包围，经喊话瓦解敌人军心，没费一枪一弹就将敌全部俘获。

二十四日，日军从安阳派出援军一千余人到达林南，从辉县派出四百余人也到达临淇镇。两天后这两股日军会合，进犯原康村、连家坡村一带，我军当即回击。日军恐被我军包围，趁夜撤退。也是活该这伙鬼子倒霉，在撤退南渡淅河时，恰逢山洪暴发，有一百多个鬼子命丧滔滔洪水中。我军亦因洪水阻隔也停止了追击。到二十七日，我军已经实现了“惩治民族败类，保卫根据地”的目的，李达参谋长下令结束战斗。

在林南战役中，新到太行的二十团一战成名，不但受到战役前线指挥部的通令嘉奖，就连老乡送给部队的猪肉等慰问品上都特意写明了“送给二十团”。

林南战役历时九天，攻克收复据点八十余处，解放人口四十余万，歼灭日伪军七千余人，共缴获山炮一门、迫击炮二十门、轻机枪八十三挺、步枪三千一百余支，使林县南部、辉县北部的敌人受到毁灭性打击，刚刚创建的林（南）县、汤阴、淇县、汲县、辉县抗日根据地得到巩固，为八路军继续向南发展打开了局面。

一九四三年九月一日，《新华日报》太行版发表《评八路军豫北大捷》一文，祝贺林南战役取得胜利，称“林南战役是太行山上三年来继百团大战之后最大的一役”。

林南战役结束不久，马勇离开了战斗生活五年半之久的二十团，奉命调往太行军区第七军分区。

二十团也在林南战役之后，入建太岳军区三八六旅，加入陈赓旅长麾下。

冀南军区二十团，是马勇参加的第一支八路军部队，从最初的东纵独立支队、东纵第一支队，到东纵一团、东纵二团，再到新七旅二十团、新四旅二十团、冀南军区二十团，番号虽几经变化，但这支部队一脉相传，在马勇军事生涯中刻下不可磨灭的印记。

二十团是一支英雄的部队，在冀南大平原的敌后抗日战场上，从小到大，从弱到强，从分区武装到军区主力，被誉为“平原猛虎团”。二十团在打完林南战役后调往太岳军区，在陈赓旅长麾下征战，深受陈赓赞赏。陈赓后来见到陈再道，夸赞说：感谢你给了我这么一支好队伍！

在这支队伍中，马勇从刚刚步出校门的青年学生成长为一名合格的革命军人，一名在抗日洪流中加入中国共产党的坚定党员，一名在血与火的熔炼中不断成长的指挥员。

在自身成长的过程中，马勇也感受着部队的壮大，感受着战友们英勇抗敌的精神和不畏牺牲的气概。

马勇在部队的五年时间里，这支部队的创建人和主要领导就有马玉堂司令员、徐绍恩团长、李汉英政委、王干主任等牺牲在抗日战场上。带领部队转战太行、太岳的楚大明团长后来在解放战争中也牺牲在敌人枪口下。

楚大明是我军一员有着传奇经历和光荣战绩的猛将，也是和马勇相处五年之久、共同浴血奋战、出生入死的领导和战友。

楚大明一九一六年生于河南商城一户贫苦农民家庭，从小放牛干农活，一九二九年参加商南农民暴动、担任少年赤卫队队长时年仅十三岁。加入红军队伍后，因作战勇敢，被许世友（时任红十二师三十四团团长）看上，成为许团长的警卫员、警卫班班长。许团长手提鬼头刀率敢死队冲锋陷阵、摧城拔寨时，楚大明时刻不离左右，深得真传。长征中三过雪山草地，历经艰辛。红军改编为八路军后，楚大明随东进纵队到冀南，一九三八年调到东纵一支队，担任二营营长。当时二营的底子是一支由为地主看家护院的联庄会和国民党溃兵组成的土杂武装，前任营长密谋投敌，刚被陈再道司令员枪毙，全营官兵人心浮动，士气低落。结果二营由楚大明接手后，硬是练成了一支敢打敢拼的队伍。一九四二年楚大明提为二十团副团长。

刚当上副团长，楚大明就赶上一桩惊动了一二九师首长的大事——这年十月，冀南军区政治部主任刘志坚和冀南区党委组织部部长张策从军区驻地去六分区传达区党委《关于渡过今冬明春艰苦局面的决议》，在枣强县恩察镇以东大师友村遭一股敌人包围，在突围中刘志坚因腿部受重伤被敌俘虏。一二九师刘邓首长得知消息，给冀南军区下了死命令："活要见人，死要见尸，要不顾一切伤亡把人抢回来！"

军区首长根据内线提供的情报，决定在敌人押送刘志坚去枣强县城的路上设伏，把人抢出来。正好此时楚大明带领二十团四、六两个连来军区后方领棉衣，路过六分区，二话不说立即承担了设伏抢人的任务。设伏地点设在大营镇至恩察镇之间的公路两侧。楚大明布置，六连负责向押送的日伪军攻击，四连负责抢人，背人的具体任务落在四连七班班长纪志明身上。纪志明原来在团部警卫班当班长，经常随团首长到军区开会，认识刘志坚。十月二十日，押送刘志坚的日伪军果然由此通过，一辆大车押着负伤的刘志坚，车前车后有日伪军七八十人。楚大明一声令下，瞬间枪声大作，日伪军被压制在公路两旁的道沟里，纪志明在战友掩护下立即上车把刘志坚背起往回跑，撤到安全地带，圆满完成了任务。所以，二十团转移到涉县时，刘志坚尽管腿伤未愈，拄着拐杖也要去看望二十团的指战员们。

这件事后来越传越广，最后一直传到毛主席耳朵里。一九五五年军队大授衔，毛主席在见到刘志坚时曾风趣地说："你就是那个冀南好汉劫法场抢出来的刘跛子！"

楚大明后来带领二十团调入三八六旅，是陈赓手下的得力干将。一九四四年十一月，因楚大明作战勇敢，指挥果断，太岳军区授予楚大明"特等战斗英雄"称号。三八六旅是一支善打硬仗的部队，战将如云，陈再道、许世友、王近山、刘忠、周希汉、尤太忠等，都在三八六旅任过职，但陈赓旅长却曾在一首诗中独赞楚大明："太岳战将勇，首推楚大明！"

解放战争中，楚大明升任晋冀鲁豫野战军四纵十旅（由三八六旅改编）副旅长，中央军委一度曾想调楚大明到太行当旅长，陈赓坚决反对，亲自给中央军委回电："楚大明在十旅甚为重要，暂时不能调走"，硬是给拦了下来。但不幸的是，在一九四七年一月汾（阳）孝（义）战役中，一代战将楚大明在率部冲锋时却倒在敌人重机枪枪口下。

楚大明牺牲后，四纵司令员陈赓和政委谢富治在给中央军委的电报中报告说："他（指楚大明）为党和人民的事业艰苦奋斗十六年，光荣负伤二十余次，每次战斗均身先战士，奋不顾身英勇牺牲精神永为全军敬仰，为我军战斗英雄，对部队战斗作风之提高该同志起着很大作用。"在战后的英模大会上，楚大明再次被纵队授予"特等战斗英雄"称号[①]。

在楚大明短暂的十几年战斗生涯中，二十几次负伤，身上六十多处伤痕，两次被评为"特等战斗英雄"，这在我军团以上指挥员中绝无仅有！

强将手下无弱兵。英勇的二十团，徐绍恩、李汉英、楚大明等团首长身先士卒、血洒疆场，对全团官兵包括青年军人马勇无疑是一种无言的激励！

二十团调往太岳军区后，在三八六旅番号仍为二十团。解放战争中三八六旅改编为晋冀鲁豫野战军第四纵队第十旅，二十团改番号为二十九团。一九四九年二月全军统一部队番号，二十九团改为第二野战军第四兵团第十三军三十七师一一〇团，由豫西一路向南征战，一直打到云南。新中国成立后驻守云南边陲。

辉县独立营

一九四三年十月，马勇到太行军区七分区报到，被任命为辉县独立营副政委。

马勇调往太行七分区地方部队，是因为二十团打完林南战役后，被改为了"小团"。

① 《吴效闵少将》，晋军著，解放军文艺出版社二〇〇八年一月版，第二二八页。

在华北，八路军在抗战进入相持阶段时，有相当一批部队从“大团”改为“小团”。这既是形势所迫的无奈之举，也是适应形势变化主动而为的创新之举。

全面抗战开始红军主力改编为八路军时，蒋介石当局给的是全军三个师、每师二旅四团的丙种师编制。当时，全军共四万六千人，在这个编制框架内，各团均达到了二千五百人至二千八百人的规模，每团四个营每营四个连，被称为“四四制”，每连人数达一百五十至一百八十人。

八路军挺进华北后，兵力发展很快，到一九四〇年下半年，八路军对主力团队进行了一次整编。整编后由“四四制”改为“三三制”，每团由三个营九个连组成。少数主力团每营编四个连，即三个步兵连加一个机枪连。团直属队一般编有机炮连、特务连（警卫连）、通信侦察连，每团兵力两千至两千五百人不等。进入一九四一年至一九四二年后，上述规模的团，在日军反复拉网“围剿”的情况下显得目标过大，而且在同日军的作战中，八路军部队消耗也很大，一度兵力从四十万减至三十万。为谋生存、求发展，缩小部队规模已势在必行。这个时候，“小团”这种编制便应运而生了。

八路军的团建制在一九四〇年后大致有三种模式，即三营九连的甲种团、二营六连的乙种团和五个连的丙种团。甲种团即“大团”，丙种团即“小团”，乙种团有些军区未设。丙种团被称为“小团大连制”，由团部直辖五个连，取消营级建制。每个连编三个排。一般而言，这样的大连编制人数在一百三十人左右。五个连加上团属侦察通信排及团指挥机关，一个“小团”人数编制在七百人左右，比以前的“大团”人员减少了三分之二。

这样的“小团”，人数虽然减少，但很适宜在困难条件下的敌后游击战。由于缩小了目标，减轻了群众负担，加强了自身机动灵活性，反而增强了部队的战斗力。这种敌变我变的灵活思维方式，以及实事求是的务实做法，帮助八路军最终撑过了那段艰难岁月。

缩编下来的人员则充实到了地方部队。

实际上，二十团在一九四二年整编时已从甲种团改为乙种团，一九四三年五月反“扫荡”失利后兵力已减为丙种团的实力，只是营级建制还未撤销。

林南战役后二十团正式改为小团，营级建制撤销，一部分营连干部离开二十团，由师部重新分配工作。担任营教导员的马勇被分配到太行军区第七军分区。

太行军区七分区是在林南战役后新成立的军分区。根据总部要求，向太南地区发展、建立新的根据地一直是华北我军发展的方向，林南战役消灭和打退了盘踞在林南辉北的日伪军，使这一要求有了可能，于是，七分区及七地委、七专署在林县成立，辖林县、汤阴、淇县、新乡、辉县、获嘉、汲县七县。原太行军区五分区司令员皮定均①调任七分区司令员，原一地委书记高扬②调任七地委书记兼七分区政委。

皮定均上任七分区司令员后，首先强化分区的武装力量。除分区基干部队第一团和第三团外，还建立和加强了各县的

① 皮定均（一九一四—一九七六），安徽金寨县人，开国中将。一九二九年参加鄂豫皖红军，历任团长、军分区司令员、旅长、军长等职。一九四六年率中原军区一纵一旅完整建制突出国民党军重围而一战成名，新中国成立后评定军衔时毛泽东一句“皮有功，少晋中”，由原定的少将改为中将。一九七六年任福州军区司令员时因直升机失事牺牲。

② 高扬（一九〇九—二〇〇九），辽宁辽阳县人，东北大学毕业，一九三六年加入中国共产党，先后在邢台县委、冀豫特委、冀西地委、太行一地委、太行七地委、辽东省担任领导工作，新中国成立后担任化工部部长、吉林省委书记、河北省委第一书记、中央党校校长等职。

地方武装。为了指挥统一，皮定均要求各县县长兼县大队队长、县委书记兼政委，军政副职从八路军老部队抽调，实际掌管队伍。

辉县独立营由原辉县县大队发展而来，辉县县委书记李谦恭任政委，县长赵霖任营长，马勇任副政委兼营党总支书记，李耀光任副营长。

与马勇搭档的副营长李耀光是河北广平县人，一九一三年出生，也是一名“三八式”老八路。后来在解放战争中随刘邓大军挺进大别山，任二野十一军三十三师一〇〇团团长，一九四九年十二月在解放四川的战斗中牺牲。

在皮定均司令员领导下，辉县独立营活跃在辉县太行山沿线，同辉县驻防的日伪军展开游击战，沉重打击了敌人，拔除了一批日伪据点，巩固了新开辟的太南抗日根据地。

辉县南部和获嘉县北部是日伪军统治比较薄弱的地带。一九四三年十二月十三日，皮定均带领七分区第一、第三团及辉县独立营袭击盘踞在辉县薄壁镇的日伪据点，激战四个小时，毙伤伪军五十多人，俘虏一百五十余人，缴获枪支一百四十支，收缴生活物资甚多，光是小麦、白面、粉条、大白菜等就装了四十六大车。抗日军民过了一个丰盛的春节。这一仗打出了军威，打出了声势，改善了辉县西部和获嘉北部的对敌斗争形势。

顺便提一句，近年来，以修筑挂壁公路闻名的旅游网红打卡地——郭亮村，当年就是辉县太行山区的抗日根据地，是皮定均司令员和李耀光、马勇带领七分区和辉县抗日武装经常活动和休整的后方。我们二〇一九年去郭亮村旅游，离郭亮村不远的南坪村还留有一盘旧石碾，据说就是当年皮司令曾推过的石碾。

南进支队

到辉县独立营半年后，马勇的职务再次变动——一九四四年四月，被任命为太行七分区南进支队支队长。

组织南进支队，是河南正面战场形势变化所致。

一九四四年四月，华北侵华日军为打通中国内陆交通线，发动了“河南战役”，一个月内相继攻占郑州、洛阳等城镇，并沿平汉路南下，国民党守军大溃败。在这一战役中，国民党军损失兵力二十余万人，豫中、豫西三十八座县城和四万多平方公里国土沦入敌手。

中共中央正确判断了河南正面战场形势的变化，毛泽东在四月二十二日给滕代远①、邓小平等的电报中明确指示：“敌南犯后方空虚时，应乘机开展豫北地方工作，以便将来可能时，开展豫西工作基地。”

北方局和一二九师经过慎重考虑，决定在豫北展开工作的基础上，由皮定均预作准备，在将来合适时机带领部分部队挺进豫西，开辟新的抗日根据地。

皮定均是一位足智多谋的指挥员，为了更有把握完成中央的任务，决定先组织一支精干的小部队，把道清路南尽快开辟出来，作为挺进豫西的跳板。

“道清路”是豫北地区的一条重要铁路，从浚县道口镇（今属滑县）至博爱县清化镇，全长一百五十公里，修建于二十世纪初，起初由英、意两国的一家公司承建，后因资金

① 滕代远，时任中央军委参谋长，一九四二年左权牺牲后接替左权任八路军前方指挥部参谋长。

原因转给清政府，一九〇六年正式通车，是河南省境内第一条铁路。新中国成立后道清铁路基本废弃，为其他新建铁路所代替。

道清铁路路南的修武、获嘉、武陟等县是通往豫西的重要通道，地位十分重要。日伪军在道清铁路两侧设立封锁线，重兵守护。而在道清铁路沿线以外的地区，国民党正规军溃退后，由一些民团保安团等地方顽杂武装占据，敌我顽交错，情形比较复杂。

皮定均决定从七分区老一团抽调两个连组成南进支队，并亲自点将，由马勇任支队长，原新（乡）辉（县）获（嘉）县委书记梁心明[①]任政委，老一团干部李增荣任副支队长，率先南进至道清路两侧，开展这一地区的工作，为大部队挺进豫西打下基础。

担任南进支队支队长，是马勇军旅生涯的一次转变，从一名政工干部转为军事干部。后来，马勇就一直任职军事干部。

南进支队成立后，马勇马上带领部队集结在薄壁镇西边的老磨庄村，做通过道清铁路的准备。

部队过道清路之前，马勇和政委梁心明、副支队长李增荣带了一个警卫班，换上便衣，秘密潜到路南的获嘉和武陟等县，争取打通关节，做落脚路南的准备。梁心明在担任新辉获县委书记时，多年在这一带做秘密工作，情况很熟，于是先后同获嘉和武陟的国民党地方武装头目陈锡五、徐德元取得联系，做通他们的工作，争取他们的支持。

---

① 梁心明（一九一八—二〇一〇），河南林县人，一九三八年加入中国共产党，先后在豫北地区担任县委宣传部部长、县委书记、中心县委书记等职。新中国成立后，任农机部教育司副司长、郑州市委统战部副部长。

道清铁路一侧，日伪军挖有六米宽五米深的护路沟，在沟口还筑有伪军把守的炮楼。部队怎么过路，是马勇遇到的第一大问题。敌强我弱，硬打肯定不行，只能采取突然袭击的办法。

于是，马勇率领部队乘夜晚运动到铁路附近，然后派一个侦察班摸到伪军炮楼跟前，突然袭击，先将哨兵制服，然后将炮楼上的伪军控制，对他们展开心理战，晓以利害。伪军惧怕八路军的实力，本身又无斗志，只得乖乖放部队过路。

在道清路两侧活动时，南进支队还上演了一出宣示八路军军事实力的好戏。

杨文彬在《铁血雄风》一书中对这次行动作了绘声绘色的描述：

> 为了打击日伪反动气焰，宣传八路军南进支队的实力，震敌胆、慑敌心，马勇和梁心明策划了一次“军事示威”活动。他们派一个班的兵力偷袭获嘉县狮子营车站的伪军炮楼。炮楼里住着一个班的伪军，偷袭成功后，这一个班的伪军除当场击毙的，其他人都集中起来听八路“首长”训话，这位“首长”其实就是班长。班长对伪军们说：八路军以宽大为怀，饶你们不死。你们平时都很嚣张，自以为你们炮楼里有那两挺破机枪，八路军游击队拿你们没治。今晚，八路军有一支部队从这里路过，我要让你们看看八路军的威风，也好让你们开开眼界，长长见识。
>
> 入夜了，班长让伪军从炮楼的枪孔里观看八路军过兵。当时的南进支队只有两个建制连，总共只有三百多人。马勇把部队分成几个方队，第一次经

过炮楼的连队身穿军装、头戴钢盔、肩扛日本造“三八式”步枪，每个班一个掷弹筒，一挺歪把子机枪，每排一门小钢炮，步伐整齐地快速通过。第二次通过的方队是清一色的苏式装备，战士们肩扛水连珠式步枪，各班都配有机枪，各排都配有钢炮。方队通过后，有人在后面故意大声喊道：三营跟上，十二连跑步前进！于是两个连队又变换队形通过，就这三百多人围着炮楼绕了几圈，威武雄壮地过了两个小时。天色暗淡，枪孔的视线很窄，伪军们根本看不清人的面孔，一看八路军这么多部队过了铁路，还有机枪、钢炮，跟他们上司说的“土八路只有大刀长矛”完全不一样，一个个吓得面色如土，胆战心惊，他们从来没见过八路军有这么好的武器装备。有个伪军说：妈呀，咱们受骗了，营长说八路军只有大刀和土枪，其实人家还有机枪和钢炮呢！另一个伪军说：咱幸亏没跟八路军打仗，要真打起来，咱早就没命了！

我们的班长见好就收，大声对伪军说：我们今晚打这儿经过的只是一个团，是到路南打鬼子的，大部队还在后头呢，没时间跟你们啰嗦了，你们记着，咱都是中国人，要团结一致打日本鬼子，别狐假虎威地欺负老百姓，过几天我们还要来，你们要是敢欺负老百姓，我就叫你们跟这炮楼一起上西天，听见了没有？

伪军们唯唯诺诺地说：听见了，我们不敢欺负老百姓。

后来，在炮楼里的伪军成了八路军的义务宣传员，见人就说，逢人就讲：八路军好多呢，还有机枪大炮，乖乖，八路军厉害着呢！有的伪军私下里说：以后要真的跟八路军打可得长个心眼，该跑就跑，该溜就溜，吃饭家伙要紧呢！有的应和：是呀，八路军神出鬼没，谁知道啥时候跑来打咱们一家伙呢……

马勇团长策划的这次“示威”，震撼了当地的日伪军，也鼓舞了军民的士气。[①]

南进支队以正规部队的阵容，浩浩荡荡，突然出现在道清路南，而且纪律严明，秋毫不犯，使敌伪十分震惊。马勇乘势要求部队配合地方武工队，开展宣传活动，扩大了八路军在路南各县的影响力。

关于这段经历，梁心明政委在晚年写的回忆文章《留给后代的故事》一文中曾说过：“马勇是从冀南来的干部，对平原游击战颇有经验，我对路南的情况，风土人情也很熟悉。所以，我和马勇同志相处得很好。”

七月二十五日，中共中央再次发出向河南敌后进军的指示，要求北方局从太行、太岳两军区抽调精干部队，尽快挺进豫西。同月，北方局根据中央指示召开开辟豫西根据地会议，会议决定组织豫西抗日游击支队，正式任命皮定均为司令员、五分区政委徐子荣为支队政委。九月初，皮定均和徐子荣率领七分区第三团、新成立的第三十五团等部一千七百多人，命名为豫西抗日游击第一支队（简称“皮徐支队”），跨过道清线，渡过黄河，到达嵩山、箕山地区，开辟了豫西

① 《铁血雄风》，杨文彬、潘光和、叶文斌著，新华出版社二〇〇五年七月版，第十六—十八页。

抗日根据地。一九四六年中原突围时大名鼎鼎的“皮旅”就是由这支部队发展而来的。

皮定均、徐子荣率部挺进豫西后，太行军区司令部参谋处长张廷发①接任七分区司令员。

南进支队圆满完成了协助皮徐支队挺进豫西的任务，便在马勇带领下返回辉县，番号保留，归建七分区一团。梁心明则留在修获武地区坚持地方斗争。

马勇率部返回辉县时，正值日伪军对我七分区进行“扫荡”。

在反“扫荡”战斗中，分区领导命马勇带领南进支队截击从辉县撤退的日伪后卫部队。马勇决定在辉县北部山区一个山沟里设伏。当敌人的后卫部队一百多人进入伏击区，部队突然向敌人发起攻击。由于子弹和手榴弹缺乏，无法用火力全歼敌军，于是马勇就果断下令发起冲锋，率部冲下山沟同敌人展开拼杀，致敌伤亡二十余人。后因敌军援兵赶到，马勇便命令部队及时撤出了战斗。

十二月，在分区首长领导下，马勇率南进支队再次返回道清路南修、获、武地区，和一团其他部队一起参加了消灭郑西平反共顽军的战斗。

此前，路南一支武工队到木栾店、程封一带活动返回时，被国民党武陟县保安队郑西平部包围，在突围中有五人被俘。郑西平对我被俘人员嚣张地说：“这是我们的地盘，不准你们八路军过来。”这进一步证明，郑西平的保安队是通敌反共的顽固势力。张廷发司令员得知情况，当即决定消灭郑西平部，

① 张廷发（一九一八—二〇一〇），福建省沙县人，开国少将。一九三三年参加中央红军，历任一二九师作战科科长、太行军区参谋处处长、第七军分区司令员，后随刘邓大军挺进大别山。新中国成立后调空军，历任第一副参谋长、参谋长、副司令员、政委、司令员。

为开辟修获武地区扫除障碍。第二天夜晚，张廷发亲率老一团、辉嘉县独立营和修获武武工队，从辉县薄壁镇出发，冒着严寒，涉过结冰的丹河，越过道清铁路封锁线，奔袭郑西平部，一举将郑西平部击溃，进一步巩固了八路军在修、获、武一带的影响力。

道清战役

抗日战争进行到一九四五年，日军已成强弩之末。

一九四四年十二月十五日，毛泽东在延安陕甘宁边区参议会的演说中向解放区军民提出一九四五年的任务，要求全军开展更大规模的攻势作战，“消灭敌伪，扩大解放区，缩小沦陷区”，“把一切守备薄弱、在我现存条件下能够攻克的沦陷区，全部化为解放区，迫使敌人处于极端狭仄的城市与交通要道之中，被我们包围得紧紧的，等到各方面的条件成熟了，就将敌人完全驱逐出去”①。遵照中共中央和毛泽东的指示精神，太行军区首长决心发动道清战役，以开辟道清铁路两侧的豫北地区，打通太行根据地与豫西根据地的联系。

一九四五年一月下旬，太行第七、第八军分区主力和平原分局党校警卫团共六个团又三个独立营的兵力同时出动，发起道清战役，张廷发和第八军分区司令员黄新友为战役指挥员。

马勇带领南进支队随七分区一团参加了战役全过程。

战役分三个阶段。

① 《毛泽东军事文集》第二卷，中共中央文献研究室、中国人民解放军军事科学院编，军事科学出版社、中央文献出版社一九九三年十二月版，第七三九页。

第一阶段以攻取道清路南小东、宁郭两镇的伪军据点为中心，扫清路南敌据点。七分区一团和八分区主力于二十一日夜突然从修武北南下，越过道清铁路，远程奔袭小东、宁郭之敌，战至次日晨，相继攻克两镇，歼灭守敌大部。尔后，与其他参战部队会合，至三十一日连克路南日伪据点十六处，歼敌一部。这时，日军一个大队由沁阳、博爱、焦作等处出动，企图合围我在大油、樊庄一带的部队。据此，我军参战的三个主力团设伏于樊庄，全歼由焦作南犯的日军一个中队，其余日军仓皇回窜，第一阶段作战结束。

第二阶段我军以扫清道清铁路以北的日伪军据点为主要目的。此时我军已转移至辉县以北的南平罗地区待机，同时又增加了两个团参战。二月二十日二时，我军以三个团攻击伪军某旅旅部所在地五里源，以两个团攻击其外围据点陆村。攻五里源一战起初未克，于是重新部署，于黄昏发起总攻，经激战突破围寨攻入寨内，敌一部被歼，一部逃窜。之后，我主力乘胜北上辉县，至二十三日，先后攻克赵固、峪河、百泉等重要据点，并袭入辉县城关，解放了除县城以外的全部地区，歼灭日伪军一千余人，第二阶段作战结束。

第三阶段则是在前两阶段成果的基础上乘势向南发展，扩大战果。日伪军遭我打击后，增兵修武、获嘉、辉县地区，而新乡、郑县（今郑州市）、开封之间兵力空虚。乘此机会，太行军区决定挺进原武、阳武地区（原武、阳武两县解放后合并为原阳县），乘虚攻击。三月二十二日夜，七分区一团在武工队配合下，东越平汉铁路，突然袭击原武外围之王村、盐店、葛庄等敌据点。并在十天之内两度袭入原武县城，攻克据点七处，歼灭日伪军六百余人，争取伪保安大队三百余人反正。同时，还逼近开封城郊，控制了除原武、阳武县城外的广大地区。参战的其他部队在此期间向温县、孟县地区挺进，八分区主力一度攻入温县县城，至四月一日，道清战役胜利结束。

道清战役历经七十余天，共歼灭日伪军二千五百余人，扩大解放区二千余平方公里，解放人口七十五万，建立了获嘉、武陟、修武等四个抗日民主县政府。道清战役的胜利，使太行军区控制了道清路以南、黄河以北、新汴路以西、沁阳以东的战略地区，密切了太行山区与冀鲁平原区、黄河以南豫西解放区的联系，使以新乡为交叉点的平汉、道清、新（乡）汴（开封）三条铁路均暴露在我军的直接打击之下。

道清战役是我太行军区对豫北日伪军发动的一次较大规模的战役行动，不但对日伪军取得全胜，而且是抗日战争进入局部反攻阶段后华北八路军的一次成功的运动战，是我军由游击战向运动战转变的一次成功尝试。

道清战役结束后，四月十一日，中央军委发出通报，对这次战役给予充分肯定。

转战太行，马勇在从政工干部转为军事干部后，在更大规模的战斗中经受了锻炼，逐步成长为一名成熟的军事指挥员。

第四章　创建四十四团

八路军开赴华北敌后战场以来，队伍不断发展壮大。一九四五年三月，太行军区又成立了一支新的抗日队伍——太行军区第四十四团。

在太行老一团担任支队长的马勇调任该团副团长，半年后任团长。

年轻的团长

四十四团创建初期是修获武联合县的基干队伍，属于地方部队。

修获武联合县是在一九四五年二月道清战役基本结束后，太行区委新开辟的抗日民主政权。该县地处修武、获嘉、武陟三县交界的三角地带，县政府驻武陟县谢旗营镇北大段村，其管辖范围包括修武县郇封镇，获嘉县中和镇、徐营镇，武陟县的谢旗营镇、乔庙镇、圪垱店镇等周边一百五十多个自然村，总人口近十五万人，归七地委管辖。原来和马勇搭档的南进支队政委梁心明任县委书记。

修获武县位于太行区最南端，敌我顽匪各种势力犬牙交错。在这种复杂情形下，拥有强有力的武装就成为生存的首要条件。而刚成立的修获武县只有一支几百人的县大队，军事力量比较单薄。根据这种情况，太行七地委和七分区研究决定，在修获武建立一支团建制的基干武装，番号按太行军区排序为太行第四十四团。

一九四五年三月四十四团正式组建，团部设在获嘉县徐营镇大望高楼村，由七分区直接领导。团领导成员除马勇担任副团长外，梁心明兼任政委，原修获武县县大队队长李寿山任副政委，一二九师司令部通讯队队长何雨农调任参谋长。不久，梁心明专职地方工作，李寿山接任政委。

关于四十四团的成立时间和马勇的任职，笔者所看到的史料有多个版本。

四十四团成立时间有二月、三月、四月、五月几种不同说法，以二三月成立为多，而且基本都是出自四十四团老人的回忆，如首任政委梁心明、政委崔殿宸、宣传干事杨文彬以及四十四团老兵司长乐、崔容光等。

梁心明在《留给后代的故事》一文中回忆说："一九四五年三月上旬，马勇同志来到望高楼，同我见面，宣布太行七地委和七军分区的决定，修获武县建立四十四团，团长马勇，政委梁心明，副政委李寿山。老战友又到一起来了，县委都很高兴。"

杨文彬为撰写《铁血雄风》一书在二〇〇一年十月访问四十四团老兵崔容光时，崔肯定地说："一九四五年二三月我参加了四十四团，团部就住在大望高楼村我家，团长马勇，政委梁心明。"

但家中保存的马勇本人填写的《军人登记表》中，填写的到四十四团任职时间是五月，笔者在编写马勇电子小画传和本书初稿时采用的就是五月这个版本。在本书即将完稿时，军委办公厅档案馆提供的马勇干部履历表，使四十四团成立时间有了新的证据：马勇到四十四团的任职时间是一九四五年三月。这样，四十四团成立于三月的证据较五月更为充足，笔者就以此为据了。

关于马勇的任职，在笔者看到的资料中都认定从四十四团成立起马勇即是团长，包括梁心明和崔殿宸的回忆。但马勇在《军人登记表》填写的是：一九四五年四十四团成立时任副团长，证明人是七分区司令员张廷发；一九四六年一月任团长，证明人则是四分区司令员黄新友。笔者分析，马勇的《军人登记表》应是准确的。军委办公厅党案馆提供的干部覆历表也证实了这一点。之所以有出入，是因为四十四团成立时团长一职即空缺，马勇虽为副团长但行团长职，所以在其他人的记忆中马勇一直是团长。证明人的变化，马勇在《自传手稿》中也有说明：“四四年春，日寇攻占郑、洛后，国民党道清路南的顽杂武装溃乱，我开辟该地区组成南进支队，我任支队长，到四五年改为四十四团任副团长，四六年一月编到太行四分区，任团长。”

四十四团初创时期，政委梁心明和副政委李寿山均是地方干部转任，对当地情况很了解，而马勇和参谋长何雨农则是从主力部队抽调来的，有比较丰富的作战经验。

何雨农是一位具有传奇色彩的老红军，一九二〇年出生于四川阿坝州茂县凤仪镇水西村，羌族，一九三五年红四方面军长征经过茂县时，年仅十五岁的何雨农和当地二百余名羌族青年一起报名参加了红军。他们是红军中仅有的一批羌族战士。红军改编为八路军后，何雨农任一二九师师部侦察参谋、通讯队队长，四十四团成立时调任参谋长。一九四七年九月从四十四团调入中原野战军十二纵队，参加了挺进大别山和重建桐柏根据地的战斗，解放四川后随张国华的十八军入藏，任副参谋长兼后勤司令部参谋长，后曾任西藏军区后勤部部长、高等军事学院院务部副部长、成都军区后勤部副部长等职。阿坝州曾拍过一部电视纪录片——《羌族老红军何雨农》，记录了何雨农的革命生涯。

挑起领导四十四团这副重担时，马勇二十二岁。

初战告捷

年轻的团长，面临的任务却十分艰巨。

四十四团初创时主要组成部分是修武县县大队和收编的保安队，兵力只有五个连，而且成分复杂，武器简陋，弹药奇缺，甚至有一个连是由会道门师徒组成的。从主力部队转入地方部队的马勇，面临着改造队伍和抵御强敌的双重任务。

在困难面前，马勇没有退缩，他率领全团指战员采用边作战边整训的治军方针，经过艰苦细致的工作和实际战斗的锤炼，使部队逐步发展壮大起来。

黄村战斗是四十四团成立后的第一仗。

一九四五年夏粮收割的时候，修武县伪军出动一个大队到城南十几里外的黄村抢粮。正在徐营镇组织部队训练的马勇得到消息后，决定吃掉这股伪军。

马勇带领部队奔袭黄村，首先命一连向抢粮的伪军发起攻击。敌人见势不好便向西黄村逃窜。马勇带领二连马上向西黄村追击。不料西黄村敌人火力很猛，竟把二连阻挡在一片开阔地里。马勇见状马上命令：机枪掩护，部队快速冲过开阔地！发布命令的同时，马勇身先士卒，冲在队伍前头。这时，一颗子弹飞来，把马勇头皮划开一道大口子，立刻血流满面。一名战士把他背下来包扎好伤口，他又命令小号长用号声命一连向西猛攻，三连四连从左右两侧包抄。在我军三面夹击下，伪军乱了阵脚，节节败退，最后丢下几十具尸体，以及枪支和抢来的粮食，落荒而逃。

初战告捷。这一仗虽未全部吃掉抢粮之敌，但沉重打击了敌人的气焰，四十四团和团长马勇名声大振，极大地鼓舞了当地抗日军民的热情。从此以后，驻扎在修获武一带的伪军听到四十四团和马勇的名字都胆战心惊，龟缩在炮楼里不敢出来。几个月后，县城外的伪军据点便被四十四团全部消灭。

攻打木栾店

攻打木栾店（又名木城镇，即武陟县县城）是四十四团成立后打的第一次县级城市攻坚战，也是迎接抗战胜利的一仗。

经过艰苦的抗战岁月，中国人民终于迎来即将胜利的一刻。为迎接抗战胜利、巩固抗战成果，毛泽东在一九四五年八月九日发表的《对日寇最后一战》声明中提出："八路军、新四军及其他人民军队，应在一切可能条件下，对于一切不愿投降的侵略者及其走狗实行广泛的进攻，歼灭这些敌人的力量，夺取其武装和资财，猛烈地扩大解放区，缩小沦陷区。"八路军总司令朱德次日发布命令，令各解放区武装部队向其附近各城镇交通要道之日伪军及其指挥机关发出通牒，限期投降。如遇敌拒绝投降缴械，即应予以坚决消灭。十一日，太行军区遵照中央指示发布了对敌伪反攻的命令。

八月十五日，日本天皇裕仁以广播《终战诏书》形式宣布投降。日本宣布投降第二天，修陟县[①]县委带领七十余名干部和战士欲进城接管木栾店。但守城的伪警备大队大队长范鸿宾紧闭城门，据城不让。

七分区领导得知消息，决定以武力攻占木栾店。由于当时分区主力部队不在武陟，遂命令四十四团先行将敌包围。

二十二日，马勇接到分区命令，带领四十四团在修陟县独立营、修获武程封区武工队配合下将木栾店重重包围，守城伪军几次反击均被击退。分区主力部队在收复辉县、获嘉县之后，挥师木栾店城下。

分区领导决定于二十八日对木栾店伪军发起总攻。主攻任务就交给了四十四团。

马勇明白，在分区主力部队已达前线的情况下仍由四十四团担任主攻，这是分区首长有意对新建立的四十四团加以锤炼。张廷发司令员在交代任务时就对马勇说：这是锻炼培养你们四十四团攻坚战的能力。

但是，由于木栾店城堡工事复杂坚固，加之伪警备大队五百多人坚守顽抗，当晚又下大雨，云梯一架上城墙就被守敌用滚木连人带梯打下来，当晚几次攻城均未攻下。

次日，改由分区老一团主攻，四十四团辅攻，张廷发司令员、高扬政委亲临前沿指挥。老一团以一个连为突击队，在炮火的掩护下蹚过护城河，登上城楼，攻入城内。老一团其余部队和四十四团全体加入战斗，经一个多小时的激战，敌人大部被歼，生俘伪军三百余人，缴获枪支三百余支、迫击炮四门、机枪四挺及其他战利品，范鸿宾率残部仓皇向黄

① 修陟县，太行区于一九四五年初由修武、武陟两县析置，同年九月撤销，仍归各县。

河铁桥逃窜，木栾店即被收复。

战后总结会上，四十四团虽未完成攻城任务，但分区首长仍表扬了四十四团打得勇敢、顽强。老一团政委崔建功不仅赞扬了四十四团的战斗作风，还向马勇交流传授了攻城的经验。

经此一战，新生的四十四团不仅经受了锻炼，提高了攻坚战的战术技能，而且用缴获的武器装备了部队，大大增强了部队战斗力。

抗战胜利后，为适应新的国内局势，中共中央于八月二十日决定成立晋冀鲁豫军区，原太行、太岳、冀南、冀鲁豫军区为晋冀鲁豫军区下辖二级军区。晋冀鲁豫军区由刘伯承任司令员，邓小平任政委，滕代远、王宏坤任副司令员，薄一波、张际春任副政治委员，张际春兼政治部主任，王新亭任政治部副主任，李达任参谋长。军区总部驻河北省涉县，后迁至邯郸。

太行军区由原一分区司令员秦基伟任司令员，原晋冀豫省委书记李雪峰任政委。十月二十八日，太行军区将下属八个军分区调为六个军分区，第七、第八军分区撤销，焦作、博爱、温县、武陟、修武、修获武等县改属第四军分区，太行军区副司令员黄新友[①]兼四分区司令员。四十四团改属四分区领导。

四十四团在抗日烽火中建立，在对日伪斗争中成长，以自己的不懈奋斗迎来抗战胜利的光荣时刻。

---

① 黄新友（一九一二—一九八五），广西凌云县人，壮族，开国少将。一九二九年参加百色起义，历任一二九师七七一团参谋长、太行军区副司令员兼四分区司令员，新中国成立后任河南省军区副司令员。

停战风波

日本投降后，全国人民希望和平，但是蒋介石却调动大批军队，向我解放区进犯，来抢夺抗战胜利的果实。

一九四五年十月到十一月中旬，国民党第十一战区司令长官孙连仲率三个军沿平汉路向新乡推进，先后占领了新乡、安阳、获嘉、武陟和修武等市县，并配合地方国民党游杂部队和“还乡团”，向我修获武县大举进攻。敌强我弱，为避其锋芒，我军被迫后撤，四十四团也撤至焦作一带的解放区。

抗战胜利后，毛泽东到重庆同蒋介石谈判，国共双方签订了给全国人民带来和平民主希望的《政府与中共代表会谈纪要》(即“双十协定”)。但蒋介石政府仍不顾和平大局，继续挑起争端，国共军事冲突加剧。

蒋介石的这种做法不但引起中国人民的愤怒，也使得美苏等国对蒋政权产生不满。一九四五年年底在莫斯科召开的苏、美、英三国外长会议发表公告，表示希望“有一统一民主之中国”，“国民政府各级机构中民主党派之广泛参与及内部冲突之停止，均属必要”，向蒋介石政权施加压力。

为维护美国在华利益，一九四五年十二月，杜鲁门总统派特使马歇尔将军来华调停国共矛盾。中共代表周恩来、国民党代表张群（后改张治中）和美国总统特使马歇尔组成“军事三人小组”（又称“三人委员会”），会商停止军事冲突、恢复铁路交通以及有关受降事宜等问题。

蒋介石迫于国际压力，再加之三个月来同共产党军队较量屡屡失败，也感到需要争取时间，以便进一步调动军队，完成全面内战部署，因此同意同共产党恢复谈判。

一九四五年十二月二十七日，以周恩来为首的中共代表团在重庆同国民党代表团恢复谈判。次年一月五日，国民政府代表与中共代表经几度商谈，达成关于停止国内军事冲突的协定，于十日正式公布。同时国共双方依据协定下达了停战令，规定从一月十三日起双方停止一切战斗行动。

虽然签订了停战协定，但国民党军仍不断向我解放区进行军事挑衅，国内战争阴云密布。

一九四六年一月，中共代表叶剑英、国民党代表郑介民、美国代表罗伯逊在北平组成军事调处执行部（简称“军调部”），监督停战协定的执行。军调部同时下设若干军事调处小组，分赴各地。

国共调处期间如何在政治上和军事上都争取主动，是摆在我军面前一道新的课题。我军同国民党军展开了斗智斗勇的较量。

一九四六年三月，马勇率四十四团驻防武陟县西部杨梧樌村一带。这一带正处于国共军队的停战交界线上。马勇率部构筑数十里的防御工事，把守着焦作解放区的东南门户。而相隔几百米，我军阵地对面则是国民党武陟保安团的阵地。两军相对，虎视眈眈。

初夏的一个早上，武陟保安团团长樊鸿宾指挥一个连的兵力向四十四团阵地挑衅攻击。这个樊鸿宾就是那个武陟县伪军警备大队的大队长，木栾店战斗被我军打败后被国民党收编，摇身一变又成了县保安团团长。

马勇得到报告，立即和政委卢路（此时李寿山政委已他调）、参谋长何雨农和政治处主任崔殿宸赶到阵地前沿。

马勇观察了地形，听取了阵地守护连长的报告，判断是国民党军有意挑衅，决定以牙还牙，给予迎头痛击。他命令部队：放敌人到五十米内，然后轻重火力一齐打，狠狠地打，决不放跑一个来犯之敌。

敌军试探性进攻到距我阵地一百余米处，见我军没任何动静，以为是我军怕了，便大着胆子继续向我阵地逼近。待敌人进入五十米范围以内，马勇一声喊："打！"我军战士一齐开火，轻重机枪、步枪、手榴弹雨点一般打向敌人，敌人见我火力如此之猛，丢下二十多具尸体，狼狈回逃。

樊鸿宾偷鸡不成蚀把米，气急败坏，于是倒打一耙，向驻新乡市军事调处执行小组状告我军侵犯蒋军阵地，要求军调小组立即前来查处。

马勇早已料到敌人肯定会恶人先告状，于是命令前沿部队保护交火现场，委派何雨农以我军前线中校指挥官的身份与军调小组周旋。

上午十时半左右，两辆美式军用吉普向我阵地开来。我哨兵举旗示意停车验证，第一辆车不但不停，反而踩足油门向我方冲来，我哨兵立即鸣枪示警，命令停车。第一辆车听到枪声立即停车，美方和蒋方代表从车内钻出来，连连解释。

这时，从第二辆车中走出我方代表黄镇将军。黄镇时任太行军区副政委，这次设立军调小组，被军区委派为新乡第十中心执行小组中共首席代表，临时授少将军衔。

何雨农立即上前向黄镇将军报告了情况。

三方代表来到交火现场。樊鸿宾到场，抢先诬告共军违反停战协议，首先发动进攻，打死士兵二十多人，要求三人小组严惩共军前线指挥官。

何雨农理直气壮地反驳说：请谈判小组的将军们看看蒋军死在我军前沿阵地的尸体，就会明白是谁在挑衅，是谁违背停战协定！蒋军尸体距我方阵地不到五十米，都是胸前中弹、面向我军阵地倒下，这分明是蒋军先攻击我军、我军被迫自卫反击所致，这是最起码的常识。

蒋方代表在事实面前哑口无言，美方代表也无异议，只好点头默认。

黄镇将军对我军的相机处理给予了赞扬，对何雨农说：是非明白，事实如铁，我军完全是自卫，你们打得好！人不犯我，我不犯人，人若犯我，我必犯人！

这时，何参谋长通过和蒋方代表核实，认出了樊鸿宾，立刻气不打一处来，指着樊的鼻子大骂：你算是什么中国人！抗战期间你投靠日本鬼子当汉奸，日本人投降了，你还勾结小鬼子在木栾店打死打伤我八路军战士，现在日本人走了，你又成了国民党团长来抢夺人民的抗战果实，你有什么资格来同我军谈判！

樊鸿宾当着三方代表的面被骂了个狗血喷头，一句话也不敢回，悄悄溜走了。

停战协定签订仅仅半年，蒋介石便撕毁协定，调集大批军队大举进攻中原解放区，并由此向各解放区发动全面军事进攻。美方宣布调处失败，全国性内战爆发。

战端重启

抗战胜利还不到一年，国内战端重启。

一九四六年六月下旬，蒋介石密令郑州绥靖公署主任刘峙率第五、第六绥靖区二十二万兵力攻击以湖北省礼山县（今大悟县）宣化店为中心的我中原军区五万人马，企图一举歼灭之。二十六日，我中原军区部队在李先念、郑位三、王震、王树声、皮定均等带领下，分三路开始从宣化店突围。此事件史称“中原突围”，是国共内战全面爆发的标志性事件。

七月二十日，毛泽东为中共中央起草了《以自卫战争粉碎蒋介石的进攻》的党内指示，明确指出：“只有在自卫战争中彻底粉碎蒋介石的进攻之后，中国人民才能恢复和平。”同时又指出：“若干地方，若干城市的暂时放弃，不但是不可避免的，而且是必要的。暂时放弃若干地方若干城市，是为了取得最后胜利，否则就不能取得最后胜利。”

焦作地区军民根据中共中央指示奋起进行自卫作战。

十月中旬，国民党以三个师及各县地方武装共二万六千余人，在飞机和坦克掩护下，分东、西两路向焦作地区解放区发起全面攻击。东路之敌从修武、武陟出发，逼向焦作、博爱、温县、沁阳等市县；西路之敌从孟津出发，进犯孟县、济源县。

由于敌我力量悬殊，为保护焦作解放区民主政权和人民群众的安全，太行军区部队在给予敌人打击后，主动撤出了焦作市，转移至北部山区。十二日至二十日，博爱、沁阳、温县、孟县及济源县城相继被国民党军队占领。各县党政军机关也先后北撤太行山区。

马勇当时率四十四团驻防在武陟县西北部大油村、小油村一带，在国民党军进攻中被迫突围撤往博爱县北部山区。他在日记中记录了这一时期的战斗情形。

马勇留下的第一本日记是从一九四六年十月十一日记起，记至十二月二十三日，只有两个多月。尽管时间不长，但在战事频仍、戎马倥偬间写下的这些文字，详细记录了这两个多月的军事生活。从字里行间可以看出，日记匆匆写就，叙述不很严谨，文字也来不及讲究修辞润句，但这却是解放战争初期一位我军基层指挥员战斗生活的真实写照——

10.11.　五.

天刚亮，我正要起床，听到北睢村方向发现了枪声，电话也联络不上了，随着东北道清线方向也传来了机炮声，这情况看起来，无疑的是敌人进攻我区的开始。叫他狗日的来吧！我们早就预料到的。

八时，二连由北睢北撤至南霍村，中封、小王家、付村等处亦发现情况，部队急忙吃了早饭，全部进入了战斗。我们的任务是节节抵抗敌人，迟滞它的前进。九时，我们主力于杨梧槚给敌杀伤后，即转至后刘庄、李村一线，十一时敌又向刘庄进攻，我们按既定作战计划，沿小高、李村、北樊一线进行抵抗，直到下午四时敌在飞机配合下才侵入了小高。

向我进攻的顽敌，是住木栾店141B42R①及武陟保安团，他们于侵入小高后，不敢立足，黑夜即窜至刘庄。我们于夜十二时去袭击扑了个空，拂晓前我又带两个连进入了小高。

黄昏时与分区联系，正面敌人只进占了几个不要紧的村子，我们主要阵地无变化。

10.12.　六.

一上午，退守刘庄之敌未敢前进，只是飞机不断向我低飞扫射，机枪持续在一小时。但我们隐蔽在工事里，一个伤亡也没有。不要脸的蒋介石，你就凭了你洋爸给你的飞机大炮来吓唬我们，告诉你，解放军的战士是不怕的。

待王镇方向枪声很激烈，从拂晓一直打到中午，

① B为“旅”的英文Brigade缩写、R为“团”的英文Regimental缩写。

敌开始集中火器向我正面阵地轰击。看吧！你要想前进一步，必须付出血的代价。

下午二时多，刘庄敌人开始向小高攻击，五连于抵抗后，沿东西尚村、张桥、刘后方向撤退。敌人进展得很迅速，于侵占尚村后，就开始了向我团主力大油村阵地攻击。我们仍然是以运动防御抵抗敌人，于黄昏撤至小油村。我们退出村，敌人仍不敢前进，机枪火力仍打个不停，约有半小时，才喊杀声，冲入大油村，他们的动作真的不猛。是的，顽军的战士们，要不是长官的逼迫，谁愿意做出无谓的牺牲呢？

敌人于进去大油村后，停了半小时，部队开始在村北空地集合，占的那一片，估计有两团兵力，这才使我判断敌人是增加了后继部队才开始前进的。他们得意洋洋地开始向大小聂村前进，数路密集队形，前面只疏开了一个连。我们隐蔽在小油村，恰我打他个侧翼，等到敌人进入我预先布置的机枪火力下，我命令三连开火，杨全贵同志的机枪打得还不错，正打中了他的行军纵队，打得狗日的乱滚乱爬，至少有十几人的伤亡。这时敌人才不敢大摇大摆地前进，敌人都展开了，轻重火器一切开了火，向小油村轰击，后边的人马也都混乱了，只可惜我们火力太差了，若不然今天可把他个好看。

敌人占了小油村后，暮色已黑，即分作两路向宁郭前进，先头部队每到一村即点火为记，后边还有廿辆汽车。

10.13. 日.

昨天打了一天，部队分散得很厉害，老崔带二连到李万、程化庄一带防备由南迂回焦作之敌，随后又派去一连，结果晚上张学刚同志回来，只带了几个人，也未找见主任，部队也失掉掌握了。算是不错，老崔与我们在北石街会合，但杨德所带一个排也失掉了联络。炮兵左找右找，算是找到了，为了轻便行动，当晚即令他们到路北去了。一夜未眠，真急坏了人。

拂晓三时，我们即转移至邱村，准备与敌在路南周旋，开展游击战争。昨晚与崔会合后，二连还捉了三个俘虏，缴了两支枪。敌人已于昨日上午12时左右侵入了焦作市。

天雨越来越紧了，下午一时左右，一二连驻地以北（北邱村）又发现了敌人，部队略事抵抗后即撤退了，我即命令三连进入阵地，准备与敌再干一场，可是狗日的没来，在雨中我们都转移至北李村，一路真是泥泞，这一带的土又粘，真不好走。到北李村才知道一二连到东界沟了。

下午三时，清化方向有枪炮声，我从望远镜中看到从宁郭出来一股敌人，直迂回清化以南，不成问题，清化是失陷了。

我们刚吃了饭，天黑得很，雨仍在下着。我和卢、崔正讨论着明天的行动，张俊卿同志忽然来了，今天找了他一天未来，据张谈：沁南敌已到王顺、武阁砦，沁北沿河西进之敌已到刘村，同时又得到了四连的报告，说敌人已进入了沁阳，不过我估计可能性不大。经大家商讨结果，一致同意今晚即突围到路北，暂时地避开军事上的不利形势，特别带出去一年多武陟工作的精华，一大堆民兵及积极分子。暂时的退出，不等于放弃，当然我们早已下定决心，广大的路南我们是要坚持的，而且必须坚持的。这块地区，我们从敌伪手中夺过来已一年多了，已付出了莫大的代价，我们已与路南人民建立了联系，人民已翻了身，得到了土地，正需要我们的保护，我们能丢掉他们吗！不能，绝对不能，我们的口号：与路南人民共存亡！

我们决定分两路突围，张、崔带一二连、武独及民兵一部，由清化西走，我和卢带其余部队及民兵一部由清化东走。路线决定了，张崔先起身，他们走时天已九点多了。

派去调五连的通信员，已有两个钟头，看看手上的表已十点钟，但仍不见部队来。我计算了一下时间及路程，如十一时仍不来，天亮前即难到达目的地，因为下雨，使行军速度要减去1/3到1/2。实在等得烦了，我和卢都到村东去等。时间不长算是来了，这一次的焦急算是过去了。十时半，部队开始行进了，为了不至失掉方向，及掌握前面的情况，我走在队伍的最前面，到了中里村，要过路了，村内发现火光，喊口令，马叫，无疑地中里村是有敌人，于是部队改走漫地，刚下了雨，地又陷，又过沟，真是难走，我们的一匹马，也真起了汉奸的作用，它也叫起来了，我真担心，担心敌人发觉，一打起来，部队倒不成问题，恐怕那些民兵要跑完了。

行军的行列，从中里村以东一里多地过去，等到过了中里村，我的心才放下来。

离柏山不远，部队即停止下来，先派人到前面去搜索，他妈的老乡都跑完了，只找到了一个老婆，说是柏山驻有敌人，同时我也看到地里烧得一片一片的火灰，知道昨天敌人一定到此，这个预定的目的地有了情况，又要快亮了，须要马上下定决心，天亮之前如上不了山，那就更麻烦了。带的响导也不知道路了，算了吧，不用响导，我亲自掌握方向，带着部队向柏山以西山上去，行军的速度是须要加快的，争取天亮前上山，即安全了。也顾不到疲劳，地下的泥一陷尺多深，饥、渴、疲、困，要做最后的努力。天已呈现银灰色，我们一个连已抢上了山头，我留在下面，收容掉队的人员。平地的兵，没上过山，加上走了一夜泥路，样子实在有点狼狈。鞋子也走垮，有的已赤着脚，团部的挑夫，是病号，还挑着一个担子，掉到最后，我接过了担子，担起来，替他挑到山上，我的劲还是很足呢！

10. 14. 一.

太阳被云遮住，但不断地偷偷地看看我们。我们已安全地全部过来了。战士们一跛一拐的，眼也睁不开了，但还要走，必须走十来里地才有村子有房子住，吃饭还得努把力才能搞到。山上，这初次到山上的战士有些惊异，他们议论着："山地真不好，路真难走"，"连饭都吃不上"，"没山咱们八路军还壮大不了"，"有山就有依靠"。

……（此处缺页——笔者注）

10.16.　三

胡乱吃了些饭，即召集各连干部开会，传达了分区坚持路南游击战争的方针，并提出了部队应即进行的工作，大家听说各部队都要下去，不只我团一部分，情绪都很高。

今天未进行其他工作，好好休息了一天。

日记中提到的“清化”即博爱县。博爱县于一九二七年冯玉祥主豫时从沁阳县析出部分村庄置县，取孙中山“自由、民主、平等、博爱”之意命名，县治所清化镇，故亦称清化。

博爱县地处太行山南麓，曾属新乡地区管辖，今为焦作市辖。博爱北部是山区，山川秀丽，气候宜人；南部为平原，开阔平坦，物产丰饶，素有“太行山下小江南”、“金博爱”之称。

马勇率四十四团撤回道清路北博爱县山区，面临的最大问题是粮食不足。山区本来就贫穷少粮，又加上这么多部队和区县机关，就更加困难了。马勇等团领导经研究认为不能再增加山区人民的困难，要自己想办法解决，便决定下山抢粮——

10.17.　四.

这几天敌人每天都到山边一带，主要企图是防我下山，并抢资财。提起资财真使人痛心，我们的公粮，以及部队机关公营商店的资财，都集中在了山边柏山、花园、小王庄，当时大家的思想，认为敌人进攻不会很快，即使占了焦作，到清化也得几天。可是这次敌人的进攻，却找了我们的空隙，正面进攻焦作的只137B，的确攻了一天，伤亡了二三百人，未攻下待王，但敌主力却很迅速地由木栾店方向迂回焦作及清化，12 日占焦作的是 141 旅，由南面来的，我们正面的部队撤也来不及，12 日 49B 及 85D[①]当晚进入宁郭，13 日即到清化了，未遇到我有力抵抗，长驱直入，真欺负我们兵力太少，14 日即占了沁阳，这样一来，敌以优势兵力逼我上山，资财只有丢了。

据一般人估计，公粮不在内，只其他资财损失即达三四万万之谱。汽车丢了，分供[②]存了好久的帆布，保守主义害死人，不发给部队使用，结果也丢光了。真是罪恶，罪恶！

这多的部队，撤退山上，吃饭的确成了大问题。公粮都在下边，山上没粮食，要吃饭只有下边去抢。于是部队作了总动员，全部下山抢粮食。我们于晚十时出发，到花园去抢背。战士们背粮，还是第一次，更加上有些疲劳，没鞋穿，一路埋怨不愿去。但我们都去了，干部也以身作则地背，战士们见了，很受感动，每个人背得还不算少。回来时已到四点钟了，睡了一觉天即亮了。

好玩儿的是，那个年代的干部也有让人哭笑不得的。第二天继续抢粮背粮，目的地是上庄，马勇在十八日的日记中略带嘲讽地写了这么一段话：

专署的来了个什么秘书，昨晚下去，自己未做模范，一点没背，今天倒脚痛起来，不能去了。县政府一个人也没有，只有一个区长带着些民兵随我

---

① D 为“师”的英文 Division 缩写。

② 即分区供给部。

们一路去，大概是他们有粮食吃，饿不着吧！

环境虽然艰苦，但革命军人对胜利充满着信心，保持着革命乐观主义精神。秋末时节，马勇登上太行山最南麓，眺望山南的田园风光，一时兴起，写下一篇有着浓烈抒情色彩的日记：

11.2.　六.

今天在报上又看到了毛主席的咏雪词，并有范文澜同志的译文及配曲。看了后更进一步地体会了该文的精神，连连诵读了三遍，可惜我音乐是外行，不然一定要把这个歌子学会。

下山时一边走，一边诵读咏雪词，已能背过了。我登上了太行最南端的小山头，望广大平原，村庄隐约可见，数河流弯弯曲曲，似数条银带铺在地上，下山去，水渠纵横，潺潺而流，竹园片片，虽然已是秋后时分，但满地仍生长绿油油的菜蔬，啊，清化地区是如此多娇，人称“小江南”，真是引无数英雄竞折腰。告诉你反动派，你虽然暂时侵占了如此多娇的“小江南”，但“数风流人物还看今朝”！

路南游击战

面对国民党军的全面进攻，我军坚决执行中央“以歼灭敌人有生力量为主而不以保守地方为主”的积极防御战略方针，暂时放弃了解放区的一部分区域，国民党军立即抢占了这些地区。

国民党军为了全面控制占领区，对占领区采取了军事清剿、政治镇压、经济掠夺相结合的方针。一方面，收罗逃亡的地主、恶霸和地痞流氓，组织“还乡团”、保安队等反动地主武装，协助正规军对占领区进行连续的“清剿”、“扫荡”，企图消灭我坚持敌后斗争的地方武装和游击队；另一方面，建立反动政权，企图摧毁我基层组织，支持地主“反攻清算”、“倒田退租”，广立税目，横征暴敛，压迫人民群众和搜刮民脂民膏。

对此，中央在一九四六年十月一日和十一月十八日连发两份党内指示，指出：在敌人占领的地区“坚持游击战争，打击敌人，保护群众，对于目前牵制敌人，配合主力作战，对于将来实行反攻，收复失地，均有极重大意义”。要求各地“加强党的领导，在暂时被敌占领地区，发展地方武装，坚持游击战争”。

四十四团虽撤回路北山区，但在军分区的统一布置下，多次远道奔袭道清路两侧和路南敌占区，对路南的国民党军发起游击战，给敌以打击。

大油村战斗是奔袭路南的第一仗。马勇在日记中记述了这次战斗的经过：

10.21. 一.

早饭后，我即到分区开会，确定了到路南的行动，回来后已快中午，迅速地通知了部队。

下午四时即开始行动了，估计行程有七十余里。天刚黑即出了山口，拂晓前进入了目的地大张武村。一路行军倒很顺利，但我们部队没有作过长距离的行军，这还是第一次，所以走起路来，前面的走得并不快，后面的却直跑，走在后边的人真是疲劳，把司令员也气坏了。

杨庙附近的老百姓，已在顽军强迫下，夜间站起岗来了。部队路过村边，有的喊口令，个别村还打土炮，这些人真是不知死活。狗日的反动家伙，你们别笑得太早了，别太疯狂了，以后瞧着吧！

10.22.　二.

一夜行军疲困，到了目的地，布置了警戒及看了地形，很快地就休息了。醒来后，天已九时，吃了饭，询问了一下路南的情况。敌人的兵力很空虚，昨夜一二小队打杨庙、王卜吕，只有很少敌人，武阁砦就根本没有，小高小董只是些土顽，人数也不多，他们只要一听到我们来了，会很快要跑的！

老百姓跑了的很多，剩下的都是些老头小孩女人。我们刚来，老百姓都不知道我们是什么军队，一些反动的地主就对着我们谩骂起八路军来了，他们认为我们是“国军”。直到他们知道了我们不是“国军”，而是他们意想不到的八路军，却个个惊恐起来，有一个我们走时，叫他带路，他害怕，在路口却跳了井。

上午清化敌人出来了两个连，进到东西金城，被我一小队出去了四个班打跑了，狗日的真是个乱弹琴！

10.23.　三.

早二时出发，向东扫荡少数土顽，我们的任务是搞小董顽区署。部队迅速进了村子，但里面无敌人，老百姓也跑光了，找了半天好容易才找到了个老百姓，顽军只一二十个人在这里住，早已跑了。一二小队在官庄、小高也扑了空，拂晓时转至官庄宿营。

我们这次下来，部队声势浩大，昨日派小部队到莫庄活动了一下，碰到十来个敌人，把他追跑了，东面群众大为震动，说八路军到了莫庄，把散住各地的土顽也吓住了。他们下令叫老百姓都要跑，谁不跑谁就是“通八路”，受顽敌摧残压迫的群众谁敢不跑呢！我们到了官庄，村内简直找不到一个男人，剩下的都是些女人孩子，见了我们虽然内心里很高兴，但是不敢和我们多接近，这个村子敌人来了就杀了三四十口人，看村子的情形，真是有些凄凉！

九时武阁砦方向发现枪炮声，接着刘后亦发现枪声，先遣大队已和敌人接触上了，打了一个多钟头，先遣大队撤到卧牛庄，敌人未敢前进。另一股敌人进到大油村，开始向我驻地发炮，分区的决心是要消灭这个敌人，一二小队分别向大油村北南出击，我以三个分队在刘后截敌归路，12时以后战斗在大油村激烈地展开了，敌人被包围在村子内，我团的部队在刘后击溃了敌人，狼狈地向西逃去。我缴获了六箱子弹，两支枪，四箱炮弹，俘三名。武阁砦敌人听到这边打得很激烈，迅速地赶来增援，占领了刘后，就不敢前进了。我们攻击的各部队略受了些影响，黄昏战斗又发展到激烈阶段，敌人拼死地向西北逃窜了，一小队动作不坚决，放跑了敌人，结果一个漂亮的歼灭战变为击溃战了，敌人遗尸四五十具，给了他扫荡路南我军的当头一棒。

大油村这个地方，回忆起来真是我们的古战场了，四四年路南战役时，曾在此消灭了日本人一个中队，四五年又在此打了个很激烈的反扫荡战，这是第三次了。

以上日记中提到了十几个村名，为求准确，笔者对照百度地图一一做了查核：其中有些村名至今仍在使用，如张武村、小董村（乡）、东西金城村、官庄、卧牛庄、大油村等，有些可能是用字有误或后来改过，如杨庙村应为阳庙村，莫庄应为磨庄，刘后村应为留后村，武阁砦应为武阁寨（砦为寨的异体字）。有些地名比较特殊，如日记中提到的小高镇，今为三阳乡，是一九四七年为纪念同国民党军作战牺牲的小高区区长刘三阳而改。王卜昌村即今寨卜昌村，此村得名据说是当年武王伐纣时，曾在此地卜卦卜得“昌”字，于是伐纣大胜，便命名此地为“卜昌”。寨卜昌村不但是焦作地区远近闻名的清代古村落，很有历史渊源，还是河南省的红色教育基地，一九四七年秦基伟的晋冀鲁豫野战军第九纵队就是在这里成立的，村中至今还保存着九纵司令部的旧址。

十一月中旬，马勇率团在一次突袭战中端掉了“反动堡垒”北朱村：

11.12.　二.

经过了几天的侦察，北朱村消灭“还乡团”的战斗，决定今晚要打响了。

北朱村，这个反动的堡垒，五六百户的一个村子，“还乡团”有廿七名，分驻在三个大炮楼里，附近的小村的地主特务们，也认为这村“保险”，夜间都来这里聚伙，他们已给自己找好了坟墓。

晚十时战斗开始了，我们很迅速地进入了村子。这些“快死鬼”还在喊叫“有人啦！注意！”他的话声未绝，战士们的手榴弹已落到了炮楼顶上了，我随后紧跟着进入了东大炮楼的院内，炮楼上已鸦雀无声了，我命令战士们放火烧着他的楼门，火着了，炮楼上的人慌了，急忙地下来投降，一个个羔羊似的束手被擒了，数了数有卅多个。

盘踞在西头两个炮楼的“还乡团”特务们，还在顽强地抵抗着。部队马上攻了上去，这些家伙还很顽强哩！手榴弹打完了，就以砖瓦应战，你这能吓住我们身经百战的勇士们吗？

“一网打尽，不使一个特务漏网”，成了战士们的口号，四分队迅速地解决了大街路南的炮楼，不一会儿路北的炮楼也烧着了，我们喊话叫他下来，但他仍不下来，只有烧死他在里面了。

回来统计了一下，连打死带捉回的有六七十名，北朱村的反动堡垒是摧垮了。

北朱村位于焦作市西部，离博爱县县境不远，是一座著名古村落，村中保存有古朴典雅的明清古民居一百二十多座。其中，明朝初年重臣张昺（做过明建文帝的兵部尚书和礼部尚书）的祠堂和奶奶庙是代表建筑、省重点文保单位，是研究中原民居的“活化石”。北朱村近年来被省有关部门评为“中国传统村落”——昔日战火硝烟散去，今日已是旅游怀古之地了。

撤而复建

一九四六年十一月下旬，四十四团一度被撤销了建制。

刚刚成立一年多的四十四团，建制为什么会被撤销呢？

原来，在敌强我弱的形势下，军区领导根据中央关于到敌人占领区打游击战，牵制和消耗敌人的指示，决定将分区主力部队分散活动，充实到各县，健全完善县独立营组织，以便更为机动地开展游击战争。分区决定，四十四团化整为零，分散到修武、武陟、沁阳等县，留在道清路南与敌人展开游击战。

十一月二十三日，黄新友司令员在博爱县下伏头村召开四分区团、县级干部会议，宣布了这次调整。分区决定：马勇调四十六团（拟建）；卢路带四十四团一部到修武县独立营，任政委；崔殿宸带一部到武陟县独立营，任政委。

部队要分散，老战友又即将分离，心情自然不好受。马勇在这天的日记中写道："四十四团是我们在修获武一手创建起来的，惨淡经营已近二年，这次分得这样散，总觉得有些留恋。"

留恋归留恋，上级的决定肯定要执行。决定宣布后，马勇和其他团领导开始处理部队解散的相关事宜。因四十四团在晋城县高都镇（今属泽州县）和陵川县附城镇办有合作社，部队解散了，合作社要移交给分区供给部，所以，在十二月初，马勇和团里分管后勤供应的干部到高都、附城办理移交和看望安置伤病员。

到高都镇首先要过晋城。

晋城古称泽州，是一座千年古城，晋东南通往中原地带的门户，当时属太岳区，是太岳区内商业最繁华的城市。

马勇在十二月五日的日记中写道：

好久没到后边来了，这次来到晋城也是出我意料之外。前方的情况是那样的紧张，斗争是那样的激烈，这个时候正是我们革命军人效忠自己的祖国、自己的阶级、自己的人民的大好时候，要不是组织有所变动，你做梦也想不到会来这里！

晋城是太岳区商业最发达的城市，敌人在进攻道清线时，飞机曾向这里做过扫射，把过去的和平空气扫荡了一下，商店及机关都备战着。最近因为情况缓和下来，商店又都开了门，仍然是很热闹的。

我们来这里，并没有什么重要工作，可是住了一两天也是很忙的，推头呀，洗澡呀，照相呀……都是干了这些事。这个生活给久处前线的人增加了很多的调味！

这天的日记后面有一段记述了在晋城街头偶遇两位冀南老战友的事，已录在本书关于冀南斗争一章中。

马勇一行在晋城小住两天后到了高都镇，然后又到了附城镇，任务相同，都是处理合作社的交接。

说到部队办合作社抓生产，马勇还是有些小自豪的。

“生产自救”、“发展经济，保障供给”的方针是抗日战争进入相持阶段，特别是一九四二年日伪军残酷“大扫荡”后，中共中央针对陕甘宁边区和华北敌后根据地的经济困难局面而提出的，旨在打破日伪军对根据地的经济破坏和国民党对根据地的经济封锁。主要从一九四三年开始，陕甘宁边区和华北各根据地陆续开展了“大生产运动”和其他的生产自救活动，收到很好的效果。人民负担大大减轻，军民生活明显改善，党和人民群众的血肉联系得到加强。

四十四团驻地博爱、武陟一带是晋城和焦作的煤炭转运至中原地区的交通枢纽。利用这一优势，四十四团在抗战胜利后的国共和谈期间办起了转运煤炭的合作社，发了一笔“小财”，成了其他兄弟部队羡慕的“富裕户”，被称为“军中财神爷”。

做煤炭贸易最早是由二连开始的。二连当时驻在武陟县西王家庄一线，是通往新乡的要道。新乡的国民党军在蒋介石的指令下，对我解放区实行经济封锁，禁止布匹、棉花、药品、日用百货甚至是食盐和粮食运往解放区，企图在经济上困死解放区军民。于是，我解放区也针锋相对，对新乡国统区实行反禁运，严禁焦作的煤炭运往新乡。新乡一时闹起煤荒。

二连连长王志学看到这种情形，经请示团长，在不影响部队作战训练的情况下，带领少数人在小高镇办了一个煤炭贸易行。

小高镇是焦作和新乡之间的一个商业重镇，焦作的煤运往新乡必经小高镇。二连的煤炭贸易行通过一个在焦作和新乡之间做生意的布行老板，把煤炭秘密运到新乡，又从新乡换回了布匹百货，甚至还换回了两挺轻机枪和不少子弹。互通有无，焦作解放区和新乡国统区打开了贸易新局面。

马勇后来总结推广了二连的经验，由团供给处牵头，在全团各驻地普遍建立了合作社，抽出专人专门从事煤炭贸易。不到一年的时间，全团创收冀南币[①]上百万元，改善了部队生活和装备，打破了国民党的经济封锁。

马勇在日记中写道：

> 高都是我们合作社的所在地，我们的工作也主要在这里。
>
> ……
>
> 我们的生产工作，说起来还算是有成绩的，记得我团由七分区来时，真正是个“贫农”，可是经过

---

① 冀南币，晋冀鲁豫边区创办的冀南银行在一九三九年发行的货币，分太行、太岳、平原版，流通于晋冀鲁豫边区，一九四八年成为华北解放区本位币，同年底停止发行，由人民币代替。现今已成为钱币收藏中的珍品。

了大家的努力，在今春转运煤炭起了家，一下子就变成了“富农”。当时曾引起一场骚动，外面风声很大，感觉咱们发了大财，其实也仅够开支，不过是一个“暴发户”，所以格外刺眼些。一年来生产为部队服务的方针基本上做到了，全年给部队的开支是一百多万，主要是解决战士的一些日用东西，如小碗、衬帽、牙刷牙膏等，再就是医药材料及兵工装备的开支。我们检讨为战士服务的精神还是不够，下面还有些意见，值得今后生产工作上注意的。（十二月十一日日记）

从高都到陵川府城镇（应为附城镇——笔者注）有六十里路，我们一行十几个人，顺着大路走着唱着，颇不寂寞。路过记山村（应为积善村——笔者注），到医院去看了看我们的伤病员。这里只有少数的几个同志，见到了刘俊、王同积两个排长，他们的伤都还没有危险，精神都很好。他们见我们去了，内心里有说不出的高兴，有的同志高兴得说不出话来，两眼只是傻瞪着。有些能走的同志都集中在一个屋子里做了慰问，不能走的我们也挨号走遍了。因为还要赶路，所以停不多久，就辞别了这些曾经为人民流血的功臣，继续地踏上了路程！

天黑才到了府城镇。

在这里的工作，仍是清理物资及慰问伤病员。正好工作完了，分区首长也来了信，催我们很快地回去。

风言风语的，近几日有些传说，“大区组织又有变动”，“成立野战旅调走××××部队”，新的司

令员也来了，这些引起了内心的一些不安。（十二月十四日日记）

十六日，马勇赶回四分区的驻地博爱县汉高城村，四分区正在这里召开团以上干部会议。

果然如大家所议论的，四分区领导班子有了新的调整。黄新友调回太行军区，军区参谋长何正文①调任分区司令员。这次会议的内容就是欢送黄新友司令员，迎接何正文司令员，同时部署工作：

回到了分区，干部会已进行了一天。昨天的会上，“迎新送旧”，开辟与创造四分区的领袖之一黄司令员被调赴军区，前太行军区参谋长何正文同志来分区任司令员。昨天我都见过了，也就席作了“欢送”，各祝了一杯酒。（十二月十七日日记）

在这次会上，又决定马勇不去新建的四十六团，改任新成立的沁河支队支队长。

对于这次调动，马勇的思想有了波动。在十七日的日记中马勇写道：

这个工作我是有意见的，我本来在野战部队出来，近几年到了地方兵团，这在军事锻炼上对个人是很大损失，……对现在工作不满意主要是过去自己创造的部队，一旦分遣现在又重新组织新的单位，组成上不如以前好，特别新单位什么也没有，是要靠你打天下的，这打天下的滋味我是尝够了，……

① 何正文（一九一七—二〇〇〇），四川通江县人，开国少将。一九三二年参加红军，历任太行军区参谋长、四分区司令员、第九纵队参谋长等职。新中国成立后任成都军区副司令员、副总参谋长。在副总长任上，曾参与二十世纪八十年代中期“百万大裁军”方案的制定，被誉为“百万大裁军”的“主刀人”。

经过了各首长的谈话，思想才算是接受了，当然在这紧张斗争环境中，党需要你工作，作为一个党员来说，只有愉快地接受了！

沁河支队原是抗战时期在晋南豫北成立的一支地方武装，活动在济源、沁阳、晋城、阳城太行山沿线和沁河两岸，后合并到太岳军区的其他部队了。这次为了坚持道清路南的游击斗争，又以沁河支队的名义新成立了一支部队。十二月下旬，新成立的沁河支队拉到博爱县寨豁乡整训，马勇愉快地上任了。

好在四十四团撤销的时间不长。一九四七年初春，随着国民党军全面进攻势头的减弱，军区又决定恢复四十四团建制。

新恢复的四十四团，实力更加壮大和充实了。除原建制的修武、武陟、沁阳三县独立营归建外，又编入了温县独立营，部队扩大到三个营九个连，一千二百多人，成为一个名副其实的大团。马勇仍任团长，卢路政委他调，原武陟县县委书记张俊卿调任政委，崔殿宸任副政委，陈曼迪任政治处主任。不久，张俊卿政委他调，崔殿宸接任政委。

从一九四五年五月成立，到一九四七年春天，近两年的时间，四十四团从无到有，从小到大，从弱到强，经历了脱胎换骨的改变。而马勇作为这支部队的军事主官，在作战中逐步形成了“英勇顽强，灵活果断，不畏艰险，指挥靠前”（崔殿宸语）的指挥风格，赢得上级的器重和战士们的爱戴。

第五章　驰骋豫北

重新恢复建制的四十四团，活跃在豫北地区。随着队伍的壮大，马勇肩负的任务也更重了。

墙南阻击战

墙南阻击战是四十四团重建后的第一仗。

内战爆发以来，国内战场形势像一只哑铃，国民党军进攻重点一头放在陕北，一头放在山东，晋冀鲁豫地区是哑铃中部，压力稍轻。

一九四七年四月初，为了减轻陕北、山东战场的压力，打破国民党军的重点进攻，晋冀鲁豫野战军主力和晋冀鲁豫军区一部共十余万人遵照中央军委指示，在河南北部对国民党发动了战略性反攻作战，这次作战在解放战争史上被称作“豫北攻势”。

经过一个多月的战斗，我晋冀鲁豫集团先后攻克县城和据点数十个，歼敌五千余人，解放了黄河以北、平汉铁路以东的广大地区。战斗过程中，陈锡联任司令员的晋冀鲁豫野战军第三纵队在平汉路东淇县和浚县之间围住号称国民党军“主力中的主力”的第二快速纵队（即整编二十七师四十九旅）。

所谓“快速纵队”即机械化部队，由卡车、榴弹炮、坦克等美式机械化装备组成，人数虽不多，但机动性和战斗力极强，是蒋介石的“心肝宝贝”。国民党军当时一共只有五支这样的快速纵队。

得知第二快速纵队被共军包围的消息，蒋介石和顾祝同（国民党陆军总司令）急令驻焦作的新三师速来东援，以解四十九旅之围。

太行军区首长得到情报后，即命四十四团和四十七团阻击新三师于平汉路以西，并伺机歼敌，以减轻陈锡联纵队的压力。

一场阻击战在焦作以东修武以西的道清路沿线展开。

四月三日深夜，马勇率四十四团从道清路北猛虎下山般直扑修武县卧龙岗村，将卧龙岗村守敌全歼，并将卧龙岗以东的铁路破坏，使道清路陷于瘫痪。

第二天拂晓，探知敌新三师主力正集结在墙南村，见东援的路已封死，企图向西逃回焦作。到嘴的肥肉岂能放过，马勇立令一营向墙南村展开攻击，二营三营相机出击。

墙南村位于焦作市东南郊，是一座有历史渊源的古村，在古时曾是山阳县（因在太行山之南而得名，今为焦作市山阳区）县治所在地，现在村北还有“山阳故城”遗址，城内存有城隍庙、法明寺、汤帝庙等古建遗址，近年已被列入全国重点文物保护单位。

墙南村战斗进行得十分激烈。一连连长刘绍普带领一个排率先从东面突入村中，随即与敌展开巷战，连续打退敌三次反扑。二连连长王志学外号“猛张飞”，率部突入村内后，在一处大庙遇到敌人顽强抵抗，二班战士冲入庙内，与敌展开了肉搏战。这时，崔殿宸政委和警卫员闫世群赶来增援，经过一番激战，终将这股敌人击溃。但二班战士却全部牺牲，崔殿宸、王志学和闫世群也负了伤。

敌人仓皇向西逃窜，马勇命令待命的二营三营立即投入战斗，和兄弟部队四十七团一起追歼逃窜之敌。

平汉路以东的战场上，陈锡联纵队在兄弟部队的帮助下，解除了后顾之忧，最终全歼被困在大胡营小胡营的国民党军“快速纵队”四十九旅，生俘少将旅长李守正。

墙南阻击战为豫北攻势的胜利作出了贡献。

解放温县

四月十二日，四十四团打完墙南阻击战返回武陟，顾不上休整，又参加了解放温县的战斗。

温县地处焦作以南，因境内有温泉而得名，是有名的“铁棍山药”之乡，三国时期著名军事家司马懿的故乡。温县在日本投降时本已被我八路军收复，在一九四六年十月蒋军全面攻势下又得而复失，曾经当过“皖北游击司令”的国民党少将于锦江自告奋勇当了县长，一上任就招兵买马扩充实力，又在县城内修筑五个大碉堡和十几个小碉堡，企图固守城池，长期经营。

面对温县这座顽固“反共堡垒”，四分区决心端掉它。十二日晚，四十四团、四十六团和沁阳独立营等在何正文司令员率领下乘黑包围了温县县城，次日凌晨突然发起总攻。

马勇率四十四团从东城门迅速冲上城墙，不到十分钟，东门告破。部队冲入城内，包围了伪县政府，于锦江等钻进“核心碉堡”，企图负隅顽抗。马勇派爆破组炸掉两座碉堡，但“核心碉堡”几次攻击均未能攻下。战至下午七时，崔殿宸建议用火攻，马勇马上命炮兵连长周士喜向敌发射燃烧弹。炮弹准确命中，“核心碉堡”顿时一片火海。于锦江率残敌企图向东突围，却正巧落入我军包围之中，乖乖当了俘虏。

此战，历经十小时，一举毙敌一百余人，俘国民党县长于锦江以下一百二十余人、地主恶霸一百三十余人，缴机枪五挺、步枪一百二十余支、电台一部，温县县城重新回到我军手中。

有个细节值得一提，于锦江有一匹坐骑名曰“响肚马”，速度极快，一跑起来肚子还“咕咕”作响，故得名——于“县长”被擒，此马的主人可就变成马团长了！

温县解放后，温县人民武装与沁阳、孟县独立营互相配合，协同作战，使以温县为中心的路南解放区迅速稳定下来并逐步扩大，焦作地区的敌我态势逐渐改观。从七月至八月，博爱、修武、沁阳、孟县、济源、武陟等县相继收复，焦作绝大部分区县获得解放。其后，武陟、修武等县有过反复，直至一九四八年十月，焦作地区全境解放。

解放温县后，在县城以北几十公里的古镇徐堡还发生了一个“抢夺飞机残骸”的小插曲。

五月三十一日，国民党空军第十一大队四十三中队的一架美制小型轰炸机因故障在徐堡附近坠落。活动在这一带的我沁阳、温县两个武工队立即赶到，把飞机上的机枪拆下，然后点火把飞机烧了。国民党沁阳县县长李德基和国民党河南省第四专署保安团团长王德林大概想向上司请功，李率沁阳集训总队五百余人，王率保安团六百余人，分两路扑向徐堡飞机坠落点，企图抢回飞机残骸。马勇率四十四团三营及时赶到，在两县武工队配合下立即向敌发起攻击。

马勇在笔记本中记述了这次战斗：

五月卅一日，蒋机一架落于徐堡，引起了敌我双方的争夺战。

我活动于该地的沁温两个武工队早已把飞机烧毁了，机枪已拆下来。沁阳敌人王德林、李德基亲率三个营及三个乡公所企图抢回这架飞机，拂晓即进入了徐堡，另一路进入康庄。

果然不出我之所料，他来了便向我预先派出之武工队射击，武工队稀稀落落地还击了几枪，马上回来报告："敌人已到徐堡，可不知有多少人！"

部队顺着天然的地形、一道干了的小河沟往敌侧背运动，进至西冷，与李德基所率的一个营遭遇，我英勇战士们当即发起冲锋，新解放来入伍不到三天的张景生机枪手，首先打伤了李德基，打死了敌重机枪手。敌人支持不住了，狼狈地溃退，重机枪被我有名的徐明臣班背了下来。二排动作更勇猛，在追了敌人三四里路，又俘虏了敌兵二名，缴枪二支。

进入徐堡之敌，被我九连截住，欲进不得，欲退不能，他们只有听着李德基挨打，却不能有什么援助。七连追击李德基回来，又向徐堡敌人发起了进攻，这时可把王德林吓住了，他想着这是又来了后续部队，于是被打死的炮兵排长的死尸也顾不得搬，枪也未拿下去，夹起尾巴沿河堤北岸仓皇逃跑。

飞机的遗骸静静地躺在田野里，王德林只能望而生悲，高兴而来，扫兴而归，还挨了顿痛打，可是你在人民解放军的勇士面前，还有什么办法呢？

贵屯阻击战

一九四七年六月三十日，一次大规模军事行动，拉开了解放战争战略转折的序幕。

这天夜间，刘伯承、邓小平率晋冀鲁豫野战军第一、第二、第三、第六四个纵队共十二万人马在山东鄄城县临濮集至阳谷县张秋镇一百五十公里的地段上，开始强渡黄河，然后发起了鲁西南战役。一个月后，又于八月七日黄昏从鲁西南向大别山进军，这就是历史上著名的刘邓大军“千里跃进大别山”。

这个行动，标志着人民解放军从此在全国战场上由内线（指我解放区）转入外线（指国民党统治区）作战，从战略防御转入战略反攻。

刘、邓率主力部队南下中原，挺进外线作战，晋冀鲁豫解放区由谁来挂帅呢？中央考虑许久，一直没有拿定主意。此时，正在延安养病并兼任抗日军政大学代校长的徐向前主动请缨重返太行。此举正合中央之意，于是，中央军委任命徐向前为晋冀鲁豫军区第一副司令员，在刘伯承司令员和邓小平政委率部南下中原后，同军区副政委薄一波、副司令员滕代远共同主持晋冀鲁豫中央局和晋冀鲁豫军区工作。

徐帅上任，继冀南之后，马勇又一次在徐帅领导和指挥下战斗。

八月二十二日，继刘邓大军挺进大别山后，太岳军区陈赓司令员和谢富治政委组成陈谢兵团南渡黄河，挺进豫西。

刘邓大军、陈谢兵团再加上由华东西进的陈粟大军在中原摆出“品”字阵型，直接威胁蒋介石集团的中原腹地和南京、武汉老巢。

在一九四七年六月刘邓率晋冀鲁豫野战军主力南下之后，太行四分区第二团和四十五团编入第九纵队随陈谢兵团挺进豫西，四十四团成为留守二线的主力部队，在保卫和扩大晋冀鲁豫解放区的战斗中发挥着越来越重要的作用。

遵照上级安排，团参谋长何雨农调入九纵随陈谢大军南下，上级调李兴汉任副团长，张文晋任参谋长，充实了四十四团的领导班子。

九月七日，驻焦作的国民党军派出一个团又三个大队的兵力，企图乘四分区兵力减弱之机夺取博爱县城。分区首长得到消息立令四十四团前往阻击。

此时四十四团驻博爱县城城东的苏家作村。接到命令后，马勇立即率四十四团北上阻击，急行军十余里后在贵屯村与敌遭遇，打响了贵屯阻击战。

敌人在贵屯村外利用三个砖窑为掩体，迅速构筑了野战工事与我军抗衡。马勇先派一营于八日清晨向敌阵地发起试探性的进攻，由于敌人武器精良，火力密集，一营无法接近，只得退了回来。

马勇爬上一棵大树，用望远镜观察敌阵地，看到敌人在三个砖窑四周筑起的野战工事井井有条，武器火力配置也很合理，而且敌人正面与我军之间是一片开阔地带，如若正面强攻必遭重大损失。但敌阵背后是一片望不到边的高粱地，马勇顿生一计：何不利用这个有利条件，出奇兵绕进高粱地，打他个冷不防，对敌进行两面夹攻。

经过仔细观察和反复思考，马勇决定由张文晋率三营由西向东正面进攻，二营迅速绕进高粱地隐蔽在敌背后，同时发起进攻，夹击敌人。二营接受任务后立即从敌阵地南侧钻进高粱地，抄到敌人背后隐蔽待命。

河南的暑天烈日似火，高粱地里密不透风，战士们汗流浃背，不少人出现中暑现象，但大家都极力忍耐，等待进攻时刻。

时近正午，马勇发出进攻命令，三颗红色信号弹从贵屯村东冉冉升起，三营从西，二营从东同时向敌阵地发起猛烈进攻。敌军仗着武器好，以小钢炮、火箭筒、机枪顽强抵抗，硝烟笼罩着整个战场。最终东边阵地首先被二营攻破，敌军官带着残部向焦作方向逃窜。

贵屯阻击战，四十四团以一个地方部队的兵力击溃国民党军一个正规团，击毙副团长以下敌军二百余人，保卫了博爱县城，而四十四团也付出了血的代价，参谋长张文晋受重伤，一名副营长、一名连长和几十名战士牺牲。战后，分区副司令员安中原在参加阵亡将士追悼会上，称四十四团在这次战斗中所表现出来的精神为“贵屯战斗精神”。

二打长垣

一九四七年九月，根据太行军区命令，四十四团脱离四分区建制，编入新成立的军区独立旅，番号仍为四十四团。独立旅是太行军区的主力部队，由原二分区四十一团、五分区第五团和四分区四十四团组成，旅长由原四分区副司令员安中原担任。

成为太行军区主力部队后，四十四团开始在晋冀鲁豫边区机动作战。

刘邓大军于八月开始向大别山进军后，中原地区国民党军调集重兵围追堵截。敌强我弱，压力骤增。徐向前决定在豫北地区有所动作，以牵制敌军兵力，减轻刘邓大军压力。为此，晋冀鲁豫军区于十月成立了豫北指挥部，统一指挥部队行动，太行军区五分区司令员陶国清任豫北指挥部司令员，太行军区副政委甘渭汉任政委。

经过考虑，豫北指挥部计划首先攻克长垣县，拔掉国民党布在豫北的这颗钉子。

长垣县[①]在冀鲁豫地区的战略地位非常重要，西通新乡、南下开封，把守着黄河拐弯一段百余里的河段，是当时豫北敌人楔入我根据地比较深的一颗钉子。

驻守长垣的整编四十七师一二七旅三八〇团是国民党军的正规部队，武器配备精良，战斗力较强。加上地方自卫队、保警大队及各乡镇自卫联防队，防守兵力近三千人。守敌修筑了坚固的防御工事，城内外及城墙周围的主要地段地堡密布，火力配置很强。城墙外挖了两道护城河，两河之间除布满地堡外，还安上了一道铁丝网，城外的地堡与城内相通。另外还在西关和南关构筑了土寨和地堡作为城外据点。

晋冀鲁豫军区决定以太行独立旅三个团（四十一团、四十四团、五十一团）、太行五分区一个团（五十二团）、冀鲁豫独二旅三个团（四团、五团、六团）、冀鲁豫四分区两个团（三五六团、三五七团）加五个县大队共一万五千人组成攻城部队，攻取长垣。

十一月上旬，马勇率四十四团从焦作挥师西进，长途奔

---

① 长垣县，即今长垣市，位于河南省东北部，由新乡市代管。民国时曾属河北省，一九四九年属平原省，一九五二年平原省撤销，长垣县并入河南省。

袭三百余里，转至冀鲁豫平原，和兄弟部队集结于滑县上官村、岳村集、马栏集一带，备战攻城。

十一月十一日上午，豫北指挥部在大和村召开旅团级干部军事会议，决定以太行独立旅三个团和冀鲁豫独二旅三个团、太行军区五分区五十二团担负攻城任务；冀鲁豫军区四分区三五六团、三五七团及长垣、封丘、延津、原阳、卫南等五个县大队分布在滑县、延津、封丘三县交界处，扫清残匪，准备打援。

十三日，豫北指挥部正式下达了攻取长垣城的命令。

十七日十七时攻城战斗打响。没料想，长垣这块“硬骨头”竟然没啃下来。

是役，马勇率四十四团和冀鲁豫独二旅五团担任主攻，对西关和南关的据点发起猛烈的进攻，战斗十分激烈。由于敌人火力太猛，冲锋数次未能成功。为了减少不必要的伤亡，经过实地观察，指挥部决定避其锋芒，攻取敌人守备较弱的北门。战至十八日，敌人得到空投的大批弹药补给，防守更加顽强。

十九日拂晓，豫北指挥部接到情报，新乡敌人集结三个团支援长垣。指挥部见敌情有变，遂随机应变，改变作战命令，暂时撤回围城部队，集中兵力消灭外围之敌。四十四团和其他兄弟部队撤出了战斗。

在以后的一个月内，指挥部先后组织了豫北地区冯付集、黄营和淇门等战役，打击援军和地方顽军。

四十四团的任务是攻打淇门镇。

淇门镇位于浚县县城西南三十公里处，淇河与卫河汇流处的南岸，地衔浚、汲、淇三县，是淇河入卫河的门户，故名淇门。淇门古为重镇、集官道渡口、驿站码头和军事要冲为一身。

明清以至民国时期，卫河是华北的主要航道，淇门是卫河往来舟船停靠的重要码头，时常停靠舟船数十只，每年装卸货物的船只足有数千艘。镇中商业繁盛，万商云集，是当时粮食货物转运集散地。

淇门镇筑有坚固土寨，土寨外挖有水沟，国民党浚县地方武装一千余人守护。

十二月十六日战斗打响。马勇率四十四团在猛烈炮火掩护下，迅速靠近寨墙。经过两个多小时激战，将敌歼灭，淇门镇获得解放。此战消灭了国民党在浚县的有生力量，沉重打击了土匪、顽杂、恶霸地主的反动气焰，震慑了周围各县的反动势力，而且缴获了棉花布匹等一批重要物资。

在攻取淇门镇后，豫北指挥部得到情报，国民党新乡驻军为加强新乡守备兵力，已将驻守长垣的三八〇团调往新乡，由河北省保安十二团调防接替长垣防务。得知这一情况，指挥部决定再次攻取长垣城。报请晋冀鲁豫军区批准后，十二月十八日部队奉命向长垣开进，于十九日到位，再次对长垣形成包围。

二打长垣，四十四团再次担任主攻。二十日十二时开始攻击城池外围，“各主攻部队均于黄昏前后进入攻击准备位置，突击挖工事，经一夜晚之突击，将各种工事完成，并爆破鹿寨及开辟冲锋道路”[①]。

次日十四时总攻开始。总攻采取集中炮火轰击、炸开城墙实行突破的战术。在炮火的猛烈攻击下，北关东侧炸开

① 陶国清、甘渭汉：《攻克长垣战斗详报》，载《解放长垣城——纪念长垣解放四十周年专辑》，长垣县委党史资料征集编纂委员会、长垣政协文史资料研究委员会编，一九八七年十二月印制，第二十二页。

一个缺口，四十四团一营担任突击队，虽遭敌顽强抵抗，但“连续三次冲锋，最后还是首先登城”[①]。一营于十七时三十分冲上城墙后，坚守突破口，打退敌人多次反扑。经过三十分钟的战斗，北门防线被击溃，我军从北部攻进县城，向纵深发展。防守西门和南门的敌人闻讯后，纷纷夺路而逃，我参战部队奋勇追击，围歼敌军。其中，“二连战士朱子文一个人徒手缴一排人的枪十二支，十字连一支，俘十三人（是解放战士[②]）”[③]。

至十九时战斗结束，残敌基本扫清。

此役战果辉煌，收获颇丰——共歼敌八百余名，缴获火炮三门、轻机枪十挺、枪支八百五十余支、炮弹三百八十余发、各种子弹十四万五千余发、手榴弹两千三百余颗、军用物资五百余件、小麦五十二万斤。

战后，四十四团受到豫北指挥部嘉奖。

十二月，太行军区又扩大了队伍，以第一、第二军分区三个团组建一支新旅。于是，四十四团所属独立旅改称独立第一旅，新组建的旅为独立第二旅。

进入一九四八年，马勇团在胜利完成攻占淇门镇和长垣县等战斗后，没有回到太行老区，而是由冀鲁豫平原直接开赴更加广阔的战场，准备迎接解放山西全境的战斗。

---

① 马勇：《长垣战斗总结》。

② 解放战士，指在作战中被解放军俘虏从而加入解放军的国民党军士兵。在解放战争中，这部分战士是解放军兵源的主要来源之一。

③ 马勇：《长垣战斗总结》。

第六章　解放山西

从一九四八年一月至一九四九年四月，马勇率团转战三晋大地，在临汾、晋中、太原三大战役中，浴血奋战，摧城拔寨，用战斗迎来了山西全境的解放。

曲沃练兵

解放战争进行到一九四七年底，外线作战的刘邓、陈粟、陈谢三路大军完成了在中原的战略展开，开辟了广大的中原新解放区，把战争的主要战场推进到江淮河汉之间；内线作战的陕北、华东、晋冀鲁豫、晋察冀部队在反攻与进攻作战中，收复了大片失地，扩大了解放区。

留在陕北的毛泽东在一九四七年十二月二十五日的一次报告中对一九四八年开年的局势作出新的论断：

> 这是一个历史的转折点。这是蒋介石的二十年反革命统治由发展到消灭的转折点。这是一百多年以来帝国主义在中国的统治由发展到消灭的转折点。这是一个伟大的事变。这个事变所以带着伟大性，

是因为这个事变发生在一个拥有四亿七千五百万人口的国家内，这个事变一经发生，它就将必然地走向全国的胜利。[①]

中国人民解放军最高统帅在陕北米脂县一个小山村中发出的这个声音，充满着十足的底气和自信！

在全国战场，解放战争的战略反攻阶段到来了。

在华北战场，解放山西全境的时机也成熟了。

徐向前及时抓住战机，向中共中央和中央军委提出攻打临汾的设想。中央军委很快复电批准了徐帅的设想。

四十四团结束长垣战斗后，正在原地休整训练。一九四八年一月，马勇接到命令：结束整训，立即率全团到山西高平县集结，接受新任务。接令当晚，马勇率团挥师西进，跨过平汉路，以每天八十里的速度急行军，几天后到达高平县，驻米山镇。

二月初，徐向前报经中央军委批准，将太行军区的内线部队组建成野战部队——晋冀鲁豫军区第十三纵队。十三纵是继太岳军区的内线部队改编为晋冀鲁豫军区第八纵队后，又一支由晋冀鲁豫军区直接领导的野战部队。

四十四团编入新组建的十三纵。

十三纵司令员起初任命的是三纵副司令员曾绍山，但曾绍山正在大别山坚持斗争（任皖西军区司令员）未能到任，后调十四纵司令员韦杰[②]，韦杰于一九四八年八月太原战役开

① 《毛泽东选集》第四卷，人民出版社一九九一年六月版，第一二四四页。

② 韦杰（一九一四—一九八七），广西东兰县人，壮族，开国中将。一九二九年参加红军，历任一一五师六八八团团长、一二九师新一旅旅长、太行五分区司令员、晋察冀军区十四纵司令员、晋冀鲁豫军区十三纵司令员、十八兵团六十一军军长，新中国成立后，任川北军区司令员、六十军军长、成都军区副司令员。

始时到任。政委是徐子荣[①]，司令员到任前主持纵队全面工作。副司令员鲁瑞林、副政委袁子钦、参谋长白天、政治部主任郭林祥。

十三纵下辖第三十七、三十八、三十九旅。三十七旅由晋冀鲁豫军区独立师改编而成，旅长王诚汉；三十八旅由太行独一旅改编，旅长仍为安中原；三十九旅由太行独二旅改编，旅长钟发生。

晋冀鲁豫独立师的前身即是当年皮定均、徐子荣从太行军区带往中原军区的“皮徐支队”，亦即大名鼎鼎的“皮旅”。一九四六年六月中原突围后，“皮旅”入建华中野战军，改番号为一纵独立师，一九四七年十二月因战事需要调回晋冀鲁豫军区。皮定均留在华野工作。徐子荣随独立师回到晋冀鲁豫，这次新组建十三纵，出任政委。独立师主力团一团团长王诚汉任三十七旅旅长。独立师二团团长钟发生任三十九旅旅长。

四十四团编入十三纵后，改番号为三十八旅一一三团，使用三年的四十四团番号就此撤销。

一一三团团长马勇，政委崔殿宸，番号改变，人员未变。

十三纵成立的同时，晋冀鲁豫军区组成前方指挥所，徐向前任前方指挥所司令员，统一指挥八纵、十三纵及太岳军区、晋绥的吕梁军区各一部共五万三千人，准备攻打临汾。

马勇率部抵达的高平县（今高平市）属晋城地区，古称长平，战国时期著名的秦赵“长平之战”就发生在这里。高

① 徐子荣（一九〇七—一九六九），河南确山县人，一九二七年加入共产党，历任确山县委书记、晋冀豫省委宣传部部长、太行五地委书记、豫西地委书记、中原军区一纵一旅政委、晋冀鲁豫军区十三纵政委、六十一军政委。新中国成立后任公安部常务副部长。

平在抗战时期是革命老区，属太岳区，崔殿宸在调任四十四团前曾在这里工作过。移驻高平，崔政委感慨地说："这可是个好地方啊！山东的大枣高平梨。听说徐向前司令员要来看我们，我估计又有大仗要打啦！"

果然不出崔政委所料，二月九日，马勇接到纵队命令，带领全团连以上干部来到三十七旅旅部驻地的一座大庙前，和兄弟部队的干部共三百余人接受徐帅的接见，徐帅在讲话中宣布了攻打临汾的任务。

徐帅大病刚愈，人很清瘦，但精神很好，讲话清晰有力。他在谈到组建野战兵团的意义时，形象地伸出五指，然后握成一个拳头，说：由地方兵团改编野战兵团，有了统一领导、统一指挥、统一部署、统一行动，就像把五个伸开的指头攥成了拳头一样，打出去就更有力量了。今天我们的任务就是要把我们的拳头变成铁锤，狠狠打击敌人，完成克敌制胜的战斗任务。在谈到即将开始的攻打临汾的战斗时，徐帅要求部队要开展忆苦活动，苦练攻坚本领。他风趣地说：你们知道《西游记》里有个孙行者孙悟空，你们还知道《封神榜》里有个土行孙吗？这个土行孙本事可大着呢，他能钻到地底下挖洞子。咱们就要学学土行孙，把洞子挖到临汾城底下，让敌人坐土飞机上西天去！

徐帅的讲话使广大指战员们受到很大的鼓舞。几天后，马勇率一一三团移师位于临汾城南的曲沃县。

考虑到攻打临汾的艰巨性，徐向前向中央军委和刘、邓提出，攻城部队先在翼城地区集中整训，待开春后再攻坚临汾。刘、邓同意。二月十八日，中央军委复示"完全赞成"。

二月二十一日至二十三日，马勇到前指所在地翼城参加了攻城部队营以上干部大会。大会共有一千余人到会，徐帅亲自作战前动员。在讲话中，徐帅要求各部队要按照朱总司令的指示，把晋冀鲁豫部队培养为专门的攻坚部队，形成无坚不摧的铁拳头，打好解放临汾这一春季攻势的第一战役。

在攻打运城时担任前线总指挥的八纵司令员王新亭在会上详细介绍了运城战役的经过和体会，为有针对性地练兵提供了宝贵经验。

会后，热火朝天的练兵运动开始了。由于练兵动员大会在翼城召开，攻城部队也主要驻扎在翼城，因此这次练兵被称为“翼城大练兵”。

一一三团的驻地曲沃紧邻翼城。回到曲沃后，马勇传达了会议精神。按照前指要求，团党委决定先在部队中开展以诉苦教育为主要内容的新式整军运动。通过对恶霸地主、“还乡团”、蒋匪帮的控诉，对保卫土改成果、保卫父老乡亲的表决心，战士们的阶级觉悟和战斗士气有了极大提高。

很多年轻朋友经常会问笔者一个问题：内战初期，国民党拥有四百多万军队，装备优良，后援充足，飞机坦克大炮；而共产党只有不到一百二十万军队，其中一半还是地方部队，武器装备简陋，“小米加步枪”。为什么在短短的三年多时间内，国民党就土崩瓦解、一败涂地呢？

当然，这个问题不是三言两语就能说清的。因素很多，政治的、经济的、军事的。而军事上又有战略上的、战术上的等等。毛泽东在一九四八年三月七日为中国人民解放军总部发言人起草的评论《评西北大捷兼论解放军的新式整军运动》一文中的一番话，或许会给这个问题一个更为深刻的答案：

> 由于诉苦（诉旧社会和反动派所给予劳动人民之苦）和三查（查阶级、查工作、查斗志）运动的正确进行，大大提高了全军指战员为解放被剥削的

劳动大众，为全国的土地改革，为消灭人民公敌蒋介石匪帮而战的觉悟性；同时就大大加强了全体指战员在共产党领导之下的坚强的团结。在这个基础上，部队的纯洁性提高了，纪律整顿了，群众性的练兵运动开展了，完全有领导地有秩序地在部队中进行的政治、经济、军事三方面的民主发扬了。这样就使部队万众一心，大家想办法，大家出力量，不怕牺牲，克服物质条件的困难，群威群胆，英勇杀敌。这样的军队，将是无敌于天下的。①

在进行新式整军运动的同时，马勇带领全团开展了攻坚军事训练。在训练中，以土工作业和坑道爆破为重点科目，采取了以老战士为骨干，以老带新，官兵互教的方法。训练中遇到困难和厌烦情绪，团长政委带头到各连蹲点，和战士们一起干，向战士们进行“训练多流汗，战时才能少流血”的引导教育，使战士们保持练兵的热情和士气。

马勇经过多年摧城拔寨的战斗，深知要攻破坚固的临汾城，减少伤亡，爆破是关键。他首先从各连队挑选一批战士举办了一期爆破培训班，教大家计算炸药当量、安插雷管、通过导火索长度计算爆破时间等基本技术。这批战士学会后又回到连队充当小教员。经过十几天的层层训练，各连队都有了爆破小组。同时马勇又深入连队蹲点，总结训练经验，及时在全团推广。

团宣传股长任一飞和宣传干事杨文彬编辑印制的小报《火线报》为练兵出了专号，标题还套了红。《马团长三连搞爆破试点》《赵世平班组成铁拳头》《王志学探亲揭鬼话》《五

① 《毛泽东选集》第四卷，人民出版社一九九一年六月版，第一二九四页。

连战壕辩论添干劲》等文章登在小报上，旅首长看到了，也称赞小报办得好。

攻克临汾

临汾战役是一场恶仗。

从一九四七年底徐向前率领八纵在西北野战军二纵（司令员王震）的配合下攻下运城之后，国民党军在晋南固守的城市只有临汾这一座孤城了。

尽管战前中央军委和临汾前指都预料到攻打临汾会很艰巨，但此战之艰巨程度仍出乎人们意料。临汾战役是解放战争进行到战略进攻阶段最为艰巨的一次城市攻坚战。

徐向前在回忆录中感叹：临汾战役“攻坚之难，时间之久，消耗之大，战况之惨烈，在晋察鲁豫军区发展史上，实属少见”。

临汾是晋南军事重镇，历来为兵家必争之地。这座古城，内高外低，全城被长达十公里的城墙包围。城门采用双瓮门设计。城墙基部厚达三十米，倾斜的墙面高达十五米，顶部宽达十米，可以并行三辆大车。城墙依自然地形砌成，远远望去，宛如一条伏在汾河东岸的黄牛，因此又得名“卧牛城”。

二〇一九年我们夫妇自驾到临汾，特意去看了临汾的城墙。经多年拆迁建设，现在只有城北的一段城墙保存下来了，高耸、宽厚，确实是坚固无比。这段城墙今天已辟为古城墙遗址公园。

临汾城在日军和阎锡山多年经营下，城内碉堡林立，火网密布，设三层火力点；城外依托村庄、高地、碉堡、壕沟，组成四道环形防线，每道防线上均筑有高达两丈左右的水泥主碉，周围置有集团工事、铁丝网、暗道、鹿砦、地雷等多种防御设施，环城外壕又宽又深，达八至十米，是一座易守难攻的坚固堡垒。

国民党守军有二万五千余人，胡宗南第三十旅两个团及一个炮兵营和阎锡山第六十六师是骨干部队，另有杂牌军和土顽武装八个团。守城总指挥是太原绥靖公署第六集团军副总司令兼晋南地区武装总指挥梁培璜。

我攻城部队八纵三个旅、十三纵三个旅，另有太岳军区一个旅和晋绥吕梁军区两个旅，共九个旅约五万三千人。但九个旅中只有八纵两个旅打运城时积累了一定的攻坚经验，其余部队均是刚从地方部队甚至是游击队升上来的，攻坚重火力严重不足（全军加起来只有九十余门火炮，而且三分之二以上是迫击炮），也缺乏攻打大城市的经验。

两军对阵，尽管我军在人数上占有优势，但在易守难攻的临汾城下，优势并不突出。

临汾战役原定三月十日打响。五日，前指破译了胡宗南给其三十旅旅长尹瀛州的一份电报，得知胡宗南将于七日派运输机到临汾尧庙机场接三十旅返援西安。

敌人要跑！徐帅当机立断，宁可增加自己攻城的困难，也不能让敌三十旅跑掉，增加西北战场压力。于是，决定战役提前至七日打响。

八纵于七日凌晨占领尧庙机场，打响了战役第一枪。

同时，马勇团奉命从曲沃西渡汾河，长途奔袭河西汾城县（今襄汾县）之涧头、马务一带，截住企图逃回临汾的阎军，一举歼敌七百余人。战斗结束后，九日夜冒着倾盆大雨，马勇率团从洪洞县甘亭镇出发，次日到达临汾城东南部。

攻打临汾，进攻重点应放在什么地方呢？前指首长经仔细观察和慎重研究，决定从城东突破：城西紧邻汾河，不好用兵；城南和城北是开阔地，无掩护物；城东临同蒲铁路，有临汾车站和站内的几十节破车皮可作为掩护，是我军隐蔽部队、接近城垣、实施突破的有利地带。

但临汾城东除主城外，还有一个护城，称为东关，面积有主城的三分之一大。这就犹如一个“吕”字：下部的“口”是临汾主城，有城墙环护；上部的“口”是东关，亦有城壕环护，是进出临汾的门户。

能否攻克东关，是攻取临汾城的关键。

临汾守敌也非常清楚，如果东关失守，临汾城即失掉屏障，势难防御，因此亦把东关作为防御重点，由阎军六十六师重兵扼守。

马勇团领受的第一个攻城任务，是拔除东关外围据点黄土堡，为攻夺东关扫清障碍。

黄土堡守敌为阎军一个连，工事相当坚固。马勇决定以交通沟迫近，再施以坑道爆破。经三个昼夜的土工作业，交通沟似蟒蛇般抵近敌据点，而坑道却因经验缺乏，掌握不准方向和距离，加之敌人不断以小部队和炮火骚扰，到预定攻击时间尚未完成。为了按时发起攻击，马勇决定舍弃坑道，而施以强行爆破。十五日十七时，攻击开始。但由于战士装药不当，强行爆破又未成功，最后只好施以强攻。在火力掩护下，我突击队用梯子登上敌工事，占领了该据点，歼敌四十余名，其中包括两名日军教官。

黄土堡据点失守，敌人不甘心失败，多次组织反扑。次日晨，东关内出来约两个连兵力，在炮火掩护下，通过一个未被发现的暗道攻入黄土堡，阵地得而复失。十七日，马勇再次组织攻击。这次佯作强攻，而以偷袭手段突然楔入据点侧后，经二十多分钟短兵相接，敌终不支，狼狈溃逃，黄土堡重回我手中。

虽然外围据点扫清，但由于我军装备简陋，又缺乏攻坚战的经验，接下来的东关攻城失利，城北攻城计划亦未实现，而且部队伤亡较大，至二十九日，前指决定暂停攻击。

东关没有攻下，部队伤亡又较大，上层有些指挥员对能否攻克临汾城产生了动摇，甚至建议撤兵。徐帅考虑："这个时候可以说是系胜负于一念之差的关键时刻，我们冷静分析，权衡利弊，认为取胜的把握甚大，绝不能被暂时的困难和失利吓破了胆，横下一条心，不拿下临汾，誓不回兵！"为此，前指在三月底召开攻城部队团以上指挥员会议，统一思想。徐帅在会上强调："一定要拿下临汾，打不下来我们围困也要把它围下来！"①

动员后，前指重新组织兵力，调整部署，以八纵二十三旅为主攻，于四月十日再次向东关发起攻击。这次进攻，用密集的炮火压住了敌人，炸开东关城墙数处，东关遂被我军攻克。

东关即克，临汾已是危城。为准备总攻，部队在围城的同时进入休整。

就在此时，河北战场出现异动。五月上旬，国民党华北"剿总"总司令傅作义联合阎锡山企图进攻石家庄，直接威胁到中央驻地西柏坡的安全。中央数电徐向前，要求临汾攻城部队抽出部分兵力，北上开至太谷附近，攻击和牵制阎军。尽管临汾战场也是用兵之际，但徐帅毫不犹豫抽调太岳一个旅和吕梁两个旅北上晋中，牵制阎军，使阎锡山未敢妄动，

① 《历史的回顾》下卷，徐向前著，解放军出版社一九八七年七月版，第七一九—七二〇页。

傅作义进攻石家庄的企图没有得逞。

临汾总攻预定十七日开始。

马勇团的任务是攻打东门外壕，为总攻扫除障碍。

由于十四日才接到任务，时间较仓促，地质状况又较复杂，原计划由四个连各挖一条坑道到东门外，结果在总攻开始前只有九连的坑道挖至目标。但时不我待，总攻不能延迟，至十七日凌晨只得爆破一条坑道。一声巨响过后，马勇率七连九连、崔殿宸率四连五连作为突击队，沿坑道开始向东门外壕攻击。由于坑道低窄，兵力运动困难，战斗进行得异常惨烈。三次强攻外壕，在敌人六面火力组成的射击网内均告失利，四个连的突击班有三个班几乎全部伤亡，只有九连四班突到东门瓮城外壕的爆破坑内，九名战士亦有五人负伤。副班长赵世平带领全班战士，打退敌人多次反扑，顽强坚守阵地。马勇带领三个连发起第四次强攻，从该班所占阵地直插敌外壕，消灭了壕内敌人，控制了东门外围据点。

十七日十九点三十分，总攻开始。

我军数十门山炮野炮迫击炮齐吼，东门炸开两个三四十米的缺口，马勇率部和兄弟部队一起攻入城中，展开逐街巷战。此时马勇接到命令，截击城西南部逃敌，遂率部疾进至西南部，截获逃敌三百余人枪。当夜，全歼守敌，临汾解放。

临汾战役历时整整七十二天，歼敌二万五千余人，生俘敌总指挥梁培璜、六十六师师长徐其昌。

担任攻城主攻的八纵二十三旅荣获“临汾旅”光荣称号，十三纵亦获嘉奖。马勇团首先突破外壕并坚守阵地的九连四班被命名为“赵世平班”，赵世平荣立特等功。

在收获胜利的同时，我军也付出了血的代价。全军共伤亡一万三千五百余人，占总兵力的四分之一。马勇团二营教导员郑巨富、连指导员范运及数十名战士牺牲。

临汾战役中，我攻城部队牺牲的最高指挥员是八纵二十四旅旅长王墉。三月二十二日，王墉旅长到临汾城北兴隆殿阵地察看地形时，被流弹击中头部牺牲。

王墉一九一五年出生于河北省乐亭县，早年随叔父闯关东，在哈尔滨求学，九一八事变后曾参加过马占山的抗日队伍。马占山失败后流亡关内，考入已迁北平的东北大学，入土木工程系学习。一九三六年加入中国共产党，参加了“一二·九”运动、山西“牺盟会”，先后担任沁源县公安局长、沁县游击队大队长、山西新军二一二旅五十五团团长、太岳五分区副司令员等职，是位年轻有为、智勇双全的优秀指挥员。“他作战勇敢，很有头脑，带兵严格，爱护下级，在部队中威望颇高”（徐向前语），牺牲时年仅三十三岁。

王墉留下了唯一的女儿林荣。林荣在母亲的抚养下、在有关组织部门的照顾下、在王新亭将军和夫人王维新等王墉生前老战友的关心下成长，和我的表姐潘丽娜是从小学（十一学校）一直到初中高中（一〇一中）的同班同学和密友，也是我敬重的大姐。二〇一九年我们夫妇去临汾瞻仰烈士陵园和参观临汾解放纪念馆，特意去祭拜了王墉烈士塑像①。

临汾的解放，拔掉了国民党在晋南的最后一颗钉子，太岳解放区和吕梁解放区连成一片。

临汾攻坚战是我军在解放战争中继攻克石家庄、运城等大中城市后又一次成功的攻城战例。虽然由于经验不足，在攻坚中出现了种种困难，也暴露了不少问题，但终究被克服了，为以后我军从运动战转为阵地战攻坚战积累了经验。中共中央

① 王墉烈士墓在新中国成立后迁至石家庄华北烈士陵园。

和中央军委对临汾攻坚战也给予了高度评价。毛泽东在战后的电报中说：

> 徐向前同志指挥之临汾作战，我以九个旅（其中只有两个旅有攻城经验），攻敌两个正规旅及其他杂部共约两万人，费去七十二天时间，付出一万五千人的伤亡，终于攻克。我军九个旅（七万人）都取得攻坚经验，是一个很有意义的大胜利。①

在临汾战役期间，由于晋察冀杨（得志）罗（瑞卿）兵团于一九四七年十一月攻克石家庄后，晋察冀和晋冀鲁豫两大解放区已连成一片，中共中央和中央军委于一九四八年五月上旬决定：晋察冀中央局和晋冀鲁豫中央局合并为华北中央局，刘少奇任华北局第一书记，薄一波任第二书记，聂荣臻任第三书记；晋察冀和晋冀鲁豫两军区合并为华北军区，聂荣臻任司令员，薄一波任政委，徐向前、滕代远、萧克依次分任第一、第二、第三副司令员。

晋冀鲁豫军区所属第八、第十三、第十四纵队（由冀南军区部队组成）编为华北军区第一兵团，徐向前兼任兵团司令员和政委，周士第任副司令员兼副政委，陈漫远任参谋长，胡耀邦任政治部主任（一九四八年八月到职）。后十四纵归华北军区直辖，由太岳军区部队组成第十五纵队列入该兵团建制。

晋中大捷

临汾一战，徐向前的华北一兵团打出了威风。

临汾战役刚结束，西北野战军彭德怀给中央去电，希望

①《历史的回顾》下卷，徐向前著，解放军出版社一九八七年七月版，第七三一页。

华北一兵团西进协助西野打胡宗南；华北二兵团杨得志、罗瑞卿也几次提出，希望一兵团进军绥远协助二兵团打傅作义。但是中央都没同意。毛泽东在一九四八年六月十八日给彭德怀等的电报中明确指出：

> 你们以七万人左右担负西北作战重任是很艰苦的，但别方面很难给你们以兵力上的直接援助。杨罗几次要求向前兵团协助打傅作义，你们现又要求该兵团协助打胡宗南。我们认为均不适宜。……向前兵团业已北上，日内发起晋中战役。嗣后，该兵团拟固定在晋中打阎，直至攻克太原为止。你们不要希望其西调。①

临汾战役结束不到一个月，华北一兵团即挥师北上，发动晋中战役。

晋中战役是解放战争中我军以少胜多的经典战役。中国人民解放军最高军事学府国防大学的教程中，曾精选了解放战争中的十次战役作为案例，排在辽沈、平津、淮海三大战役之后，第四位的就是晋中战役。

这里所说的“晋中”，与后来成立的地级市晋中市（晋中市成立于一九九九年，之前叫榆次市）不是一个概念，比晋中市范围要大。晋中战役的“晋中”，泛指山西省中部地区，大致区划是：南至灵石一线，北至忻县（今忻州市），东至太行山脉，西至汾河沿岸，包括介休、平遥、孝义、祁县、太谷、榆次、文水、交城、清源、徐沟（一九五二年清源徐沟两县合并为清徐）、晋源（一九五一年并入太原市）、汾阳等

---

① 《毛泽东军事文集》第四卷，中共中央文献研究室、中国人民解放军军事科学院编，军事科学出版社、中央文献出版社一九九三年十二月版，第四八四页。

主要县区，以平原地形为主，粮棉丰产，商贸发达，是山西的富庶地区。

笔者对这一带比较熟悉。当年初中毕业后曾响应伟人号召“上山下乡”、“接受贫下中农再教育”，和一帮同学到汾阳插队。

我们落户的村是冀村，当时叫冀村公社冀村大队，地处晋中平原西部，汾阳县东部，一年两季粮作物，比起汾阳西部吕梁山区的村子要富得多，在整个山西也是富庶之地。

我们村离著名的汾酒出品地杏花村不远，只有几里地。杏花村那时不叫杏花村，叫杏花西堡和杏花东堡，是杏花公社的两个大队，汾酒厂在西堡。著名的朦胧派诗人、被誉为我国“朦胧诗鼻祖”的郭路生（笔名“食指”）就在西堡插队，在那里创作了多首脍炙人口的朦胧诗，如《相信未来》《这是四点零八分的北京》等。郭路生和我们村的晓鹰、来来等人是多年的朋友，那时经常到冀村和我们相聚。夜晚，睡在铺着麦秸的大地铺上，郭路生一首《相信未来》听得如醉如痴，至今我还能一字不落地背诵全诗。

我们村那一带就是晋中著名的产粮区，夏粮小麦，秋粮玉米高粱。记得那时交公粮，队里种的一种矮秆高粱产量不高，却是酿酒的好原料，红彤彤的高粱就一挂大车直送汾酒厂——这是个美活，怀里揣个搪瓷缸子，到酒厂卸下公粮就可以悄悄溜进车间偷酒喝。我们村不少知青都去过。其中一个哥们不知深浅，一缸子下去就醉得不省人事了，这个故事至今还是我们聚会时酒桌上的谈资。

话题转回一九四八年。

六月的晋中，麦子熟了，麦浪滚滚，丰收在望。

临汾被克后，阎锡山集团的部队全部集中于以太原为中心的晋中地区。要想长期固守，首要问题是解决给养。看到麦子即将成熟，阎锡山决定集中优势兵力，下乡抢粮。而我军绝不能让粮食落入阎军手中，也下决心保卫麦收。

晋中地区，成为徐向前和阎锡山两大军事集团“掰手腕”的主战场。

能够统治山西长达三十八年之久，阎锡山这个“土皇帝”可不是个头脑简单的草包。我军在研究如何打败他，他也在琢磨如何防御“共军”。

很有意思，这年三月一日（电报代码为“寅东”），即临汾还未被我攻克之时，阎已预感临汾孤城难守，对部下发出一篇《寅东对各干部唯一活路的指示》。其中阎用特有的山西大白话总结了阎军屡吃败仗的教训和对共军作战的对策，说：“共匪不要城可是想出了个不要城的办法，就是会跑，使我们打他，百打百空”，而我们呢，“我们有飞机大炮，沾了这飞机大炮的光，学了个守，受了飞机大炮的害，没有学下个跑”。怎么办呢，就要学习共军的“跑”，要用好十二字诀：“万事俱备，只欠东风，一跑万有，一跑万胜”。

于是，阎锡山从三个主力军中各抽调一部，加上亲自组建训练的所谓“亲训师”、“亲训炮兵团”组成“闪电兵团”，执行机动作战，和共产党比“跑”。

对于阎锡山的这套对策，和阎打过多年交道的徐向前早就明察秋毫，胸有成竹。他在一次讨论战役计划的兵团会议上对大家说：阎锡山的“十二字诀”纯属无稽之谈。但我们对他“一跑万有”的“跑”字要十分注意，他的“跑”并不是寻机和我们进行决战，而是怕损失兵力，时刻准备逃跑。我们的正确应对方针是抓住战机，不使敌人轻易跑掉。

晋中战役开始前，阎锡山集团的兵力除一个师驻守大同外，其余全部驻守太原和晋中地区，共有五个军部十四个师、三个总队（相当于师）及几十个地方保安团、保安警备大队，约十三万人。

而我军参战部队有野战部队八纵、十三纵，太岳军区部队（八月十五日改编为十五纵）加上吕梁、太行二分区、北岳军区部队，共六万余人。

六万对十三万，而且我军打完临汾未及休整，敌以逸待劳，此仗如何打？

徐帅采取的策略是——出奇制胜。

首先，阎军完全没有想到我军刚结束临汾战役不久就挥师北上，思想和军事部署都未充分准备，打了敌人一个措手不及，这是一奇。

其次，从山西地形看，一般都认为我军会从南向北，逐步推进，而徐帅却将主力部队从东部山地运动到晋中东侧介休、平遥、祁县、太谷一带隐蔽，先由地方部队在平原地区保护群众麦收并诱敌出动，然后主力部队从东部出山，拦腰一击，这是二奇。

三者，阎锡山确实轻看了我军实力，认为刘邓、陈谢大军南下，留下的不过是地方部队，所以不惜以“亲训师”、赵承绶集团拿出来与我决战，却不料我军战斗力已非昔日可比，“确有伏虎吞鲸的能力”（徐向前语），实力出乎阎锡山意料之外，这是三奇。

最后，在战役最后阶段，阎锡山万万没有想到，我军居然大踏步北进，直插太原附近，从北向南拦头断敌退路，将敌陷入进退维谷的绝境，这是四奇。

战役开始前，徐向前率兵团指挥所从长治赶到祁县，将指挥所设在祁县县城东南方的古县镇神堂头村。这又是一“奇”——神堂头村离东部山区通往晋中盆地的出口子洪口只有十几里距离，而子洪口敌军修筑了要塞和碉堡群，有重兵把守。但徐帅艺高人胆大，认定敌人龟缩在要塞中不敢出动，在敌人眼皮子底下反而最安全。

二〇一九年春，我们驱车专程来到神堂头村，寻访指挥所旧址。指挥所设在村南半山坡上的一座小四合院内，院子坐落在一处高土坡的边缘，位置极佳，背后是山地，前面是开阔的平川。进可直接进入晋中盆地，退可安全撤入山区。近年，当地政府已将这里辟为“晋中战役纪念馆”，房屋进行了整修，院内立有徐向前的雕像。

马勇团在临汾战役后经过短期休整，即于六月上旬由临汾向东进发，经安泽，于太岳山脉东麓北转沁源、沁县等城向晋中开进，经十多天昼夜行军，到达太谷、祁县以南的来远镇、神堂头村、箭鋻村一带集结。

六月九日，兵团指挥所发布了晋中战役的命令。

十八日，马勇团奉命出击。根据指挥所命令，经过子洪口白狮子岭敌军要塞时，不与敌纠缠，快速绕道通过，于十九日凌晨到达榆次六台沟，即向六台沟敌据点发起攻击，敌一个连在睡梦中糊里糊涂就当了俘虏。

主力下山，迎头给了阎锡山两记闷棍：一是八纵的张兰镇战斗，一是十三纵的北营村战斗。

二十一日，八纵在介休张兰镇地区将阎锡山的心肝宝贝“亲训师”和“亲训炮兵团”全歼，取得张兰镇大捷。

二十三日下午，十三纵在平遥北营村将由平遥北撤的敌十九军军部及暂四十师包围。二十四日凌晨，三十八旅、三十九旅向北营村发起总攻，马勇指挥三营攻进村内，与敌人展开逐院逐屋争夺。战至次日十二时，除敌十九军军长温怀光、师长曹国忠率数百人逃回平遥城外，我军共歼敌三千一百余人，生俘十九军参谋长李又唐。

在临汾战役荣立特等功的三营九连四班班长赵世平在北营村战斗中又立新功。在总攻中，九连最先冲入村内。在村西南角，赵世平带领四班冲在最前面，冲锋枪手榴弹一通猛打，生生俘虏了敌人一个连，而四班只有一人负轻伤。

一直以来有个说法，说战斗英雄在战争年代一般能幸存下来的不多，因为战斗英雄在战场上总是冲锋在前，仗打多了难免伤亡。但赵世平却是有福之人，身经百战，却毫发无伤，解放后还光荣出席了首届“全国战斗英雄代表会议与全国工农兵劳动模范代表会议”，受到毛主席和朱总司令的接见。

首战惨败，阎锡山还未觉醒，令其第七集团军总司令赵承绶、副总司令元泉馨出马，亲临南线指挥作战，企图与我军“决战”。

这个元泉馨是个日本人，侵华期间曾任日军独立步兵第十四旅团中将旅团长。日本投降后元泉馨被阎锡山收罗帐下，委以重任，并以其手下日军为骨干编成暂编第十总队，由日军军官晋树德指挥，成为阎锡山固守山西的帮凶。

赵承绶虽是总司令，但昏聩无能，决断性差，一切都听元泉馨的。而元泉馨骄横刚愎，不把“土八路”放在眼里。接到阎锡山命令，元泉馨将阎军调至祁县平遥以东地区，寻我决战。

徐向前同赵承绶是老相识，全民族抗战初期就打过交道，深知此人秉性，于是决定利用敌之弱点，创造战机。

由于敌兵力集中，不易割歼，徐向前决定调兵北上，插入敌人背后，以调动敌人，寻机歼敌。

七月初，周士第副司令员从西柏坡中央驻地回到晋中前线，传达了毛泽东主席对晋中战役的指示。周士第是战役开始前被徐向前派往中央汇报战役计划的。在西柏坡，周士第当面向毛泽东汇报了战役部署。毛泽东赞成徐向前的部署，指示说：保卫麦收这个口号很好，可以动员广大人民参加。敌人要抢粮就要出动，你们就有机会在运动中消灭敌人。毛泽东同时指示：此次战役是保卫麦收的战役，但是战役的重心还是要放在消灭敌人方面，消灭了敌人就是最有效地保卫麦收。毛泽东的指示更坚定了前指歼敌的决心。

毛主席的指示传达到全军，全军更加奋起，“消灭敌人就是最有效地保卫麦收！”——毛主席的指示成为战士们的战斗口号。

徐向前令太岳部队向北挺进至距太原仅几十公里处的榆次东阳镇至太谷董村一带，并将榆次、太谷段铁路破坏，切断了敌北撤退路。赵承绶集团见状慌了神，企图沿铁路线撤回太原。太岳部队在此同赵承绶集团打了三天三夜，阻断了敌妄想通过铁路线回撤太原的生路。

敌军见铁路线回撤成死路一条，便转至榆次徐沟间夺路北窜。我十三纵全部和八纵一部抢先插入徐沟以东、子牙河以南一线，断敌退路。同时其余部队也调配到位，至七月七日晚，将赵承绶集团三万多人包围于太谷以北的大常村、小常村、西范村、南庄村等东西十公里、南北不足五公里的狭小地带。

这时传来一个不幸的消息。马勇团的上级领导、三十八旅旅长安中原在随一一四团迂回包围中不幸腹部中弹负伤，在送往后方医院后因伤重牺牲。安旅长在被送到后方医院抢救时，因无麻醉药，他让护士把自己的手脚绑在床上，进行无麻醉大手术，但终因伤势过重而不治。

安中原是安徽六安县人，一九三〇年的老红军。从一九四七年九月太行军区独立旅成立时起，马勇就在安旅长领导下工作战斗，是马勇的老领导。临汾战役攻打黄土堡，安旅长不顾安危，亲临前线帮助部队研究解决爆破问题，是一位受人爱戴的优秀指挥员。

安中原的牺牲，是继临汾战役王墉旅长牺牲后兵团牺牲的第二位旅长。安中原牺牲后，三十八旅旅长由三十九旅副旅长王海东接任。

敌军突围失败，于是将已占据的十几个村庄建成了临时据点，村边有地堡、野战工事、交通壕，村中各高大房屋都加强工事，企图固守待援。太原方向几乎每日从早到晚不断派出飞机，空投武器物资，加强敌军战斗力。

我军在打退敌人多次突围后，十日拂晓向围困之敌发起总攻。八纵从西南、十三纵从西北两个主突方向突入敌阵。激战数日，敌伤亡惨重，即分路逃窜。此举正中我军下怀，立即野战追击。

马勇率一一三团冲入敌最后据点小常村，敌军心已散，纷纷逃向野外。“逃敌狼奔鼠窜，战士们像捉小鸡似地捉了几百俘虏”[①]。

至十六日晚，全歼敌野战军总部及三十三军军部，歼敌万余，活捉赵承绶和三十三军军长沈瑞，元泉馨重伤后绝望自尽。

---

① 崔殿宸一九八七年十二月七日给潘镕的信。

在小常村聚歼阎军赵承绶集团一战中，一一三团创下歼敌上千名、缴获机枪等轻重武器三百多件而全团两千多人无一伤亡的战场奇迹。

在此期间，我兵团其余部队先后收复平遥、介休、汾阳、孝义、文水等城，并歼敌八千余人。

歼灭赵承绶集团后，三十八旅突接徐向前命令，要两个团迅速抢占距太原仅四十多公里的交通要道鸣李火车站，阻击由太原绥靖公署参谋长郭宗汾率领的“南援兵团”。马勇于十六日下午六时接到旅部命令，未及休整，立即带领全团连夜急行军，于十七日拂晓抵达鸣李车站，和兄弟团一起向守敌一个营发起攻击。敌军尚在睡梦中，没有防备。我军仅一个小时就解决战斗，拿下车站周边的碉堡和工事，占领了鸣李车站和鸣李村。郭宗汾的“南援兵团”闻讯未敢出动，迅速折回榆次去了。

攻占鸣李车站是晋中战役的最后一战，标志着晋中战役的胜利结束。

战役刚结束，中共中央即于七月十九日电贺晋中大捷：

聂荣臻、薄一波、徐向前、滕代远、萧克、贺龙、李井泉、周士第诸同志及华北和晋绥人民解放军全体同志们：

庆祝你们继临汾大捷后，在晋中地区歼灭敌一个总部、五个军部、九个师、两个总队及解放十一座县城的伟大胜利。晋中战役在向前、士第两同志直接指挥下，由于全军奋战，人民拥护，后方努力生产支前，及各战场的胜利配合，仅仅一个月中，获得如此辉煌战绩，对于整个战局帮助极大。现在我军已临太原城下，最后地结束阎锡山反动统治的时机业已到来。希望你们继续努力，再接再厉，为夺取太原，解放太原人民而战！

中国共产党中央委员会

一九四八年七月十九日[①]

晋中战役大捷后，山西首府太原成为中国人民解放军在山西境内最后一个战斗目标。

鏖战太原

晋中围歼赵承绶集团战斗正酣之际，深具战略眼光的徐向前已将目光转向阎锡山在山西最后的老巢——太原。

七月十五日晚，徐向前和周士第联名报告军委，提出拟在完成榆次以南作战后，即行北上，完成对太原的包围，有可能即夺取太原。次日，军委即复电同意。

于是，晋中战役刚结束，我攻敌部队便开始向太原附近运动，一边休整，一边练兵，准备发起太原战役。

八月四日，马勇到榆次相立村前委指挥所参加前委召开的扩大会议，会议传达了中央军委批准的“围困、瓦解、军事攻击”的攻打太原作战方针，徐帅代表前委作了晋中战役的总结报告和攻取太原的准备工作报告，号召全军加紧准备，求得在思想上，战术、技术上，政治、后勤工作上，完成攻打太原的准备。

尽管做了充分准备，但谁也没有料到，太原战役从发动至结束，持续时间竟长达六个月之久，是整个解放战争中我军围攻一座城市耗时最长的一次城市攻坚战。

① 《历史的回顾》下卷，徐向前著，解放军出版社一九八七年七月版，第七五一页。

太原战役原计划十月十八日开始。

正当我军逼近太原城郊，进行战役准备之时，太原守敌为了抢夺粮食，破坏我之战役准备，于十月二日先后出动九个师兵力，分三路从汾河以东、同蒲路以西向南进犯，进至小店镇（今太原市小店区）、南黑窑村、武宿机场一带。

此时，徐向前正在石家庄和平医院养病，周士第、陈漫远、胡耀邦等兵团首长决定乘敌脱离工事、利于我军运动战歼敌的有利时机，提前发起太原战役。

十月二日，东路之敌沿铁路南进，首当其冲就是一一三团守卫的鸣李车站，马勇率部在鸣李车站率先展开了一场保卫战。

从二日黎明至四日黄昏，敌在坦克大炮掩护下，连续向鸣李车站发起猛攻，二营阵地几次被突破，又几次被夺回。在兵团首长“坚决守住阵地，不许后退一步”的命令下，全团顽强战斗，保住了阵地，使东路这股敌军未能前进一步。

在四日下午的战斗中，三营八连阵地遭敌坦克群进攻。马勇见状亲自到前沿阵地指挥。在鸣李大练兵时，马勇曾总结出一套火力配合、用炸药包和集束手榴弹炸坦克的战术，此时正好发挥作用。马勇立即命令火力掩护冲向坦克的战士。

这时，一颗子弹击中马勇肩部，警卫员急忙上前包扎。马勇不顾伤痛，继续坚持指挥战斗。

此役，共炸毁敌坦克多辆，成功阻击了南犯之敌。战斗中，副班长田粮囤一人炸毁两辆坦克。其所在班被命名为“田粮囤班”，多人立功。

十月五日拂晓，我八纵、十三纵分别包围了小店、南黑窑，西北军区七纵东渡汾河，直插小店以北，刚由太岳部队改编的十五纵则插向武宿机场以北。经过几日激战，歼敌两个整师、三个团共一万两千余人。

现在一般战史写太原战役，均以十月五日这天为战役起点，而从战斗实际进程看，十月二日发生在鸣李车站的保卫战，才应是战役的真正起点。

晋中战役以攻占鸣李车站结束，而太原战役又以保卫鸣李车站开始，这也是很有趣的巧合。

二〇一九年我们夫妇来到太原时，除参观和拜祭设在东山牛驼寨的太原解放纪念碑、太原战役纪念馆和设在双塔寺的烈士陵园外，一个很重要的任务就是寻访这神奇的鸣李车站。由于我国铁路事业发展太快，鸣李车站已是今非昔比。我们驱车绕了很多弯路，最终才在一位热心的鸣李铁路机务段工作人员帮助下，找到了鸣李车站的原址和迁建的新址，了却了一桩心愿。

阎军尝到了我军的厉害，剩余全部兵力龟缩进太原城，企图凭借坚固工事，负隅顽抗。

太原城南为平川，北为丘陵，西濒汾河，东依东山，城墙高大，易守难攻。尤其是东山，距城四五公里，长达八公里，高出太原城三百米，居高临下，俯瞰全城，是太原的天然屏障。

太原城在日军占领时期就修筑了众多的工事。日本投降后，阎锡山又经营多年，在原日军工事的基础上，修筑了更多的碉堡和防御工事，号称“碉堡城”。在太原被围前，阎锡山曾召开了一次中外记者招待会，当时美国《生活》杂志记者卡尔·麦登斯参观太原工事后惊叹道：“任何人到了太原，都会为数不清的碉堡感到吃惊，高的、低的、长的、圆的、三角的，交叉配合甚至藏于地下的，构成了不可思议的严密火网。”

就在这次记者招待会上，阎锡山还演出了一场闹剧，哗众取宠地为自己准备了一口棺材，发誓“效法庞德，抬榇死战”，以示“不成功则成仁”。可笑的是，这个信誓旦旦的阎锡山早在我军破城两个多月前，发现势头不对，就借到南京开会为名乘飞机逃之夭夭了。

太原守敌计有正规军六个军十七个师（含总队），连同非正规军、联勤机关、特种兵等共约十万人。阎锡山甚至将日本战犯今村中将和岩田少将为首的千余日军，也投入守城部队序列。

在太原城多层次、大纵深的环形防御体系中，城东东山阵地首当其冲，号称“四大要塞”的牛驼寨、小窑头、淖马、山头阵地从北向南一字排开，是太原立体防御体系的重要支点。

要攻太原，必取东山。

我军攻城部队华野一兵团总兵力七万余人，再加上华北军区炮兵第一旅、陕甘宁晋绥联防军，还有支援华北一兵团作战的西北野战军第七纵队，总兵力为十一万五千人。

十月十日，徐帅不顾病情未愈，从石家庄后方医院赶到前线指挥所。

十月十五日，徐帅下达攻占东山阵地的命令。起初，由于兵力使用不集中，牛驼寨等阵地攻下又被阎军抢回。指挥部决定重新部署兵力，一个纵队攻一个要塞：七纵攻牛驼寨；八纵攻小窑头；十五纵攻淖马；十三纵攻山头。

十三纵首长将主攻任务交给三十八旅。旅部部署：一一二团先攻前沿阵地，然后一一三团主攻山头要塞，一一四团为预备队。

马勇在鸣李战斗负伤后入后方医院治疗，伤未愈即出院，正赶上攻打山头要塞的任务。

山头是东山新沟村一个有三四十户人家的自然村，位于太原城东南五公里处。阎军在村东一块约五百平米的高地上构筑了严密的要塞工事。工事由两部分组成，即大脑山前沿阵地和山头主阵地。主阵地劈坡高达六米，以两个三层钢筋混凝土碉堡为核心，周围十来个水泥低堡成环状拱卫，俨然一座坚固的城堡。两阵地间沟壑纵横，陡岩林立，之间有暗道连通。阵地与阵地之间、碉堡与碉堡之间均以轻重机枪构成交叉火力网。后面又与马庄、双塔寺、照壁坟等据点沟通，可以随时增援兵力和补给物资。阎军第九总队三个团重兵守卫。

十月二十六日，一一二团经过两天激战，拿下大脑山。二十八日夜，一一三团接守大脑山，作为攻打山头的攻击阵地。

当夜，副团长李兴汉在阵地前沿侦察地形，不幸踩雷牺牲。李兴汉是参加过长征的鄂豫皖老红军，到一一三团担任副团长后以身作则、配合默契，不料战前损将，令人扼腕。

攻打山头要塞的战斗十月三十日下午打响，至十一月十一日晚撤出战斗，浴血奋战了整整十三天。崔殿宸政委后来回忆说："山头战斗是我团最激烈、最残酷的一次战斗。"

困兽犹斗。山头战斗的残酷惨烈确实超乎寻常。在这十三天里，一一三团向山头要塞发起五次攻击，前三次均告失利，在敌猛烈的炮火和碉堡群交叉火力网的攻击下，部队遭受了重大伤亡。第二次攻击失败后，一一四团也加入进攻，仍未奏效。三次进攻失利后，纵队韦杰司令员、徐子荣政委和王海东旅长都来到前线，召开阵前扩大会议，研究破敌之策。会议决定全旅三个团同时投入战斗。

第四次攻击一一三团负责攻击三号和五号阵地。攻击前，马勇吸收军事民主会的意见，先派出两个突击小组潜入敌阵劈坡下，事先挖好炸药坑，埋好炸药。一营三连班长杨天岭接受了到五号阵地埋炸药的任务。当天，杨天岭带着战士田来玉，用门板做掩护，乘黑夜爬到劈坡下，选好爆破点开始挖炸药坑，怕弄出声响就用手挖，双手十指都磨出了血，用了两个多小时终于挖出一个炸药坑。然后杨班长又组织全班战士悄悄将五十公斤炸药和一个装满黄土的麻袋运到炸药坑，装好炸药，把导火索系上麻绳，然后压上黄土麻袋，撤回阵地。

次日晨，第四次攻击开始，三号阵地攻击受挫，五号阵地杨天岭班的炸药坑却发挥了威力。随着攻击炮火打响，杨天岭冲到劈坡下，拉响导火索。一声巨响，六米高的劈坡被炸塌，工事内的敌人也坐着“土飞机”上了天。但由于炸药量不够，上面还有两米多的劈坡没炸掉，敌军阵地的火舌随时威胁进攻的战士们。千钧一发之际，杨天岭冒着机枪火力抱起一个炸药包冲到坡下被炸开的软土中，拉响了炸药包，解决了阵地的残敌。而杨天岭因躲避不及全身埋进黄土中。战士们以为班长牺牲了，一会儿却见晃晃悠悠从土中钻出个泥人来。这时，连长命令杨天岭班从爆破班变为突击班，向敌五号阵地纵深突击。突到敌交通壕时因我后续部队受阻，杨天岭带领全班坚守阵地，打退敌四次反扑。全班战士两人牺牲、两人重伤，杨天岭也几次负伤，但一直坚持到天黑后续部队上来。五号阵地最终牢牢控制在三连手上。

杨天岭伤愈后被提为副排长。太原战役结束后，杨天岭立特等功，他带领的五班被命名为“杨天岭班”，授“爆破突击全胜”奖旗一面。这面奖旗后被中国人民革命军事博物馆征集收藏，曾在解放战争厅展出。

三号阵地四次强攻均未奏效，马勇和崔政委十分焦虑，轮番上阵地前沿观察、思索。同时向上级请示增发炮弹，准备再次进攻。结果要炮弹的请示惊动了徐帅，徐帅在给旅部的电话中说："几次打不上去，不是炮弹少了，而是炮弹多了，现在一发炮弹也不给，要想办法打上去。"

旅首长把徐帅的话传达给马勇，马勇受到启发，于是在阵前召集团党委会议，决定打破以往"非黄昏、即拂晓，先炮轰、后突击"的惯例，不打炮直接夜袭，再续以强攻。十日凌晨二时，马勇和崔殿宸将二营三营仅存的七十多名干部战士组成突击连，悄然突进，摸上三号阵地前沿。天亮后阵地几度易守，最终我军攻占了三号阵地。

三十八旅经十余天苦战，减员太大，已无法形成后续战斗力，纵队下令三十八旅撤出战斗，与三十七旅交接阵地。

十日上午，一一三团全体将士身披硝烟带着不甘撤出了战场。

当天，三十七旅接守阵地后，三号阵地又被敌人偷袭夺了回去。黄昏时，三十七旅一一〇团以两个连的兵力再次偷袭夺回，同时发现三号阵地与二号阵地之间有暗道，遂通过暗道摸上二号阵地，然后乘胜向纵深发展，拿下一号、四号阵地。十一日，山头要塞主阵地全部被我攻克。

战斗结束后，韦杰司令员登上山头要塞，举目望去："阵地上弹痕累累，草木尽摧，地面松土盈尺，碉堡已不成形，弹片、弹柄敷地一层，交通沟、掩蔽部为敌尸充填。"[①]

战后清点人员，担任山头要塞主攻任务的一一三团二营三营合起来仅剩四十余名战斗员！二营长武占国、教导员舒正国，三营长杜天凤以及大批营连排班干部和战士牺牲。

① 《韦杰回忆录》，广西民族出版社，一九八八年十二月版，第一二七页。

因攻打山头要塞，上级将“英勇顽强”奖旗授予一一三团。

战后休整期间，纵队、旅、团各级领导均对山头要塞战斗打得如此惨烈、损失如此之大做了认真总结。

马勇在十一月十九日写的《山头战斗总结》中，从敌情判断、兵力使用、临机指挥、纵深发展、梯队衔接、弹药供应、炮火支援等诸多环节做了总结，肯定了成绩，也指出了问题。

马勇认为，之所以攻打山头要塞如此艰难，其中很关键的一点是对敌阵地情况的误判。旅部在布置任务时，误把大脑山认作主阵地，而把山头认作一般野战工事。在总结中马勇写道：“28 日 112R 攻克大脑山三个阵地后，敌即退守山头。当时对敌情了解山头仅是野战工事，不坚固，守敌第九总队残部三百余人，后经我观察，知道敌工事纵深很大，发觉敌兵力较多，但不够明确。”

马勇在总结中也对临场指挥作了反思：“对山头敌人工事、兵力估计不足，虽然团有初步了解，但不够明确，也未经很好研究，提出具体方案来，只向旅提了一下，没批准就算了。因此在兵力使用上是有错误的，没有后续力量。”

对上级指挥机关，马勇在总结中也提出自己的意见：“及时了解下面情况，根据具体情况想出办法，这是不够的，只是下达了死命令，‘打完也要上’，从上而下地催。”

崔殿宸政委在谈到攻打山头阵地的教训时也说：“由于纵队、旅对地形侦察了解不确，只从正面观察，未深入纵深侦察，误把大脑山阵地当成山头主阵地，而把山头主阵地当作一般‘野战工事’，对工事的坚固性、复杂性、守敌兵力近三个团（介绍只三百余残兵）估计不足，因而在指导思想、战术部署及兵力使用上都发生了错误，以致旷日持久，屡遭挫折。”[①]

纵队首长也在认真总结山头战斗的经验教训，尤其是韦杰司令员，在不同场合多次提到山头要塞战斗。

攻下山头要塞后，纵队在围困太原期间组织了干部整训学习。一九四九年一月十八日，韦杰在报告中总结说：“情况是战役或战斗胜利的先决条件，是指挥员形成决心的基础。如山头战斗就是为一般的指挥员所忽视的。轻敌思想，误认大脑山是山头的主阵地，没从多面观察研究。捉住大脑山的副营长，并有山头阵地构筑图，而没有很好地研究。山头与大脑山敌人是共同重视，工事是同样坚固，其在敌人防御价值上也是同样重要的。山头低，大脑山是高的，两个阵地有联系，但能单独守，山头不是主阵地是不对的，这两个阵地合起来是主阵地。第二次总攻山头虽然知道了一些情况，也未研究，部署不适当，总攻不成功的主要原因是情况了解不清楚。”[②]

三十年过去了，韦杰将军在晚年写的回忆录中又一次提起山头战斗：“由于对敌情了解不够，开始误把大脑山阵地当山头要塞的主阵地，把山头要塞的主阵地当一般野战工事，产生了轻敌思想。在作战指导思想、战斗部署、兵力使用上都发生了错误。”[③]

印记之深，教训之痛，可见一斑。

总结经验，以利再战。世上没有常胜将军，也没有不犯错误的军队，中国人民解放军就是在失败与挫折中不断总结、不断提高，从而成长壮大的。

---

① 崔殿宸一九八七年十二月七日给潘镕的信。
② 马勇记录的笔记。
③《韦杰回忆录》，广西民族出版社一九八八年十二月版，第一二六页。

攻下东山，太原之敌已成瓮中之鳖。

此时，辽沈战役已胜利结束，我东北野战军即将入关，会同华北野战兵团发动平津战役。为防止华北傅作义集团南逃，中央军委对太原采取了“围而不攻”的战略部署。

一九四八年十一月十六日，毛泽东为中央军委起草致徐向前、周士第电：

> 估计到太原攻克过早，有使傅作义感到孤立，自动放弃平、津、张、唐南撤，或分别向西、向南撤退，增加尔后歼灭的困难，请你们考虑下列方针是否可行：（一）再打一二个星期，将外围要点攻占若干并确实控制机场，即停止攻击，进行政治攻势。部队固守已得阵地，就地休整。待明年一月上旬东北我军入关攻击平、津时，你们再攻太原。（二）如果采取此项方针，杨罗耿部①即在阜平休整，暂不西进。②

遵照中央军委指示，太原战役前委命令部队，从十一月中旬起，在占领太原外围一些重要阵地、并以火力控制机场后，十二月初对太原停止攻击，转入长期围困，同时开展政治攻势。前委为此专门成立了对敌斗争委员会，由华北军区副参谋长王世英、兵团政治部主任胡耀邦负责，旅（师）以上党委成立了政治攻势委员会，团以下成立了指导小组。

马勇率一一三团进驻城东南的下黑驼村（今属太原市小店区北营街道），一面整训，一面对大方碉据点进行围困，展

---

① 杨罗耿部，指杨得志任司令员、罗瑞卿任政委、耿飚任参谋长的华北军区第二兵团。

②《建党以来重要文献选编（一九二一—一九四九）》第二十五册，中共中央文献研究室、中央档案馆编，中央文献出版社二〇一一年六月版，第六四六页。

开政治攻势。

大方碉位于上黑驼村附近的黑驼山山头上，属东山防御体系，是阎锡山太原防御体系中最大的一座碉堡，至今残迹仍在。碉堡四周除有战壕外，还有非常深的护城深沟。东面、北面都是悬崖峭壁，视野良好，能清楚看到山下。西面有交通沟与双塔寺阵地相连，南面是缓面。四周还有小型碉堡拱卫。方碉四角设有圆形炮楼，设计巧妙。

我军阵地和敌军阵地相隔只有几十米，最宽处也不到百米。在团政治处主任陈曼迪和宣传股股长任一飞、副股长赵健、宣传队队长杨文彬的带领下，一一三团的政治攻势搞得有声有色。除宣传我军宽大政策、农村土改形势、控诉阎锡山的反动罪行外，过年过节还送吃的喝的，阎军士兵和下层军官大为感动。从一九四八年十二月至一九四九年四月，大方碉阵地共有二百七十多人向我投诚。

一九四九年二月，根据中央军委关于统一全军编制及部队番号的命令，华北军区第一兵团改称中国人民解放军第十八兵团，直属中央军委，徐向前仍任司令员兼政委。所辖第八、第十三、第十五纵队依次改称第六十、第六十一、第六十二军。第三十八旅改称六十一军一八二师，师长王海东，政委王贵德。

按全军统一排序，一一三团改为第十八兵团第六十一军一八二师五四五团，团长政委仍是马勇和崔殿宸。

三月一日，兵团举行了隆重的命名典礼大会。

平津战役胜利结束后，中央军委决定将平津战场的第十九、第二十兵团及四野炮一师调至太原前线。三月初，兄弟部队抵达太原城下。

十七日，以十八兵团领导机关为基础，组成太原前线司令部、政治部，徐向前任司令员兼政委，周士第任副司令员，罗瑞卿任副政委，陈漫远任参谋长，胡耀邦任政治部主任。同时，成立总前委，成员为徐向前、周士第、杨得志、杨成武、罗瑞卿、陈漫远、胡耀邦、李天焕；徐、罗、周、陈、胡为常委；徐为书记，罗、周为副书记。

两军会合后，我攻城部队已达二十五万人之多，炮一千三百余门，而敌守军，尽管在城内强行征召年轻人入伍补充兵源，也只有七万二千人，已是强弩之末。

这时，中共七届二中全会已在西柏坡结束，毛泽东要解放军副总司令员、一野司令员兼政委彭德怀在返回西北途中到太原前线看一看，待太原解放后，即可将十八兵团和十九兵团调往西北作战，归彭指挥。彭德怀即在返西北途中来到太原前线，看望在榆次峪壁村养病的徐向前。此时，徐帅的结核性肋膜炎病情较重，肋膜两次出水，胸背疼痛，身体很虚弱。徐帅向彭总介绍了攻打太原的部署和准备情况后，提出希望彭总留下来指挥攻城。彭总虽对敌我情况均不很熟悉，存在种种困难，但从大局着想，慨然允诺。在报请中央军委批准后，彭总便留在太原指挥作战。当时商定，为避免影响军心，下命令、写布告，仍用徐向前的名义签署，实际指挥由彭总承担。

彭总接任后，熟悉部队、观察地形、了解敌情，一直在前线奔忙。经同总前委其他领导商定，决定仍按原定部署，四月二十日发起总攻。

马勇团先于总攻投入战斗，任务是和五四六团一起从太原城东南插入，攻击敌松庄南岭据点，给敌指挥造成错觉，以掩护十九兵团城南主攻方向。

十九日二十一时，松庄南岭战斗打响。五四六团正面攻击一号阵地，五四五团从侧后攻击二、三、四号阵地。马勇率一营从松庄沟迂回插入敌后，三营跟进扩大战果。当晚，二、三号阵地即攻克。经短暂休整，至二十日晨，四号阵地亦攻克，全歼守敌一个营。五四六团攻击也很顺利，全歼一号阵地守敌一个营，松庄南岭战斗胜利结束。

二十日凌晨二时，总攻太原开始。马勇率五四五团在完成攻占松庄南岭任务后，顺势沿岭西进，配合十九兵团部队攻下敌双塔寺阵地。

几乎与总攻太原同时，渡江战役在长江西起湖口东至靖江的千里战线上打响，当日突破长江天险，二十三日南京解放。消息传来，全军振奋！而守城阎军士气全无，已呈土崩瓦解之势。

二十四日五时三十分，我军一千三百门大炮齐鸣，轰向太原城守敌阵地，顷刻间硝烟弥漫，天昏地暗，五十米内看不见城头。我三个兵团奋勇争先，分别从南、北、东三面突入城内，仅四个半小时，全部结束战斗。阎锡山心腹干将、山西省代主席梁化之服毒后自焚，敌主将第十兵团司令兼太原守备司令王靖国、第十五兵团司令孙楚及师以上军官四十余名被俘，守敌三万余人悉数就歼，太原被克。

太原战役给马勇留下难忘的记忆。一九五〇年一月八日，已进军川北的马勇在日记中写道："晋中、太原两战役，是我们永远忘不了的一段光荣战史！"

太原解放五天后，大同守敌一万七千余人在我晋察冀和晋绥部队包围下陷入绝望，遂向我投诚，大同和平解放。山西全境解放。

随着太原解放，华北自此无战事。

第七章 进陕入川

太原战役结束后，中央军委决定第十八、十九兵团转隶第一野战军建制，由彭德怀指挥，开赴西北战场，参加解放西北的作战。由于徐向前因身体原因无法坚持工作，周士第接任十八兵团司令员兼政治委员，王新亭任第一副司令员兼副政治委员，陈漫远任第二副司令员兼参谋长。

卫戍西安

在榆次休整月余，一九四九年五月底，马勇率五四五团为六十一军全军前卫，由榆次东阳镇乘坐山西特有的窄轨火车，沿同蒲路向西安进军。许多战士是第一次坐火车，尽管是闷罐车，闷热难耐，汗流浃背，战士们仍然十分兴奋。行至新绛县，火车不通了，只好接着步行军。

这时，突接兵团转来彭总急电，命令六十一军“应兼程前进，限于六月六日前赶到黄河北岸之风陵渡口，渡河车运西安”。

彭总发来急电，原因是西安防务告急。

起初，南京、太原在四月下旬相继被我军攻克后，驻守西安的胡宗南集团深恐被歼，于是率主力部队向西退守宝鸡、陇东一线，西安只有少数残敌留守，几乎是一座空城。彭总遂令一野第六军乘机攻占了西安，敌守军弃城而逃。

西安屏障失守后，盘距在甘肃、青海、宁夏一带的“青宁二马”（马步芳、马鸿逵）害怕成为解放军下一个打击目标，于是主动向蒋介石请缨，提出和胡宗南一起出兵，收复西安。西撤的胡宗南集团在蒋介石严令下，集结手下部队，加之“二马”集团共二十余万人马，气势汹汹扑向西安，企图夺回他们的老巢。而此时，一野主力正在外线作战，西安兵力单薄，情况十分危急。

军部接彭总命令后，立令一八二师三天内赶赴风陵渡。

接令后，作为前卫团，马勇立即下达强行军令。部队顶烈日、冒暴雨、走泥路，每天急行军百里以上，三天走了五天的路，按时赶到风陵渡。随后全军也按时到达，乘木船过黄河后由潼关乘火车到达西安。

在西安，军首长按彭总指示，由一八一师举行了隆重的入城仪式。这实际是在向胡宗南和“二马”示警：你们不要太嚣张，我军增援部队到了！同时也是向西安市民发布安民告示：大家不要惊慌，胡宗南和“二马”打不过来了！

刚到西安，韦杰军长和徐子荣政委便接到一野司令部电报，要他们马上赶到野司驻地马嵬坡，领受新任务。韦、徐首长马不下鞍，立即赶往马嵬坡。

马嵬坡，亦称马嵬驿，位于西安以西百余里，属兴平县（今兴平市）。安史之乱时，唐玄宗从长安出逃途中，在随军将士的胁迫下勒死杨贵妃就在此地，是谓“马嵬坡之变”。诗人白居易的《长恨歌》中，“六军不发无奈何，宛转蛾眉马前死”写的就是这个逃亡皇帝悲婉凄凉的爱情故事。

韦杰和徐子荣赶到指挥所，彭总随手接过参谋递给他的一根高粱秆，指着墙上军用地图，告知韦、徐：胡宗南集团和“二马”的部队正在沿西（安）兰（州）公路向西安进发，路南是胡，路北是“二马”。“二马”是骑兵，马快，如今已到彬县一带，我第六军两个师正在咸阳西北阻击敌人。彭总命令，六十一军一个师赶到咸阳占领阵地构筑工事，坚决阻击敌人；一个师接替六军一个师的防务，驻守西安；另一个师和军部在渭河以南组成第二道防线，阻击敌人。

军首长决定由一八一师赶至咸阳阻敌，一八二师驻守西安，一八三师在渭河南岸留作预备队。

在咸阳临时指挥所，韦杰把军部部署向彭总汇报后，彭总又要求一八三师拨一个团给一八一师，并把一八一师师领导叫到指挥所，亲自交代了阻击任务。彭总的指挥风格可谓周密之至。

于是按照军首长布署，一八二师开进西安，担负起卫戍古都西安的重任。

五四五团的任务是防务西安城东。马勇率一营二营驻守东关，三营入城驻守鼓楼一带为师预备队。

东关又称东关城，是西安城东的门户和进出的必经之地，西安城门防御工程的重要组成部分。明末时，陕西巡抚孙传庭为防止李自成农民起义军的进攻，在西安城东长乐门外加修了外围城。这是在西安四关郭城中面积最大、修建最早的外城，相当于老西安城的五分之一。

东关在唐代曾是宫闱大内的地盘，唐玄宗和杨贵妃当年就长期住在东关兴庆宫（今兴庆宫遗址公园）。慈禧老佛爷在庚子年逃到西安后，也曾驻跸东关的道观八仙庵，并赐名“敕建万寿八仙宫”。自明清以后，这里渐次形成了“七寺十三坊”“九庙八学堂”和“十一街二十四巷”等热闹景象。民国时，东关仍然商业繁华，是西北地区中药材主要集散地，也是西安城外四周烟火气最浓的地段。这里社情繁复，人员流动性很大。

在胡马集团企图反扑西安的背景下，西安城内情况相当复杂。谣言四起，人心惶惶，特务、土匪乘机抢劫破坏，甚至袭击部队。而一八二师作为一支野战部队，全师上下都没有保卫和管理大城市的经验，卫戍任务十分艰巨。

面对这种情况，师党委及时召开党委扩大会，交流情况，总结经验。师团各级领导深入基层，调查了解敌情社情，协同军管会和政府有关部门，发动人民群众搞好社会治安。

马勇率两个营驻防东关，不敢怠慢，日夜加强巡逻，抓捕了不少武装特务，破获了多起抢劫案件，同时又发挥我军传统，帮助群众恢复生产生活秩序，解决群众困难，稳定了社会治安和市民情绪。

一八一师的咸阳阻击战打得也很漂亮，仅用了十三个小时，便将马步芳的儿子马继援率领的骑兵旅打得丢盔弃甲、人仰马翻，狼狈逃窜而去。胡宗南的先头部队三个师也在遭受打击后撤回。胡宗南和马步芳、马鸿逵在得知我军大兵团援兵迅抵西安后，未敢再轻举妄动。

马勇团和其他兄弟部队驻防西安期间，西安社会秩序和市民情绪得到明显改善。

智取老原岭

为彻底解除胡马集团对西安的威胁，并消灭胡宗南集团的有生力量，彭总遵照中央军委“钳马打胡，先胡后马”的指示，决定于六月底发动扶（风）眉（县）战役。

扶眉战役是国共两军在关中地区的实力大决战。

六十一军的任务是，一八三师调归六十军指挥，参加扶眉战役；军直率一八一师和一八二师一部（五四五团和五四四团一个营），拔除胡宗南集团盘踞在西安城南的军事要地——小五台高地，以解除敌人对西安城的威胁，配合扶眉战役的顺利进行。

小五台距西安城南二十五公里，长安县子午镇（今长安区子午街道）境内，古蜀道子午道西侧，是终南山中段的一条支脉，山上有五峰，故名小五台。小五台主峰上有亭台庙宇多座，四周松柏参天，荆棘满山，山势险要。

小五台高地的山腰、山包、隘口均有胡宗南抗战时期修筑的“国防工事”，守军为胡宗南集团十七军十二师师部和三十四、三十五两个团。

五四五团的任务是：从敌左侧迂回穿插，攻占老原岭，断敌退路，歼灭敌三十四团。

六月底，马勇率五四五团移驻城南小雁塔、韦曲镇一带，做战前准备工作。

为摸清地形、掌握敌情，马勇决定在战斗开始前组织一支侦察分队，由团参谋长伍潮奉带领，各营副营长参加，抵近潜伏侦察。

在伍潮奉带领下，侦察分队穿过敌人封锁线，潜入配古洞、黄河岔一带，连续侦察三昼夜，将老原岭的地形、道路、敌人防御情况进行了周密侦察。二营副营长和侦察参谋分别带领侦察员捉回了“舌头”。一营副营长又请到当地一位熟悉地形的小学老师做向导。

通过侦察、向导介绍以及对俘虏的问讯，马勇感到老原岭地形复杂，易守难攻，如果一味强攻，势必造成部队重大伤亡，只有智取，才能收到奇效。于是，他决定攀爬一条向导提供的崎岖山路，偷袭老原岭。

在战前动员会上，马勇要求每个战士必须带最大负荷的弹药、干粮和绳索之类的东西，准备攀爬悬崖峭壁；要求指战员绝对遵守偷袭纪律，不能暴露目标，没有命令不准开枪。

七月十日夜，在马勇和崔殿宸率领下，五四五团偷袭老原岭战斗打响。

崔殿宸伯伯在给母亲的信中，对这次战斗有详细的描述，照录如下：

> 七月十日二十四时，发起进攻。我团通过敌山口警戒线，攀登七八十度的悬崖峭壁，插入深山老林。草深，羊肠小道根本无法辨认，只有靠忠实的向导掌握方向。没有路即滑下去。当三营八连过敌封锁线时，为敌发觉，向我射击。马勇同志即命三营长李琳带八连监视，“敌人不出击，不准还击”。守老原岭阵地之敌为三十四团四连。我采取“鱼目混珠”、“以假充真”的偷袭手段，以二营四连为突击队，一营为二梯队，三营为预备队。
>
> 十一日五时，我四连突击队摸入敌阵，敌哨兵问了一声：谁？答：四连！全连便一拥而上，将正酣睡的敌四连全部活捉，并相继令三营占领了小五台的东高地。估计敌三十四团要拼命反扑，于是团令二营占领岭西山梁，一营三连坚守老原岭阵地。果然不出所料，中午敌约一个连，在炮火掩护下，连续反扑三次，均被我打退。白天，酷热侵人，烈

日灼肤，紧张激烈的战斗，每人都汗流浃背，唇焦舌燥。肚饿，干粮咽不下，口渴，山顶找不到水，只好以尿解渴。最后敌不惜血本、孤注一掷，把全团士官组成“敢死队”，向我反扑。马勇同志指挥三连二排与敌人拼刺刀，我指挥火力予以支援，终以敌遗尸四十余具，粉碎了敌夺路逃跑妄想。傍晚，我七连配合正面攻击部队，将敌三十四团全部歼灭。

战后在常宁宫①，韦杰军长对马勇和崔殿宸两位主官称赞道：“你们智取老原岭，并用刺刀把敌人敢死队拼下去，打得好！”

小五台战斗的胜利，解除了胡宗南部对西安的威胁，是西安解放的最后一战。战后，长安县县政府曾将小五台山改名为“胜利山”。

小五台战斗中，我攻击部队在长安县黄良镇北仁村设有一救护所，曾有二十六名重伤员不治牺牲后埋葬于此。二〇一九年，当地政府重修“小五台战役烈士墓”，以纪念为解放西安牺牲的烈士们。

在小五台战斗开始的第二天，一野主力部队在扶风、眉县地区对胡宗南集团主力部队发起围歼，仅经四天战斗，即歼敌四个军四万余人，解放了陕中地区。

扶眉战役后，十八兵团紧接又发起秦岭战役，打退敌人反扑天水、宝鸡的企图，瓦解了胡宗南在这一线苦心经营的秦岭防线。经此两役，胡宗南集团元气大伤，率残部退守秦

---

① 常宁宫，位于西安市长安区区政府正南八公里的神禾塬畔，前临滈河，地势险要，易守难攻，原为唐朝皇家寺院。一九四〇年，胡宗南将其改建为蒋介石的行宫，蒋介石和宋美龄三次在此下榻。行宫旁一座欧式别墅是蒋纬国结婚时的喜房。西安解放六十一军入城后，此处暂为六十一军军部。现已辟为对外开放的旅游地。

岭以南。

扶眉战役和秦岭战役的胜利，使陕西关中地区得到彻底解放，也为解放祖国大西北和大西南奠定了基础。

从八月开始，马勇率五四五团驻守在秦岭脚下的户县（今西安鄠邑区）、周至、眉县一带，发动群众，肃清散匪，进行军政训练。

准备入川

一九四九年十月一日，远在秦川大地的十八兵团将士，激动地聆听了来自北京的声音。

下午三时，在《义勇军进行曲》的雄壮乐曲声中，毛泽东主席在天安门宣布了中华人民共和国中央人民政府的成立。接着，在检阅受阅部队后，朱德总司令宣读了《中国人民解放军总部命令》：

> 我命令中国人民解放军全体指战员、工作人员，坚决执行中央人民政府和伟大的人民领袖毛主席的一切命令，迅速肃清国民党反动军队的残余，解放一切尚未解放的国土，同时肃清土匪和其他一切反革命匪徒，镇压他们的一切反抗和捣乱行为。①

到开国大典举行之时，“尚未解放的国土”包括华南的两广海南、华东的福建一部分、西南全部（四川、西康、贵州、云南、西藏）。新疆虽宣布和平起义，解放军尚未到达迪化（乌鲁木齐），更不要说还有金门、台湾。

① 《建国以来重要文献选编》第一册，中共中央文献研究室编，中央文献出版社二〇一一年六月版，第十九页。

“肃清国民党反动军队的残余”，解放全中国，是新中国成立后的首要任务。

在华南和西南地区，国民党军以白崇禧、胡宗南两个军事集团为骨干，残存的全部兵力仅剩一百五十万人。华南的白崇禧集团在四野全部和二野陈赓四兵团的攻击下，经衡宝、广西等战役，至十二月中旬终告灰飞烟灭。

那么，歼灭西南胡宗南集团的任务由谁完成呢？

中央决定，中国人民解放军分两路进军四川：一路由刘、邓的第二野战军从湖南湖北方向入川；另一路由贺龙率十八兵团从陕西方向入川，夹击胡宗南集团，解放大西南。

十月十日，开国大典举行后的第十天，中央军委召开会议，正式决定原西北军区司令员贺龙改任西南军区司令员，率领十八兵团由陕入川。毛泽东在十一日代中央军委起草的复第一野战军第一副司令员张宗逊并告彭德怀电中告知：“昨日中央会议已决定十八兵团由西南军区司令员贺龙同志统率入川。”

十三日，毛泽东又专门致电彭德怀：“关于由陕入川兵力，已与贺龙伯承小平一起确定为十八兵团，不牵动其他部队。”同时指示：“歼胡作战时间，不应太早，应待二野进至叙、泸、重庆之线，然后发起攻击，时间大约在十二月上旬或中旬，由军委确定。”“经营云、贵、川、康及西藏的总兵力为二野全军及十八兵团，共约六十万人。西南局的分工是邓刘贺分任第一第二第三书记，贺为军区司令员，邓为政治委员，刘为西南军政委员会主任。”①

---

①《毛泽东军事文集》第六卷，中共中央文献研究室、中国人民解放军军事科学院编，军事科学出版社、中央文献出版社一九九三年十二月版，第二十四—二十五页。

十一月中旬，中央军委决定，解放大西南的战斗由二野统一指挥，十八兵团转隶第二野战军建制。邓小平、刘伯承、贺龙率领六十万大军，双向夹击，对大西南形成锐利攻势。

巧合的是，刘伯承、邓小平两位四川人属龙，而贺龙名字有龙，家乡桑植县又紧邻四川，所以这次进军大西南被戏称为“三龙入川”。

在率领哪支部队入川的问题上，毛泽东曾事先征求过贺龙的意见。

之所以要征求贺龙意见，是因为当时任西北军区司令员的贺龙手中没有部队。贺龙原来统率的晋绥部队在一九四七年三月已转由彭总指挥，一直在大西北作战，是一野的主力。而离入川路线最近的十八兵团却不是贺龙的老部队。对此，贺龙明确回答毛泽东：我还是带十八兵团入川吧。

对于带十八兵团入川，有些长期跟随贺龙的人颇不理解，他们问贺龙，一野有好几个部队都是贺龙的老部队，为什么不带熟悉的部队入川呢？贺龙十分严肃地回答说：“军队是党领导的，不是我贺龙个人的。如果我不带十八兵团，非要带自己带出来的部队，我贺龙就不像个共产党员了。”①

当时，一野一共辖有四个兵团：一兵团、二兵团以及由华北转隶一野的十八兵团、十九兵团。一兵团司令员王震、二兵团司令员许光达，以及这两个兵团下属很多军级干部如一军军长贺炳炎、政委廖汉生，二军军长郭鹏、政委王恩茂，三军政委朱明，五军政委顿星云都是贺龙在第二方面军和一二〇师的老班底，按理说指挥起来更得心应手。但此时，

① 《贺龙传》，《贺龙传》编写组著，当代中国出版社二〇〇七年一月版，第二五一页。

一兵团、二兵团正在甘肃新疆方面作战，远离陕中，而十八兵团正在陕中集结，因此贺龙就毫不犹豫地选了十八兵团。

这里引出个有趣的话题，就是关于中国共产党领导的军队中的“山头”问题。

首先的问题是共产党领导的军队有没有“山头”？

回答是肯定的：有。

毛泽东就多次说过这个问题。在党的七大选举中央委员的问题上，毛泽东有一个题为《第七届中央委员会的选举方针》的讲话，收在《毛泽东文集》第三卷中，其中第二个问题就专门谈到了“山头”问题。毛泽东说：

> 中国革命有许多山头，有许多部分，内战时期，有苏区有白区，在苏区之内又有这个部分那个部分，这就是中国革命的实际。离开了这个实际，中国革命就看不见了。内战之后是八年抗战，抗战时期也有山头，就是说有许多抗日根据地，白区也有很多块，北方有，南方也有。这种状况好不好？我说很好，这就是中国革命的实际，没有这些就没有中国革命。所以这是好事情，不是坏事情。坏的是山头主义、宗派主义，而不是山头。山头它有什么坏？清凉山有什么坏？太行山有什么坏？五台山有什么坏？没有。但是有了山头主义就不好。……
>
> 一定要认识山头。从前我们说要承认山头，承认世界上有这么一回事，或者讲认识山头更确当一点，要了解它。照顾也一定要照顾，认识了以后才能照顾，照顾就能够逐步缩小，然后才能够消灭。所以消灭山头，就要认识山头，照顾山头，缩小山

头，这是一个辩证关系。[1]

所谓“山头”，毛泽东在这里已经讲得非常清楚，就是指在战争年代，内战时期、抗战时期，由于我军长期处于被封锁、被分割的状态下，不可避免形成不同部分。形成的这些部分，也就是所谓的“山头”。“山头”有大有小，大“山头”中又有小“山头”。

白区（即国民党统治区）的情况与本书内容无关，跳过不说，下面仅就苏区（即苏维埃红军根据地）、抗战时期以及解放战争时期的情况作一大略的回顾。

红军时期，就大的范围来讲，主要有三大“山头”。一是地处赣南闽西的中央苏区红一方面军（即中央红军）；一是地处湘鄂西的红二六军团（长征后期改称红二方面军）；一是地处鄂豫皖边界的红四方面军。红一方面军早期主要由南昌起义和秋收起义失败后拉上井冈山的队伍组成，后来又加入湖南平江起义、广西百色起义和江西宁都起义的队伍，旗帜性人物当然是朱德毛泽东，主要领兵将领是一军团的林彪和三军团的彭德怀，刘伯承、陈毅、罗荣桓、聂荣臻、叶剑英等老帅也在其中，但大多在总部任职或为政工干部；红二方面军由湘鄂西起义的队伍（红二军团）和后来从湘赣苏区转至湘西的红六军团组成，旗帜性人物就是贺龙，六军团军团长萧克次之；红四方面军情况稍有复杂，主要部队是鄂豫皖黄（安）麻（城）起义的队伍以及后来商（城）南起义和六安霍山起义的队伍，但旗帜性人物在相当长的时间里是中央派去担任鄂豫皖中央分局书记和军委主席的张国焘，主要领兵将

①《毛泽东文集》第三卷，中共中央文献研究室编，人民出版社一九九六年八月版，第三六三—三六四页。

领是总指挥徐向前。

经过长征，三军会师陕甘。三个方面军除张国焘被清算以至最后投向国民党外，人员略有交叉但基本格局未变。红军改编为八路军后，一一五师以红一方面军加陕北红军为班底，师长林彪、副师长聂荣臻、政委罗荣桓；一二〇师以红二方面军为班底，师长贺龙、副师长萧克、政委关向应；一二九师以红四方面军为班底，师长刘伯承原是中革军委的参谋长，后任以红四方面军部队为主组成的“援西军”司令员，政委是从共产国际回来的张浩（后因身体原因由邓小平接任），但从副师长徐向前直至旅团级干部大多是红四方面军的干部。

抗战时期同红军时期相比，主要变化是多出两个“山头”，一是一一五师兵分两路，副师长聂荣臻带领师独立团开创了晋察冀根据地，成为新的系统，而师部及主力部队则先到晋西南后由陈光（林彪负伤后代理师长）和罗荣桓带到山东，与晋察冀各成系统；二是南方的新四军，主要是中央红军长征后留在南方打了三年游击战争的人员，皖南事变前北伐名将叶挺任军长，但实际掌管部队的是副军长兼政委项英，皖南事变中叶挺被俘项英遇害后由陈毅、粟裕统领。

解放战争时期情况复杂一些。陈、粟回撤山东，林、罗开赴东北，刘、邓挺进中原，彭德怀坚守西北，部队调动变化较多，最后形成了四支野战军和华北三个兵团。但人们的意识中，除了一野、二野、三野、四野和华北兵团的概念外，还往往仍以红军时期和抗战时期的部队隶属关系来谈论军队的系统。

这种状况持续到了新中国成立后。一九五五年的军队大授衔就是很典型的例子。评定军衔，除在不同历史时期的资历和所担任的职务为主要标准外，“山头”之间的平衡，仍是评衔中的重要因素。元帅如此，大将上将也如此。如装甲兵司令员许光达破格评为大将，就有照顾“山头”的因素。以致许大将本人都深感不安，几次向中央提出换人。已转入地方工作本不参加评衔的陕北红军阎红彦评为上将也是一例。

当然，随着岁月的流转、开国将帅的逝去，军队“山头”的概念逐步在淡化。但即使如此，在二十世纪八十年代“百万大裁军”中，哪个军区裁撤，哪个部队保留，“山头”的影响仍在，至少在人们的议论中，仍是一个重要的思考点。

直至今天，从二〇一五年开始的军队大改革，老部队番号全部取消，集团军序列从七十往后重新排列，再加上人员的更新，“山头”的概念注定会渐渐成为历史的记忆。

以上只是我军系统变化大而化之的梗概，短短数语，难以详述。但有一点是明确的，我军的“山头”同旧中国旧军队争权夺利的派系斗争不能相提并论，两者有着本质的区别。

本书前面说到，徐帅率部攻打临汾前，得知胡宗南的第三十旅要逃回西安，宁可增加自己攻城的难度也要封锁机场阻拦胡部逃跑，从而减轻西北战场的压力；攻打临汾正在吃紧的当口，中央电令徐部增援晋察冀，徐帅二话不说，立即拨兵三个旅北上阻击阎军进攻石家庄；打太原，徐帅病重，请彭总代为指挥，彭总尽管对部队不熟对敌情也不熟，但仍慨然允诺，披挂上阵，而攻城部队也是服从命令听指挥，毫无亲疏之分。这些，足以证明我军“山头”的存在只是历史实际而绝非派系斗争。

此次贺老总选兵，同样是从大局出发，丝毫不同中央讲价钱，讲条件。这是贺老总的胸襟和品格，也是共产党打天下的这批开国将帅的胸襟和品格。相比之下，国民党军派系林立，相互间争权夺利，自保实力，高下立判，国民党军纵有再多的兵力、再好的装备也难以挽救失败的命运。这一点，就连逃到台湾的蒋介石在总结丢失大陆的惨痛教训时也是不得不承认的。

大西南是国共两军在大陆交战的最后战场。

胡宗南集团在秦岭战役失败后，奉蒋介石之命，放弃了秦岭防线，退守大巴山及川北川西，继续顽抗，企图保住西南作为将来“反共复国”基地。

为能在四川全歼胡宗南集团，防止其继续向贵州、云南及西康等地区逃窜，中央军委指示二野，对西南各敌均取大迂回动作插至敌后、先完成包围然后再回打之方针。贺龙部待二野完成穿插包围、断敌退路后再由陕向南对胡集团发起攻击。

遵照军委指示，二野主力以大迂回的动作，取道湘西、鄂西，直出贵州。十一月十五日，陈锡联三兵团解放贵阳，三十日，杨勇五兵团解放重庆，然后分由贵阳、重庆迅速抢占乐山、邛崃、大邑等地，完全截断了胡宗南集团向黔、滇、康逃跑的通路。

最后攻取四川、解放大西南全境的时机逐步成熟了。

打完小五台战斗后，马勇率五四五团在户县、周至、眉县一带进行休整和训练。部队精神抖擞，斗志旺盛，争取时间，做好入川准备。

十一月初，贺龙从北京经临汾到达西安。入川前，由贺龙、李井泉[①]、周士第、王新亭等组成西南军区司令部前线指挥所，担负入川作战的指挥任务。

---

① 李井泉，原晋绥军区政委，入川后任川西区第一书记、川西区行政公署主任。

六十一军将士对贺老总并不陌生。早在六月，六十一军从太原前线赶往西安执行保卫西安任务时，贺老总就是西安军管会主任。时隔不到半年，六十一军又在贺老总带领下进军大西南。

十一月十六日，马勇到兵团驻地宝鸡，参加根据贺老总指示召开的兵团入川动员干部大会。

会上，胡耀邦主任和周士第司令员先后讲了话。

胡耀邦在会上首先传达了刚结束的全国政协第一届全体会议的情况[①]，介绍了全国解放战争形势。在最后谈到入川的动员准备工作时，胡耀邦要求各级干部，要“大力动员，公开动员”，道理要“讲清楚，讲彻底”；对于解放四川这一“光荣任务”，要“自始至终”完成好；兵团任务是解放“川北、川西、川康边、成都”，“不但解放四川，还要帮助建设四川”。在谈到入川的困难时强调：“胡宗南好打秦岭不好过”。这句话，给马勇留下深刻印象。

周士第司令员在讲话中分析了我军三个兵团（三兵团、五兵团、十八兵团）南北两路包围四川的军事态势，要求各部队入川遇敌时要“猛打猛追，准备几百里路到一千里路的追击”；指挥员要“机断专行，原则：猛打猛追，不怕突出”；“战略上藐视敌人，战术上重视敌人，很好地组织，很好地指挥”。在谈到动员问题时强调，“过秦岭巴山是大问题，准备牛肉干，发扬高度积极性及责任心，让大家讨论”。[②]

---

① 胡耀邦时任十八兵团政治部主任，但从一九三〇年加入中国共产主义青年团后历任少共中央局秘书长、青年部部长，共青团中央组织部部长、宣传部部长等职，所以以中国新民主主义青年团代表的身份到北京参加了中国人民政治协商会议第一届全体会议。

② 胡耀邦、周士第的讲话均录自马勇笔记本。

马勇从宝鸡回到部队后，向部队传达了动员大会精神，并进一步研究落实了入川的各项准备工作。全团官兵求战情绪高涨，只待令下。

翻越秦岭

一九四九年十二月五日，前指正式下达南下四川追歼胡宗南集团的命令。

两天前，刘伯承、邓小平致电贺龙，告之二野及四野一部即将合围四川的兵力进展情况，提出："在胡宗南部署未定时，我十八兵团及刘金轩部队[①]以加速前进形成南北钳形攻势最为有利。"接电后，贺龙立即发出《关于加速向南追歼胡宗南集团给各军的指示》，要求兵团各部"均应加速前进，提前到达预定集结位置"。

兵发四川，十八兵团兵分三路——前指、兵团总部和六十军为中路，从宝鸡一线过秦岭南进；六十二军为右路，从陇东南一线过秦岭南进；六十一军为左路，从西安一线过秦岭南进。三军齐发，掀开了翻越秦岭巴山、进军四川的序幕。

六十一军作为兵团左路，又分两路：军部率一八一、一八三两个师走褒斜道，一八二师走傥骆道。

自秦汉以来，巴蜀、汉中和关中的先民们或相互沟联，或彼此征伐，形成了多条翻越秦岭天险的古道。其中主要是四条，从东至西依次为：子午道、傥骆道、褒斜道、陈仓道。

---

① 即二野第十九军，一九四九年五月由陕南军区第十二旅、第十七师编成，刘金轩任军长，当时已在陕南安康一带。

西安正南穿越子午峪南下的古道为子午道（小五台山即在子午道西侧）；傥骆道在子午道西一百六十余里；再往西是褒斜道，当年韩信率汉军“明修栈道，暗度陈仓”，明修之栈道就是褒斜道；陈仓即宝鸡，陈仓道距褒斜道一百余里。

在这几条古道中，傥骆道是最近捷但也是最险峻的一条，南起洋县傥水河口，向北穿越秦岭，至周至县骆峪，因名傥骆道，全长约五百华里。

傥骆古道较其他几条古道开发较晚，三国时期始见于史书记载。开发初期是一条军事官道，因路途艰险，途中几座山岭高度都远超其他各道，而且人烟稀少，原始森林中还常有毒蛇猛兽出没，普通商人轻易不敢走，主要是军队行走。三国时魏将曹爽伐蜀，蜀将姜维伐魏均出入此道。唐代开始，这条道才成为商道，日见繁华。奉天之难时，唐德宗就是从这条路出逃汉中，躲避兵变。唐末黄巢起义，唐僖宗为避难也是从这条路出逃蜀地。

由于胡宗南集团放弃秦岭，退守巴山川北一线，因此，秦岭无仗可打，“走好”便成为翻越秦岭的主要任务。五四五团作为全师后卫，十二月六日从周至县出发，奏响了进军大西南的旋律。

父亲留下的另一本蓝色封皮的日记从这天开始续写，从那本白封皮日记的截止日期算起，间隔已近三年的时间了。这本日记写的日期也不长，就到一九五〇年六月，中间还有几段空白。但十分可贵的是，日记中把这次翻越秦岭大巴山的过程完整记录下来了。下面将尽量引用日记原文，使笔者的记述更具原汁原味。但由于篇幅所限，难以引述全文，因此笔者把这段日记的全文作为附录附在本书正文后面，拟题为《五四五团入川行军记——马勇日记摘录》，有兴趣的读者可以一读。

马勇在日记开篇中写道：

十二月六日　阴

伟大壮烈的向西南大进军，今天开始了。由于我二野大军迅速解放贵阳，并继续西进，已威胁川滇公路，使防守秦岭的胡宗南匪部撤向四川及大巴山，南北五百里的天险秦岭不攻自破，过秦岭的主要问题，不是打仗，而是如何“走好”问题。“人须策杖，马须加掌”，从这两句话里，就可知道秦岭是如何的险要，部队通过这里须全部露营，全程八天的食粮要自己携带，而且我们又是冬季山地行军，山上已有积雪，更增加了许多困难，但这一切，阻挠不了我们前进的意志，我们已有了克服困难的充分准备。

我们离开驻地出发时，群众齐集街头锣鼓欢送，更增加了我们进军的意志。

今天行程廿里，宿营辛口子。

辛口子是指周至县马召镇的辛口村，地处秦岭脚下，是傥骆道的又一进口，又名辛口峪，南行不远即与傥骆道主道汇合。当年这里也是陕川商贸的一个重要集散地，村南一条街商铺很多，买卖兴隆，后随着骆峪镇的兴起，这里的商贸交易就渐渐式微，商铺也逐渐塌毁了。

二〇一九年我们夫妇驱车来到这里，在同村民攀谈中，几位村民告诉我们，他们年轻时还听村中的老人说过当年过部队的情形。听说我们要探寻当年解放军入川的足迹，这些村民很热情，介绍了不少道路情况和村镇变迁，临走时还执意送给我们一纸盒刚从架上摘下的猕猴桃。周至产猕猴桃，而且很有名，但这种在树上熟透的果子同我们城里人在超市买的或网购的绝对不是一个味。这盒猕猴桃大概是我吃过的最美味的猕猴桃。

我们从辛口村又向南往山里开了几里路，水泥路便没有了，一条泥土路指向高耸的秦岭深处。无奈，只好调转车头，打道回府了。

这次自驾出行，本想沿着父亲部队当年翻越秦岭的山路走一走，无奈岁数不饶人，没有硬车道便不敢前行了，改走通往汉中的京昆高速。拜现代交通高速发展所赐，父亲当年急行军九天翻越的秦岭天险，我们却小半天就过去了。因为秦岭高速一路隧道颇多，我打趣地对老伴说，当前父辈是双腿翻越秦岭，我们却是四个轮子钻越秦岭。

在过秦岭后，我们又从傥骆道的南端洋县华阳镇一条会车都很困难的县道，沿着傥水河向秦岭深处行驶了十几公里。不管怎么说，一头一尾，我们也算体会了一把蜀道之艰险。

马勇率全团从辛口村进入秦岭后，路越来越难走。原本就山高坡陡，又正值隆冬，风雪交加，道路湿滑，更加剧了行军的困难。

冒雪过老君岭是翻越秦岭最为艰苦的一段路程。老君岭为秦岭主峰太白山的东段，因山顶有一座老君庙而得名。是傥骆古道上最高的一座山峰。

太白山，《汉书·地理志》谓之“太乙山”，传说是太乙真人修炼之地，《魏书·地理志》始称“太白山”。太白山跨太白、眉县、周至三县，主峰拔仙台在太白县境内东部，海拔三千七百七十一米，为秦岭山脉最高峰。太白山如鹤立鸡群之势冠列秦岭群峰之首，自古以来，就以高、寒、险、奇、富饶、神秘的特点闻名于世。太白山风景优美，是旅游胜地和道家活动场所。唐宋以来，许多文人学士登临挥毫，留下脍炙人口的诗文。北魏时期地理学家郦道元所著《水经注》载：太白山“于诸山最为秀杰，冬夏积雪，望之皓然”。过去，人们以太白山气势峭然，风雨无时，仅在农历六月盛暑时，始通行人，俗呼“开山”。六月以外，雾雪塞路，人迹罕至，俗称“封山”。《水经注》中还有“山下行军，不得鼓角。鼓角，则疾风雨至”的近乎神话之说。

在我军将士面前，可不管什么“开山”、“封山”、“疾风雨至”之说，任何险阻也挡不住战士的脚步。

马勇在八日的日记中写道：

> 今天翻越老君岭，这是我们到汉中去翻的最大的一座山，上下各廿里，而且敌人撤退时还把岭北的路破坏了一段。出发时，天就阴着，昨晚还降了点雪，走了几里路，雪就下起来了，越下越大。高高的山被白雪及云雾笼罩着，隐隐约约地看不清楚。起初路还不滑，但后来路也滑了，这就给我们增加了很多困难。战士们有的穿上脚掌，摔跟头的也不少，我也摔了五六回，但战士们的情绪仍然是高涨的，一路歌声不绝，此起彼伏，有的说快板。每个人的头发、眼眉都成了白的了，战士们形容为“杨白劳”，并由此谈论起白毛女的苦难，旧社会逼得穷人没有活路，更增加了大家的复仇心，所以就忘记了疲劳，忘记了寒冷，勇敢地前进着。

文中所说的“脚掌”，又被称为“脚码子”，是当地民间发明的土防滑板，部队此次进军前专门准备的。这个东西是把四根铁钉钉在木板上，然后把带有铁钉的板子绑在脚下，踩在冰雪面上，抓地很稳。战士们打趣说：“我们也和马一样，挂上掌了。”过秦岭，一路上九天行军六天有雪，这东西还真发挥了作用。

马勇在进山前向全团提出“天险的秦岭，挡不住无敌的战士”的口号，战士们热情都很高，虽然武器弹药加上预带的干粮牛肉干等背负很重，但战士们没有一个叫苦的：

> 三天来的行军，虽然山高路远，降雪露营，种种困难，但是部队情绪是空前高涨的，使人深受感动。“天险的秦岭，挡不住无敌的战士”，这两句话得到了生动的证明。
>
> 战士们每人背重均在四十斤以上，没有人说重。现在发动互助，你抢我夺还抢不到手，有病的同志都坚持不掉队，九连五个病号就没有一个掉队的，全团只发生了三个逃亡，这个数字比起由晋中西进时真有天壤之别。（九日日记）

下了老君岭向南不远就到了秦岭腹地有名的古镇厚畛子。

厚畛子镇是傥骆古道上的一个重要驿站，历史沉积久远，文化底蕴深厚。三国时期，这里就是魏蜀两国交战的战场，境内留存古栈道遗迹多处。唐朝即设驿站。清道光五年，清政府在厚畛子镇南设佛坪厅[①]，民国二年（一九一三年），佛坪厅改为佛坪县。后因匪患严重，县府无法生存，遂于民国十五年（一九二六年）九月迁往袁家庄镇（今佛坪县县治所在地），空留一座高山石头城。这座废弃的县城现为厚畛子镇所辖老县城村。

厚畛子在胡宗南部南撤前曾是胡宗南部一个师的驻地，

---

① 厅为清嘉庆年以后设立的行政区划，分直隶厅和散厅，与府或县同级，多用于新开发地区和少数民族地区，民国初年废止改为县。

这股国民党兵撤退时在镇中抓壮丁、烧房子、抢东西，弄得民不聊生、苦不堪言。五四五团经过此地，安民告示，抚助百姓，帮助村民渡过难关。“战士们自动给受害的群众捐了一万多元，这是多么动人的场面啊！”（九日日记）

从厚畛子出发，翻秦岭梁，过老县城、都督门、大坪村，经过三天艰苦行军，到达了洋县华阳镇。

这一段行军仍很艰苦：

雪又下起来了。从天明到天黑，整日未停，满山树林都变成了白色，多么美丽的雪景。可是这些自然之美，我们无心赏玩，这些对我们是淡漠的。如果是一个诗人，他看到了这样的景致，不知要多么高兴呢！

雪下得越来越大，路越来越滑，山又是那么高。今天就翻了两个岭，步兵通过，尚无多大困难，至多摔上几跌，爬起来再走，牲口可就困难多了，上下坡较陡之处，须要临时修路，驮载的东西还得卸下人背起来，牲口一点东西不驮还得三四个人用绳拉着下，稍一不慎就要把牲口摔坏。炮兵连在过老君岭时就跌到沟里去了一匹骡子，连影子也找不见了。

由砦都门至华阳一路无房无人，偶尔有间破房子也是挤得满满的。一夜睡不了觉，只有坐着烤火。今夜我们团直及师炮兵营就都住在大坪一座破屋子里，四面无墙，只是团部的几个人挤在里面，其余都搭起了草棚。入夜火光不断，屋子里的人因挤得厉害，都不准备睡了，有的唱歌子，有的吹口琴，有的打牌玩，也有的随便找了个什么地方就躺下了。快夜深了，我去到外面解手，听到屋里的歌声，山

坡、河沟无数的火堆，人们谈着笑着，要不是雪片吹到身上，真使我忘记了这是在天险秦岭山中雪地里露营。（十一日日记）

雪仍在下着，可是比昨天要小些。由大坪到华阳镇只五十里地，大家都急着想走，所以吃饭集合都特别快，天还不亮就出发了。这一带比秦岭北要暖和些，雪开始化了。这一化，路更加难走，战士们绊跌的不少。我前两天总是绊跌，今天特别加了小心，并且得出了一个经验，下坡时路滑，越不敢下，越慢越容易绊跌。干脆大胆地快步下去，就滑不倒了。今天试验的结果，是大大的胜利，没绊一跌。（十二日日记）

马勇在日记中所说的“砦都门”即都督门，是古时屯兵之处，现为老县城村的一个居民点，只剩几户人家了，但街口还有戏楼遗迹、汉白玉石阶，经常有游人在土中挖出古青花细瓷瓷片，彰显着当年的繁华。

华阳镇是傥骆古道南端的驿站，自古就是军事要冲和经济政治重镇。在唐宋明清和民国初期，这里多次置县，是华阳县县治所在地（今属洋县）。镇外，湑水河从远处缓缓流过；镇中，一条古街六百余米长，三百余座明清时期的院落分列两旁，文武官员衙门、客栈、当铺、酒楼、茶楼充立其中。

尽管华阳镇刚刚解放，镇街生意都未开门，而且军部规定，在币值确定前，为使老百姓不吃亏，沿路部队一律不许买老百姓的东西。但经过几天的艰苦行军，第一次见到具有江南韵味的古镇，还是令人振奋的。马勇在日记中感叹：“走了几天无人烟的大山，一下来到这种地方，无异如上天堂。”

马勇他们走的这条傥骆道，也是当年红四方面军从鄂豫皖撤出转移到陕南川北建立川陕根据地时走过的路。马勇在十日的日记中写道：

我们走的这一条路，红四军[①]曾走过，老百姓谈起来，印象很深，对红军的纪律倍加赞扬。大蟒河一个老汉，操四川口音，说“有个营长，有病不能走，我把他隐藏在山里，看见有什么活路就做什么活路，临走还给了我三块白洋”。像这样的称赞沿途老乡都有谈论。夫子庙上的一个和尚说，“盼你们把眼都盼瞎了”。是的，我们早到一天，就能使老乡少受多少的灾难。加速地前进吧，四川的老百姓在等着我们去解放！

过了华阳镇，高山基本没有了，但路却更难走。秦岭的北坡和南坡截然是两个不同的世界，北坡寒冷的冰雪在南坡却变成了泥泞的土路，走起来更觉疲劳。

从华阳经八里关镇，两天便到了洋县县城，胜利结束了翻越秦岭的路程。“九天来的行军，算是胜利越过了秦岭，共走五百里，大小山过了十一个。”（十四日日记）

五四五团的战士多是北方人，河北、河南、山西人为多。他们第一次见到江南田园景色，都很新鲜，但也难免闹出点

① 应为红四方面军，红四军为红四方面军下属部队，两者易混。在中国工农红军的历史上，曾有过三支红四军。即一九二八年三月贺龙在湘西桑植成立的红四军；一九二八年四月朱、毛的队伍在井冈山会师后成立的红四军；一九三一年一月鄂豫皖红一军、红十五军在河南商城会合后改编而成的红四军。贺龙的红四军一九三〇年七月改称红二军；朱毛的红四军一九三二年底番号撤销；鄂豫皖红四军在一九三一年十一月编入红四方面军，但红四军的番号一直存在，旷继勋、徐向前、王宏坤、许世友、陈再道先后担任军长，一九三七年改编为八路军时番号撤销。

低级笑话：

由八里关到洋县路很好走，虽然也过了一个山，但坡度很缓，沿途村庄较多，稻田、麦田比比皆是，并产橘子。北方人见了这东西是很稀罕的。有的战士不会吃，连皮就咬，连子吃了苦得很。（十四日日记）

部队到达洋县后，略作休整——

到洋县后物价规定很低，各伙食单位均买肉吃，生活大大改善了一天。（十四日日记）

洋县古称洋州，县境北部为山地，中部为汉中平坝地带，是汉中地区的重镇，富庶之地。

马勇团在洋县休整一日即沿汉江北岸西进至城固县，驻五郎庙村。

“噫吁嚱，危乎高哉！蜀道之难，难于上青天！”——诗仙李白的一首《蜀道难》，道出蜀道的艰险。如今，古人对蜀道的感叹已被我无畏的将士所藐视。一路上尽管人烟稀少、房舍奇缺，部队多在风雪中露营，每人每天背负四十斤以上的行装行军七八十里，但依然精神抖擞、斗志昂扬，以大无畏的革命意志战胜了五百里秦岭天险。

巴山追敌

按原计划，部队过秦岭后要休整几天。但未及休整即接兵团急电，命令部队停止休整，迅速向川北进军。

原来，十八兵团翻越秦岭之际，从川东进军的二野主力部队已占领乐山一线，四野一部正在向重庆西北地区挺进。在我军强大攻势下，国民党西康省主席刘文辉率部起义，云南也正酝酿起义，胡宗南集团猬集成都一带，被我军重重包围，成了名副其实的“瓮中之鳖”。我北线兵团进军川北川西，追擒敌军已刻不容缓。

兵团交给六十一军的任务是在年底前赶至川北三台县，打击胡部残敌，接收起义部队。

时间紧迫，在“打下三台过新年”的口号声中，六十一军又开始了征服大巴山的征程。

汉中这块古老的土地，长江最大支流汉江从西至东横贯其中，民情淳朴，物产丰裕，美丽而富饶。但为了解放四川的伟大任务，战士们匆匆停留又要告别了。马勇在十六日的日记中写道：“汉中给人的印象很好，大家都说这是好地方。可惜因任务紧急，我们未在这里停留，大好风光未得赏识。”字里行间，留下丝丝遗憾。

十六日，马勇率五四五团南渡汉江，经南郑县（今汉中市南郑区）进入大巴山区。

大巴山是一条与秦岭并行的山脉，秦岭使关中与汉中相隔，而大巴山使汉中与川中相隔。古代的蜀道就包括了翻越秦岭和翻越大巴山两段。

翻越大巴山，六十一军由翻越秦岭时的两路合为一路，行军路线是古蜀道中的米仓道。

米仓道的形成已有三千多年的历史，不同时期路线略有不同。米仓道北起陕南南郑县，南到今四川巴中市，全长五百余华里。

从海拔高度看，大巴山稍逊秦岭，但其翻越的艰险程度却丝毫不亚于秦岭。

进山不远，部队路过牟家坝村。这是一个十分美丽的山村，但当年胡宗南队伍从此地撤退时，却将此村的商家洗劫一空，并拉走许多壮丁，村民对他们恨之入骨。

过了牟家坝，五四五团和一八三师的五四九团相遇，山路窄狭，人马拥挤，部队行军速度慢下来，没走多少路，晚上便宿营在牟家坝南的小南海。

也是因祸得福，小南海可是大巴山中的一颗明珠。两条山梁之间，一湾翠绿的湖水静卧其中，山清水秀之间，建有供奉南海观音的寺庙群，平日香火很盛，故名小南海。戎马倥偬间，得此清静之地，也算是一种福气吧。

次日离开小南海，雪又开始下起来，而且一连四天大雪不断。路也是越来越难走，雪下到路上都化了，加上人马一踏，路都成了泥路。道路难行，人困马乏，战士们的精神却很振奋：

讨厌的雪，在我们清晨一出发时就又下起来了。下到路上都消了，加上部队人马一踏，路都成了泥。有的地方是陷脚，有的地方是滑得不能走。光人也比较好办，牲口走就更加困难。下午一时多才爬到了天池子，下坡是廿里，路在两山夹缝中，一边是深沟，一边是万丈石崖，稍一不慎，滑下去就要粉身碎骨。天黑还未到达目的地，虽然下了山，路仍是那么难走，以至人马不点火把难以开步，遂临时决定牲口就原地宿营，步兵点蜡烛火把继续前进。漫长的行列，点点的火光，穿行于山谷之中，前呼后唤，构成无比的奇景。（十八日日记）

过了巴山主峰天池子，就进入四川。

在南江县境内，行军要翻过三座大山，其中两大关口，最为险峻。

第一关是刚入南江县境的木竹山垭口，叫木竹垭，当地人趣称“母猪垭”，曾有话曰：“天不怕地不怕，就怕母猪垭”。

这一带的山脉又叫光雾山，雾气很重，雾中山峦时隐时现，山景极美，但路却极险。当年路是凿在悬崖峭壁中间，无路处以栈道相连，稍有不慎，翻下山崖就是粉身碎骨。再加上国民党军撤退时又毁了不少栈道，行军起来更加困难。团政治处主任孙瑞锦的一匹红马就在此坠入深渊。七连还摔伤了一位炊事员。直到天黑，部队打着火把又走了十来里地才到了宿营地——沙坝乡咸丰桥村。马勇认为："这是行军以来最困难艰苦的日子。"（十九日日记）

现在的光雾山与当年已不可同日而语了。如今已修路架桥，开辟成观光旅游区，号称"中国第一红叶山"，是众多摄影发烧友的网红打卡地。到了秋天，这里红叶遍山，层峦叠嶂，个中景色，美不胜收。二〇一九年十一月中旬我们来时，特地绕道到光雾山景区一游，很可惜天不遂人愿，两天前一场大风，红叶都掉光了，只得悻悻而归。

第二关是当地人称为"鬼门关"的贵民关。据说是当地一伙有钱人修的，所以起名贵民关，路也是修在陡峭的山壁上，险处栈道连接。

这么难走的路，全军又都走一条路，行进十分缓慢，四小时才前进了不足十里。马勇急中生智，让侦察排找到一个老乡，带着部队走了一条小路，结果天没黑就到了宿营地，"可算走了一段痛快路"。（二十日日记）

二十一日，马勇率团到达南江县城，终于走出了大巴山最艰难的一段行程。

韦杰军长对这段行程有着同样的感受：

> 大巴山的艰险，更甚于秦岭。从汉中西南之牟家坝到大巴山南麓的第一个县城南江，三百多里行程，要翻越三座大山。其中有海拔三千米以上的巴

山主峰之一天池子，有上下各三十里的山势陡立的木竹垭，有从悬崖峭壁上开凿出的一条崎岖小径的米仓山贵民关（当地人又称之为“鬼门关”），这些山积雪盈尺，滴水成冰，每天都有牲口摔死。部队一天赶八九十里路，鞋子破了就用布包裹着走，粮食吃光了就饿着肚子赶路，全军上下只有一个念头，追上敌人，扭住敌人。①

次日从南江出城不远，经过了一段壮观的景色——皇柏林：

由石矿坝至沙河子，约五十里路，两旁柏树林绵亘不断，大的有直径一公尺，小的有五十公分，高数丈，当地人称为“皇柏”。据路旁石碑记载，此柏林可与四川有名的梓潼、剑阁柏林媲美。（二十二日日记）

笔者查了一下资料，据道光七年版《南江县志》记载：“县城东榆铺沿河古柏，疏密相间，直百余里，高处凭眺，恍如青龙掩映，高低蜿蜒。”又据民国十一年之《南江县志》记载：“从离城二十里的镇江庙起到下两河口止，共一百四十里，其林疏密相间，老干参天，大至数十围，多至四千余株，登高凭眺，恍如青龙。”川陕米仓驿道穿皇柏林而过，当年沿途曾五里一店，十里一铺，很是繁荣，战乱时被废。

我国从古就有在道路两侧种树的传统，尤其是山中的道路经常遭山石洪水摧毁，种树便可就地取材架桥修路。梓潼县和剑阁县的翠云廊千年柏林为川北胜景。南江的皇柏林

① 《韦杰回忆录》，广西民族出版社一九八八年十二月版，第一四四——一四五页。

“可与四川有名的梓潼、剑阁柏林媲美”，可见其雄美。但此林起于何时，民间各种版本不一，很难考实。当地人盛传是蜀将张飞过南江取巴中、后为巴郡太守令时而种，不知是否有蹭古人热度之嫌？

自十七日从汉江南岸南郑县山口村出发进山算起，部队一路顶风冒雪、风餐露宿，穿山垭，过栈道，整整走了八天，终于在二十四日翻过大巴山，到达川东北的中心城市巴中。

巴中古称巴州（今巴中市中心仍称巴州区），是我国西南巴蜀文化中“巴文化”的发源地和中心。一九三二年冬，张国焘、陈昌浩、徐向前等率领红四方面军主力一万六千余人，被迫退出鄂豫皖根据地，向西战略转移，两越秦岭，一过巴山，十二月到达川北，在川北与当地革命武装会合，攻下南江、通江、巴中（含今平昌）等县，开辟了川陕革命根据地。根据地鼎盛时期下辖“二十三县一特别市”，约六百万人口，部队从入川时的一万六千人发展到八万余人，是除中央苏区外的第二大革命根据地。其中的特别市就是巴中市，是川陕苏区的政治中心和首府所在地。

部队行军途中过南江后，沿途经常可以看到当年红四方面军创建川陕根据地后一个独特的红色文化现象——石刻标语，马勇在日记中作了记录：

> 在石矿坝大休息，附近石崖上还有红军刻的标语：“全世界无产阶级联合起来”，已有十多年，战士们见了很高兴，一路议论着红军过去的故事。（二十二日日记）
>
> 沿途石墙不断有红军的石刻标语，可惜已被锄坏了，字迹已看不清楚，只看到一条大字：“民众武装自卫”。（二十三日日记）

> 至巴中城西八里之惠风亭[1]，即通有公路。惠风亭街上红军的石刻标语更多，有“反对帝国主义瓜分中国，进攻中国革命”、“扩大民族革命战争”，是红九军政治部署名。（二十四日日记）

石刻标语，是红四方面军创建川陕根据地后独创的一种红色文化现象。据巴中市有关部门调查，在川陕根据地存在的两年多内，红军和地方政权共凿刻了一万五千多块石刻标语和石刻文献，至今仍留存有四千余块。

为什么独独在巴中这个地区会有这种现象呢？

巴中多山多石，居民自古就有凿石的传统。二〇一九年我们到巴中，就参观了位于城南古化成山著名的唐代南龛摩崖造像。据说巴中市像这种摩崖造像有一百多处，因此巴中又被称为“石窟之乡”。

当年川陕苏区创建后，长期处于恶劣的战斗环境中，迫切需要激发群众、组织群众参与到火热的武装斗争和苏区建设中来，于是川陕省委宣传部、川陕省苏维埃政府、红四方面军政治部以及各军、师政治部，根据当地的地貌和这种传统手艺，均成立了錾字队，以各种形式錾刻标语和文献。川陕苏区很多领导人如陈昌浩、张琴秋、傅钟、朱光、刘瑞龙、廖承志、魏传统等都编写过标语口号。这些石刻标语的形式多种多样，有的刻在悬崖石壁上，有的刻在旧石碑、石牌坊、石匾上，甚至还刻在房基石、磨盘、石缸上。其中最大的一条石刻标语位于通江县沙溪镇红云岩上，“赤化全川”四个大字，字高五点九米、宽四点九米，笔画深零点三五米、宽零

① 应为回风亭，位于巴中城西南江江畔，始建于一九二六年，是中西合璧式建筑，与城东凌云塔遥相呼应，构成古城巴中独具特色的一东一西两座标志性建筑。

点九米，距离地面二十五点九米，字距七点一米，所占面积达三百平方米，字迹工整，笔力遒劲，现已列为全国重点保护文物。

近些年来，为了保护这些石刻和方便群众参观，巴中市川陕革命根据地博物馆专门在馆内开辟了“红军石刻陈列园”，把一些可移动的石碑石刻收集起来，成为博物馆内一道独特的风景。我们在博物馆参观时也被这些语言生动、镌刻工整，透出革命年代气息的红军宣传品所深深震撼。

川陕根据地是中华苏维埃运动的一面旗帜，但由于张国焘执行了一套极左政策，也付出了惨痛的代价，种下了难以挽回的恶果。马勇在巴中地区的所见所闻，也印证了极左政策的恶劣影响：

> 这一带是红四军通南巴苏区[①]的根据地。过去张国焘在这里，杀的人也很多，造成了群众对我惧怕，许多人都跑了。在赤溪场休息时，我因为袜子穿得不得劲，到一家铺子里去收拾收拾，一位抱孩子的中年妇女，悄悄地挨近我低声问道：“同志，我问你一句话，你杀不杀人？”我随即告诉她说：“我们绝不乱杀人。过去乱杀人的是张国焘的错误领导，现在是毛主席领导。”谈着谈着，内室里男的女的都出来了，约六七个，都很关心地听着，我说一句他们重复一句，好像是怕忘记了。我把我们现在的政策“首恶者必办，胁从者不问，立功者受奖”，给他们详细作了解释。他们要求我给他们写在纸上，写了一条，还要求写，“多写几条传给别人，叫他们不要

① 即红四方面军在通江、南江、巴中地区建立的苏维埃政权的简称。

怕，都回家来。”队伍出发了，他们还依依不舍地问这问那，直到我走出了门，他们才说了声“同志！慢走。”这说明我们在政策上犯了错误，种下的恶果是如何的大呀。（二十三日日记）

二十四日，部队夜宿巴中城南恩阳镇（今巴中市恩阳区）。

恩阳古镇历史悠久，由最初的恩阳河水码头为基础发展而来，距巴州城不到四十华里，在水运占据主导的时代一度很是繁荣，南北朝时便已置县。川陕革命根据地成立时，首府在巴中，恩阳县治所就在恩阳镇。至今天，镇内仍然存有二十八条古街，数百座明清古建筑，被誉为“四川十大古镇”之一，二〇二一年入选第三批“四川最美古村镇”名单。

在恩阳镇，团里几位领导好好享受了一把：

晚宿营恩阳河，行程九十里。我们的炊事员掉了队，买了条大鲤鱼无人做，请了一位老乡给做了做，很好，是行军以来最美的一顿饱餐。（二十四日日记）

二十六日，部队过仪陇县。仪陇是朱老总的家乡。在总司令的家乡，人民群众对解放军的态度确实不一样。马勇在当天的日记中写道：

天还不亮部队就出发了，今天的路线经过我们的总司令朱德将军的故乡仪陇县。当地的群众都知道总司令是仪陇县东马鞍桥人，有的人好像很熟悉说总司令过去在本县当过中学校长，附近不少人跟他读过书。当我们说总司令是你们这里人，仪陇老百姓都很光荣，老乡们表示得意洋洋地哈哈大笑。路过县城，过往我军写了很多向总司令家属致敬慰问的标语。群众夹道观看解放军，使人精神倍加振奋。

在仪陇行军途中，马勇接到师部来信，命令五四五团迅速赶往南部县南渡嘉陵江，协同一八一师围歼胡宗南集团第十七军和七十六军。

马勇立即带领部队赶往南部县。

为了节省时间，马勇一边行军一边召集全团干部开“飞行会议”，传达了师部命令并作了动员。“战士们虽没休息，听说打仗，情绪都很高。”部队沿成（都）巴（中）公路疾进，“行程一百五十里，可说是行军以来最远的一天”（二十六日日记）。晚十一时到达南部县楠木镇宿营。第二天天不亮全团即从宿营地赶到潘义场渡口坐船渡过嘉陵江到达南部县县城。

到县城向师部报到后，师部得知江北二郎庙村有敌八八三团两个营，即令五四五团返回江北歼灭之。就是这个八八三团，在马勇团过秦岭到达厚畛子镇前几个小时，在镇内抢劫百姓粮食，打死打伤好几位村民，还放火烧毁了不少民房，然后仓皇逃跑。想不到在这里被我军追上了。马勇立即向刚到县城的三营作了紧急动员，然后带领三营赶往江北二郎庙：

> 战士们听说要打仗，行军的疲劳都忘记了，个个精神百倍，摩拳擦掌，跑步赶至嘉陵江边，不到一点半钟全部就渡过河。

不料到了二郎庙，却已无仗可打——

> 我带各级干部已先部队渡河，到二郎庙，敌人已集合好了，枪也架起来了，已全部投降。一枪未打即解决了一千人，战士们都好像是没过了瘾，说这还算打仗？

天黑后押着俘虏、背着武器即返回南部城。

（二十七日日记）

仗打到这份儿上，胡宗南的部队已如惊弓之鸟，毫无斗志，见我大军到来，便纷纷缴枪投降，甚至还主动登门联系收编。

早在马勇率部在巴中东北一带行进时，就有敌西安保安部队一个师两千多人在当地村干部联系下向部队投诚。

在阆中县定水镇（今属南部县），马勇接待了敌九十八军的一位参谋。这位参谋持军部信，称部队现集结在元山坝地区，准备投诚，要求解放大军指示集结地点。马勇立即向师部报告，请师部派人接收。

部队走到三台县秋林驿（今秋林镇）时，师部接到情报，秋林以南射洪地区有敌溃兵两千余人，正在南渡涪江。师部遂指示马勇探明情况，相机处理。马勇立即派出侦察一班去探查情况，部队原地待命。结果侦察员回来报告，敌军已向兄弟部队投诚。

一路上，部队接收了很多俘虏，一部分移交给军部专门接收教育俘虏的补训团，还有一些就充当脚夫跟随部队行动。不过这些俘虏兵还真让人看不起。马勇在日记中写道：

带的几十个俘虏兵，十个人扛一门迫击炮，叫唤走不动，有的还哭了。这些人真不中用。七连的两个老战士，一个人扛炮筒，一个人扛柱盘，一气就走了几十里路。还是我们这些老骨干，不禁使人感到钦佩，暗暗地感谢这些同志的吃苦精神。

（二十九日日记）

——国共两党两军孰胜孰败之原因，这又是一个例证。

六十一军在进军川北过程中战果辉煌。全军共歼敌四个正规军（其中敌七十六、十七军被歼，一二七军投降，九十八军起义）、两个新编军和多股地方武装，解放了九座县城。

在六十一军向川北进发之时，二野总部于十二月中旬发起成都战役，陈锡联兵团和杨勇兵团从川东川南方向进击，贺龙、周士第率十八兵团六十军、六十二军由北面夹攻成都地区的胡宗南残部。曾妄想“在陕南、陇南为决战地带”的蒋介石见大势已去，于十二月十日偕“国民政府”要员乘飞机逃往台湾，从此一去不返。临行前任命陆军总司令顾祝同为西南军政长官公署长官，全权指挥川西地区国民党军进行抵抗。顾祝同也不傻，一看形势不妙，于十五日飞往海南岛，溜之大吉，将西南军政长官公署长官交由胡宗南代理。胡宗南也自知成都难保，于二十二日部署主力三十余万人马经雅安向西昌突围，自己却于二十三日乘飞机逃往海南岛。向西昌撤退的胡部兵团军心大乱，最后大部起义，一部被歼，少部逃往西昌，二十七日成都和平解放。贺龙、周士第率十八兵团直属机关和六十军进驻成都，宣告四川全境解放。

十二月三十一日，五四五团到达此次向西南进军的最终目的地——三台县。三台县为川中重镇，曾为潼川府府治所在地。五四五团的驻地在富顺场（今富顺镇），距县城二十公里。

在这里，部队进入大休整。马勇在这天的日记里对将近一个月的行军作了简短回顾：

> 从本月六日开始以来的行军，中途越过秦岭、巴山，雪里行军，荒无人烟的山沟里露营，受冻挨饿，廿六天行军二千三百余里，今天总算顺利地到

达了第一步的目的地，每个人的精神上都觉得无比的轻松愉快。路上走着，歌声不断，表示着胜利的欢欣。

第二天是一九五〇年的新年。马勇记下了这个难忘的日子：

“打到三台过新年”，这是我们由关中到汉中后继续进军的动员口号，我们终于实现了这个口号，于昨天——一九四九年的最末一天到达了目的地。今天是更伟大的一九五〇年的开始，本来应该好好地庆祝庆祝，因部队经过了长途行军，地方秩序尚未恢复，所以这个元旦就很平淡地过去了。说平淡其实并不平淡，我们以完成胜利的进军、全部解放四川的任务来作为庆祝新年的献礼！

川北剿匪

在三台富顺场，五四五团休整了半个月，精力和体力得到较好恢复，又从俘虏兵中补充了兵力，被师部抽调去掩护师后勤的一营和掉队的迫击炮连也归建了：

我们的部队算是全部到达了目的地，心里觉得无限的轻松愉快。后面的部队一日不来，心里总好像有颗石头压着，总是放心不下。（一月九日日记）

整个人都轻松下来，马勇也有暇观察起当地的风土人情。北方人初到四川，觉得什么都很新鲜：

四川人的习惯，爱喝茶喝酒，沿途所过市镇，茶馆酒馆生意甚为兴隆，只要已开始生意的地方，里边都是满座。茶馆内的房子大多很宽敞，小低桌，竹椅子，每个人捧着一碗茶，甚至早上一开门就有人去，我们这些北方人看起来很奇怪。喝酒的嗜好亦很盛，很穷的人吃饭前或到镇上去都得喝两杯。四川人吃饭的习惯倒很讲究，不管好坏饭，穷富家庭，总得坐在桌子上来吃，不像北方乡村的人端着饭碗到街里去吃。富顺场今天逢场（他们管逢集叫逢场），人很多，因币值关系，物价没有一定的标准，一般的东西并不便宜，还是相当贵的。（一月五日日记）

北方人进川，除了新鲜感，也有不如意之处。因为部队基本是北方人，乍到南方，都感觉不太适应：

普遍反映对四川不“感冒”，山多，成天不见太阳，北方人吃不惯大米。好也罢，坏也罢，反正建设四川的任务是落在我们的肩上，一定得完成。（一月五日日记）

四川的天气，就是奇怪，除了阴天，晴天必定有雾，直到十时左右太阳才能冲破云雾与人们见面，有雾时十米以外即望不见人。这样的气候真使人过不惯。这几天略觉冷些，已到二九天，但是并未结冰。（一月六日日记）

休整结束后，五四五团奉命移驻梓潼县。一月十九日，马勇在参加师党委扩大会议后，在梓潼县周家祠召开团党委扩大会议，传达了师党委扩大会精神，要求各级干部振奋精神，准备开展剿匪建政工作。

剿匪斗争，是新中国刚刚成立时各新解放区面临的特殊斗争，这个斗争关系到新生政权的巩固和人民群众的安危。像东北林海雪原剿匪、湘西深山剿匪、广西十万大山剿匪等一系列脍炙人口的战斗，在新中国初建时期都留下赫赫威名。

四川也是匪患肆虐的重灾区。四川在历史上曾长期处于封闭状态，封建势力庞大而顽固，青红帮和袍哥会等会道门组织根深蒂固、很有战斗力。

贺龙司令员大革命时期曾奉孙中山之令在四川多年征战，当过川东边防军警卫旅旅长，对四川很了解。在此次入川前的一次动员会上他就告诫入川部队："我在四川驻过防，我知道四川地主、袍哥的厉害，大家要注意，不要叫地头蛇咬了。"

解放战争时期四川又是国共交战的最后一个战场，被打垮的蒋军残部来不及逃跑，有相当一部分躲进边远山区和少数民族地区，和当地的地主武装、封建会道门和土匪勾结在一起，对新生政权构成严重威胁。

一九五〇年一月底，二野总部决定，十八兵团各军兼任地方军区，承担剿匪和巩固地方政权的任务。

六十军兼川西军区，军长张祖谅兼军区司令员，川西行署区书记、行署主任李井泉兼军区政委，总部驻成都；六十一军兼川北军区，军长韦杰兼军区司令员，中共川北行署区书记、行署主任胡耀邦兼军区政委，总部驻南充；六十二军兼西康军区，军长刘忠兼军区司令员，西康行署区书记、行署主任廖志高兼军区政委，总部驻康定。

川北军区下辖四个军分区，一八一师兼遂宁军分区、一八二师兼剑阁军分区、一八三师兼达县军分区，南充军分区由川北军直直辖。

剑阁军分区共辖十县，每团分管三县，剑阁县由师直代管。五四五团分管江油（今江油市）、平武、北川（今北川羌族自治县）三县。一月底，马勇和崔殿臣政委率全团从梓潼开往新驻地——团直和二营进驻平武，一营进驻江油，三营进驻北川。

平武地处川西北，北部与甘肃陇南交界，是通往藏区和松潘草地的门户。马勇和崔殿宸率团直和二营到达平武时，即展开了一场长途奔袭歼灭残匪的好戏。

原来，盘踞在平武的国民党军范廷璜残部八百余人听闻解放大军杀到，仓皇向西逃窜。

马勇急令副团长刘儒珍率二营和机炮排并带一部电台追击。二营经三天两夜强行军，翻越四千多米的雪山，终于在松潘县漳腊村追上范匪。

由于二营在漳腊村与范匪交火中误炸了藏民的房屋，与藏民发生摩擦，范匪乘机向西逃至松潘草地，在草地边缘范匪又被当地藏民拦截。刘副团长在妥善解决了与藏民的纠纷后，请藏族土司派响导带路，并补充了粮草，立即率部赶到草地，向范匪发起攻击。范匪一部被歼，大部投降，二营胜利返回平武。

春节过后，马、崔率团直移驻江油县城（当时江油县治在武都镇），一营移驻江油中坝镇（一九五一年后为江油县治），继续开展剿匪建政工作。

三四月间两次平定北川暴乱，是五四五团在剿匪斗争中规模最大的战斗。

早在一九四九年七月，四川省主席王陵基见国民党政权的彻底覆灭已成定局，便在成都筹办“游击干部训练班”，培训各地反共骨干，做“应变”准备。担任游干班战术教官的国民党要员王会云（北川县通口人）立即授意其弟王会和从北川及邻县彰明（今为江油市彰明镇）调派二十余人参加训练，以便回县组织反共武装。十月，胡宗南在绵阳主持召开紧急应变会，任命王会云为江（油）、彰（明）、平（武）、北（川）、安（县）、松（潘）六县游击纵队队长。十二月上旬，王会云在通口召集国民党北川县党部书记长刘仲符、曲山袍哥大爷曾旭初等二十余人开会，决定在通口（今通泉镇）、曲山、漩坪、治城（今禹里镇）、邓家各建立一支三百人的游击大队。

一九五〇年二月，五四五团三营抵达北川，县人民政府随即成立。退避县境的国民党二十军见我军力量强大，马上缴械投诚，王会云等人的反共活动却仍在密锣紧鼓地进行。二十二日，王会云在通口召集王会和、魏太福等头目密谋，拟定了先攻占中坝，再夺取北川、安县（今绵阳市安州区）、彰明等县的行动计划。

三月初，王会云在通口发动反革命武装暴乱。四日起，各股暴乱武装分别在通口一带作乱，疯狂袭击人民政府，杀害解放军、政府干部和征粮工作人员，继而集结于江油县含增镇草堂寺，于三月六日分兵四路攻打中坝。驻中坝的一营立即进行反击。暴乱武装虽有七八百人，却不过是乌合之众，刚一交火，即掉头奔逃。二营乘胜追剿，在柏垭子将其彻底击溃。坐镇通口指挥的王会云见大势已去，只身逃往重庆。

六日，治城、小坝、片口、晓阳（今开坪）、漩坪、东溪等地的暴乱武装两千余人按计划陆续抵达治城四周，围攻北川县政府。

治城当时是北川县县治所在地。一九五二年北川县政府迁至交通更为便利的曲山镇，治城改为乡。二十世纪九十年代因此地为相传大禹出生地——大禹故里，遂改名禹里乡，后改禹里镇。

三营和北川县工委迅即组织城内军民在卷洞桥、奎星山等处设防。暴乱武装时而放枪，时而狂呼乱叫，未敢贸然攻城。相持三天，三营开始转守为攻，分股围歼暴乱武装。鉴于参与暴乱者多系被裹挟而来的群众，三营和县工委在采取军事行动的同时展开政治攻势，向敌阵喊话宣传党的政策，并将被俘人员教育后全部释放，以分化瓦解暴乱队伍。至十三日，三营八连在苍头山、瓦窑坪将主要匪众击溃，围攻县城的暴乱即基本平息。在片口、小坝、晓阳等地作乱的暴乱武装闻知攻打县城失败，纷纷作鸟兽散。

四月中旬，原国民党北川县警察中队长段平松和曲山袍哥大爷曾旭初等秘密串联，拼凑反共武装，发动了第二次攻打县城的暴乱。十八日夜，段平松联络国民党溃军和土匪三百余人秘密集结于治城周围，伺机攻城。十九日晨，三营通信班出城，潜藏于南门对岸碉堡内的暴乱武装人员以为被发现，慌忙开枪阻击。聚集于东岳宫、白岩头的匪众听见枪声，也一齐开枪。三营迅速抢占奎星山、魏家坪等制高点，并加强北关和南门外索桥头等处防御力量。

上午十时许，三营营长李琳在奎星山侦察敌情时，遭到潜藏在河对岸石纽山碉堡里的土匪狙击，不幸头部中弹牺牲。三营官兵闻讯群情激愤，旋即向对岸匪众发起攻击，一举将其击溃。二十一日，三营分三路出击，将潜藏于登高的股匪击溃。至二十三日，几路合围，歼灭了溃逃至鸡窝坪的残匪。

三营在北川两次平定暴乱，沉重打击了反革命势力的嚣张气焰，巩固了新生的人民政权。

一九五〇年六月二十八日，北川县工委为在征粮、剿匪、平定暴乱中牺牲的烈士修建的纪念亭在通口落成，亭中的纪念碑记载了解放军平定暴乱的事迹和牺牲的革命烈士的英名。

二〇〇八年汶川大地震时，北川县建筑损毁严重。震后在禹里镇重建烈士陵园，李琳等在剿匪中牺牲的烈士墓迁移至此。

川北的剿匪工作取得了显著成绩，仅从一九五〇年一月至四月，川北地区共歼匪二万三千余人，其中百分之六十以上是有国民党背景的政治土匪。土匪的肃清，为川北各项工作的开展打下良好的基础。

第八章 奉调空军

一九五〇年五月，马勇接上级调令，调任川北军区司令部作战处处长。

还未到任，又接调令，调往空军工作。

奉调空军，在马勇的军事生涯中是一次重大转折。

告别老部队

服从命令是军人的天职。六月十日，马勇告别了江油，告别了工作五年之久的战斗团队。

江油是唐代大诗人李白故里，李白青少年在这里度过，二十五岁方离蜀。关于李白出生地史学界有不同版本，一说出生于江油；一说出生于中亚碎叶城（今属吉尔吉斯斯坦托克马克市），而江油人坚信李白出生于江油。

江油人杰地灵，文化氛围浓厚，告别时自有几分留恋。但在马勇心中，更为不舍的是同老部队、老战友的告别。五年的战斗生活，自然充满了深厚的感情，一旦分别，心中那份不舍，确难言表。

马勇在六月十日的日记中写道：

> 今天别了五四五团，好像离开了家庭一样。在这里工作五年，全体干部战士及部队情况，一切都很熟悉，各方面都方便，突然离开，真有些依依不舍。

这支部队，诞生于抗日战争的烽火中，番号从太行军区四十四团，到晋冀鲁豫军区十三纵三十八旅一一三团，再到十八兵团六十一军一八二师五四五团，马勇一直担任军事主官，整整带领了五年。从华北到西北，从西北到西南，这支英雄的部队南征北战，前仆后继，在马勇的军旅生涯中留下难以磨去的印记。

马勇接到调令的同时，崔殿宸政委亦接调令，任川北军区政治部民运部部长，先马勇几天到川北军区报到。五四五团团长由支永胜接任，政委由孙瑞锦接任。

抗美援朝战争爆发后，五四五团在一九五一年四月随一八二师编入二野三兵团十一军，北上准备入朝作战。五月六十军一八〇师在朝鲜战场第五次战役中失利，建制打乱，损兵三分之二。五四五团于七月奉命从每个连抽出第二排组成一个营，和师另外两个团抽调的兵力一起组成一个整团，成建制编入一八〇师，使得一八〇师迅速恢复了元气，在后来的金城战役打了漂亮的翻身仗。一九五二年朝鲜战场局势稳定后，五四五团改编为铁道兵第八师二十三团，参与国内的铁路建设。一九五四年又集体转业至铁道部，后经多次改制至今为中铁五局三公司，仍战斗在我国的铁路建设事业中。从新中国成立后修建的第一条铁路丰（台）沙（城）线到创造世界奇迹的青藏铁路，都有着他们的英雄身影。

告别老部队，马勇从江油出发，经绵阳、三台、遂宁到南充。一路上先坐大车，到绵阳换汽车，汽车修了坏，坏了修，历时七天，几经折腾，终于到了南充，在川北军区司令部休整了几天。

在南充，川北军区郭林祥副政委、政治部王贵德主任和组织部牛击部长代表组织和马勇谈了话，对马勇的历史表现给予了肯定，对今后的工作表示了鼓励。在谈话中马勇得知，这次调往空军，川北军区还有一名团政治处主任和四名营级干部。

在南充，马勇又同不久前刚刚到川北军区政治部上任的老战友崔殿宸和高吉祥夫妇见了面。

马勇担任团长的五年多期间，搭档的政委有五任，第一任梁心明，第二任李寿山，第三任卢路，第四任张俊卿，第五任崔殿宸。马勇同崔殿宸搭档的时间最长，有四年半之久。

崔殿宸是山西省浮山县人，生于一九一五年，一九三六年加入山西“牺盟会”，一九三八年九月加入中国共产党，一九四六年一月从太岳军区老二团奉调四十四团担任政治处主任，一九四七年一月担任四十四团副政委，不久接任政委。两人一起工作，一起生活，一起战斗，相知相交、出生入死，可谓是“生死之交”。

一九五二年川北军区解散后，崔殿宸一直在成都军区工作，离休前任成都军区政治部副主任。

我同崔伯伯只见过一面。那是在一九七五年五月，崔伯伯来京参加全国工业学大庆会议，高阿姨也一同来京。崔伯伯去开会，高阿姨住在家里。崔伯伯会余到家中看望母亲。我那时工作单位在中央党校，离家较远，不经常在家住，只见了崔伯伯一面。因时间较紧，我们交谈得不多，但崔伯伯那种威严而又亲切的神情和对我的谆谆教导殷切期望，给我留下非常深刻的印象。临别前，崔伯伯送我一本会议发的

《毛泽东选集》第五卷，并在扉页上写道：“两个飞[①]：我把这本毛选五卷赠给你，望好好学习，继承先烈遗志，做革命的接班人。”

本书前言中提到，一九八七年为给父亲写小传，母亲写信给崔伯伯，希望能为我的写作提供一些资料。崔伯伯十二月三日收到信，四天后就以他和高阿姨的名义给母亲回复了一封万余字的长信！在信中，崔伯伯详细回忆了同父亲在一起的战斗经历，深切表达了对父亲的思念之情。

崔伯伯对父亲的思念之情，笔者无以表达，在此谨将崔伯伯给母亲的来信摘录如下：

> 你十一月二十二日的信，我十二月三日收到，一看寄信地址，使我莫名其妙，海淀区怎么会有人给我来信？拆视，顿时激起我对老战友马勇同志的怀念和无比的沉痛！想起他那熟悉的健壮身影和音容笑貌，把我带回到那硝烟弥漫、烽火连天的战争年代。
>
> ……
>
> 我用了三天的时间，写了以上这些战斗经历概况，供你和孩子们了解（小鬼抄了一天）。从中可以看出，他把一个人员成分复杂、武器简陋、不足五百人的小团，经数年奋发图强，不怕艰苦，不畏困难，日夜操劳，呕心沥血，细密地组织教练，英勇顽强地指挥战斗，经过频繁的战斗，把部队锻炼成一个能攻善守，驰骋华北、西北、西南的主力兵团。
>
> 我与他同吃、同住、同工作、同战斗四年半，

① 笔者的小名叫二飞。

在一些重大问题上，我俩总是不谋而合，异口同音，心心相印，从未发生过争执，团结得像一个人。

几年的患难与共，生死相依，形影不离，使我认识到马勇同志是我党一位忠贞不渝的好党员、好战士、好干部、好同志，是一个年轻优秀的指挥员。

他对党忠诚。上级的指示、命令坚决执行，从不讨价还价；对党的政策、纪律坚决遵守，从不违纪；他以身作则，并严格要求部队。

他作战英勇顽强，灵活果断，从来不畏艰险，总是指挥靠前。

他为人正派，胸怀开阔，性格爽朗，心口如一，不搞歪门邪道，不以权谋私。

他平易近人，没有架子，善于团结人，无论干部、战士都愿和他接近。四年多，我团先后换了两个副团长、五位参谋长、四位政治处主任。但我们团结一致，同心同德，没闹过意见。

他关心群众，与干、战同甘苦、共欢乐，战争间隙、行军中途，常与干部、战士一起打球、唱歌、游戏。记得五〇年春节，我们团的领导干部和直属队战士在平武县还进行了棒球比赛。

告别崔殿宸夫妇，马勇即从南充出发辗转到达重庆，与十八兵团其他调空军工作的人员会合，由六十军一八〇师参谋长北沙带队，赶赴北京。

七月三日破晓，马勇一行搭乘“江庆”轮从重庆启航，顺长江东去，过三峡，入湖北，到达北京，向刚刚成立的空军司令部报到。

父亲这次从江油到北京，是和母亲同行，而且母亲当时正怀有身孕，一路很是艰辛——关于父亲和母亲的故事，我会在后面专节详述。

人民空军的诞生

由于父亲在空军的经历是本书的重点之一，而且笔者也曾经是空军的一员，因此在本书写作时特意对我人民空军的建军史做了较多功课。下面对中国人民解放军空军（简称人民空军）的诞生做个简要回顾。

人民空军成立日是一九四九年十一月十一日，但提起它的诞生过程，时间表则要提前很多。

建立一支强大的空军，掌握战争的制空权，是中国共产党人自从有了自己的军队以来的迫切愿望。小米加步枪打天下，是我军的骄傲，是我军赖以不断发展壮大的光荣传统，但由于长期没有制空权，眼看着敌人在空中肆虐，多少战士倒在飞机枪炮之下而束手无策，却也是几代军人的切肤之痛。

中国共产党人对创建空军的愿望和努力，最早可追溯到大革命时期。从那时起，一直到人民空军正式成立前，我党我军通过各种途径和办法，一直做着不懈的努力，并培养和储备了一批航空人才。

这些人才主要有：早期苏联帮助培养的一批；国共二次合作后在国民党航校学习的一批；新疆航空队一批；从汪伪政权和国民党空军驾机起义的一批；东北老航校培养的一批。

大革命时期，孙中山的广州革命政府在苏联的帮助下创办了一所航空学校，校址设在广州，时称广东航空学校。当时，国共合作正处于蜜月期，广东航空学校于一九二五年一月从黄埔军校学员和飞机制造厂工人中招收了第一期学员，一共十名，其中有五名共产党员。七月，广东航校第二期又招收了四十二名学员，亦有多名共产党员。这两批学员中部分人先后被送到苏联深造。

一九二七年国共分裂后，通过国民党渠道选派学员赴苏学习飞行的路走不通了，我党就从当时已在苏联留学的党团员中挑选人员送到苏联航校学习。一九二七年九月和一九三五年九月，分两批从莫斯科中山大学、莫斯科东方大学和列宁学院选调一批中国学员进入苏联航校学习飞行和航空工程。

这几批中共早期学习飞行和航空工程的人员，由于种种原因，学成并坚持到人民空军成立的不多，主要有常乾坤、王弼、唐铎、徐介藩等。

常乾坤一九二五年入黄埔军校，同年加入共产党，次年考入广东航空学校，不久赴列宁格勒航空学校学习飞行，一九三三年入苏联著名学府茹科夫斯基空军学院航空工程系学习，是人民空军初创时期的领导人之一，曾任军委航空局局长和空军副司令员。开国中将。

王弼一九二五年加入共产党，同年赴莫斯科中山大学学习。一九二七年入列宁格勒航空学校学习机务工程，一九三三年考入莫斯科茹科夫斯基空军学院学习飞机和发动机设计制造工程，是人民空军初创时期的主要领导人之一，曾任军委航空局政委、空军副政委兼机务工程部部长（半年后改任空军副司令员），一九五二年转业任国家重工业部航空工业局第一副局长（局长由重工业部部长李富春兼任）兼总工程师，是新中国航空工业的创建人。

唐铎早年赴法勤工俭学，一九二五年入广东航空学校学习，赴苏后在苏空军第二飞行学校学习飞行，一九二六年加入共产党，后毕业于莫斯科茹科夫斯基空军学院。在苏联空军工作多年，曾获列宁勋章、苏联卫国战争勋章等，一九五三年回国，参与哈尔滨军事工程学院的建院工作，任学院空军工程系主任，开国少将。

徐介藩一九二五年从黄埔军校三期毕业后转入广东航空学校，和常乾坤是同学，一九二六年加入共产党，同年赴苏入列宁格勒航空学校学习。一九四八年回国，后参与哈尔滨军事工程学院的建院工作，转行任学院装甲工程系主任，后调任装甲兵工程学院副院长，一九六一年少将。

赴苏学飞行的人员中，有两位人物比较特殊。

一位是王勋，即王叔铭，黄埔军校一期学员，和常乾坤等一起赴苏学习飞行，在苏联加入共产党，一九三一年从苏回国后转投国民党阵营，解放战争期间曾任国民党空军副总司令，败退台湾后任国民党空军总司令。

一位是王琏，朝鲜籍，中共党员，回国后在东北老航校任团级飞行教官。一九四八年朝鲜人民军成立航空师，金日成向中国请求让王琏回朝鲜，帮助建设朝鲜人民军空军。经中共中央同意，王琏回到朝鲜，被任命为朝鲜人民军空军司令兼航空局局长，军衔为空军上将。一九五〇年抗美援朝战争爆发后，成立了“中朝人民空军联合司令部”，司令员为刘震，中朝各出一名副司令，王琏为朝方副司令，常乾坤为中方副司令。但令人痛惜的是，在一九五六年朝鲜劳动党“八月宗派事件”风波中，王琏被认为是“延安派”而遭清洗。

一九三七年全民族抗战爆发后，国共再度合作，我党从国统区地下党组织中安排了一些知识青年报考国民党飞行学校和机械学校，培养了一些我们自己的航空人才。如空六师首任师长吴恺、空军七航校首任校长魏坚、空司机务部部长张开帙等。

张开帙是一九三七年考入国民党空军机械学校的中共地下党员，回到延安后于一九四五年派到东北老航校，是人民空军第一任机务部部长，在二十世纪六十年代后期和七十年代为空投原子弹而主持了多种机型的改装。笔者一九七〇年入伍后，作为空五师小分队机务中队的机械员，先到南昌三二〇厂接收专为投掷原子弹改装的强 –5 甲强击机，后到甘肃酒泉基地和新疆马兰基地参加强 –5 甲飞机投弹试验。强 –5 甲的改装就是在张部长的主持下完成的。本来空军机务部的老处长唐志敏和我们小分队在京的部分战友在二〇一七年聚会时曾筹划庆贺张部长百岁生日，老部长却在百岁生日前突然病逝，使我们深感痛惜！

新疆航空队是人民空军初创时航空人才的重要组成部分。

一九三七年，国民党政府新疆督办盛世才打着抗日救国的旗号，取得苏联政府的支持，扩建了新疆督办公署边防航空队。并在航空队中辅设航空训练班（对外称“航空学校”），公开招生，培养飞行员和机务人员。时任中共驻新疆代表的陈云敏锐地感到这是我党可以利用的机会，马上报告中央。中央同意并责成陈云全面负责。之后，陈云与盛世才进行了多次交涉，达成了为中共培训航空人才的协议。当时，红军西路军兵败甘肃后，有近千人撤至新疆。陈云首先从这批人中选中二十五人。十一月，陈云调任中共中央组织部部长回延安后，又从抗日军政大学和摩托学校挑选了十九人。一九三八年三月，选调的四十三人（一人因病退出）会合迪化（今乌鲁木齐市），分为飞行班和机械班。飞行班二十五人，吕黎平任班长；机械班十八人，严振刚任班长。飞行班从四月开飞，到一九四二年毕业，经过近四年的学习。这批学员在苏联教官的帮教下，飞过多种机型，飞行时间平均每人达到三百小时，比较扎实地掌握了飞行技术，达到了作战水平。机械班一九三九年九月毕业，分配到盛世才的航空队当机械员，掌握了多机种的维修技术。

一九四二年九月，已任新疆省主席的盛世才见苏德战争爆发后苏联处于不利形势，突然翻脸亲蒋反共，把在新疆的共产党员全部软禁起来，继而又关进了监狱。航空队中的共产党员被关押了三年零九个月，直到一九四六年六月，中共由周恩来出面，通过新任新疆政府主席张治中将军营救，才得以释放，于七月十日回到延安。

新疆航空队入学时四十三人，经过近四年的艰苦学习和三年多的牢狱生活，没一人背叛自己的信仰，除去牺牲和病逝的十二人外，其余三十一人全部回到延安，大都成为人民空军初创的骨干力量，并从中走出了八位空军将军，他们是：

吕黎平，曾任空军四航校校长、空一军军长、沈阳军区空军副司令员，开国少将；

陈熙，曾任空军三航校校长、空军学院政委，开国少将；

安志敏，曾任空军六航校校长、空五军军长、广州军区空军副司令员，开国少将；

方子翼，曾任空军五航校校长、空二军军长、北京军区空军副司令员，开国少将；

方槐，曾任空军三航校校长（后任）、空二军军长（后任）、武汉军区空军副司令员，开国少将；

朱火华，曾任南京军区空军工程部部长，开国少将；

袁彬，曾任福州军区空军副司令员、南京军区空军司令员，一九六一年少将；

夏伯勋，曾任空八军军长、济南军区空军副司令员，一九六四年少将。

抗战胜利后，汪伪政权和国民党空军有识之士驾机起义，奔赴延安，成为新中国空军建设的另一支重要力量。

一九四五年八月二十日，汪伪政权的飞行人员周致和、黄哲夫、赵乃强、管序东、黄文星、沈时槐等六人驾日本政府送给汪伪政权的“国府专机”——日制“九九”式运输机“建国号”起义，从扬州飞抵延安机场，受到朱德、叶剑英、罗瑞卿、杨尚昆等中共领导人的热情欢迎。为防止敌人加害家眷亲属，六名飞行员分别改名为蔡云翔、于飞、张华、顾青、田杰、陈明秋。

一九四六年六月二十六日，延安机场又落下一架美制B-24型轰炸机，驾机飞行员是国民党空军第八大队上尉刘善本，以及副驾驶张受益、空勤机械士唐世耀、通信士唐玉文和领航员李彭秀。B-24是美国在二战期间研制的重型远程轰炸机，刚刚交付国民党空军，就从成都跑到延安，立即引起国内外轰动，使国民党空军的声誉扫地。二十九日，延安中央大礼堂举行隆重欢迎会，毛泽东、朱德亲切接见了刘善本机组全体起义人员。延安《解放日报》以《决心退出内战旋涡，刘善本上尉飞延，号召空军人员拒运军火，拒炸同胞》为题，在头版头条登载了新华社对刘善本的专访。

此后，从一九四八年九月到一九四九年九月，国民党空军先后有二十二架飞机、六十一人驾机或随机起义，从汉口、南京、上海、杭州、青岛等地飞往解放区。

这些原汪伪政权和国民党空军的飞行员起义后，大多参加了人民空军的建设。其中蔡云翔担任东北老航校教育长，一九四六年在一次执行运输任务时因飞行失事牺牲；刘善本先后担任东北老航校副校长、空十九师师长、空军学院副教育长等职，一九六四年少将。

解放战争中，在东北建立的“东北老航校”为人民空军的诞生创造了更好的基础和更多的人才。

抗战结束后，中共中央根据“向南防御，向北发展”的战略方针，派出大批干部和部队开向东北。同时，中央决定在东北建立一所航空学校，为将来我军的发展打下基础。这项具有战略眼光的任务交给了王弼和常乾坤等人。

在此之前，王弼和常乾坤等人在延安已创办了第十八集团军工程学校、集团军总参谋部航空组、晋察冀军区航空站等，积累了一定经验。接受任务后，王弼和常乾坤带领三十余名航空技术干部分两批从延安出发，于一九四六年一月到达东北，开始航校的筹建工作。

在此期间，中共东北局和东北民主联军总部（简称东总）彭真、林彪、罗荣桓等领导已指示有关人员开始进行筹备。他们不仅在东北地区搜集了十几架飞机和器材，最重要的收获是，在辽阳奉集堡机场接受了一个日军航空大队的投降。

这支日军航空大队在日本天皇宣布投降诏书后，不愿向苏军和国民党政府投降，在队长林弥一郎少佐的带领下，共三百余人逃进本溪深山中，被我东北民主联军包围。经过谈判和做工作，林弥一郎同意向我军投降。这次受降，我军共接收林弥一郎飞行大队飞行员十七名、机械师二十四名、机械员二十七名、各类地面保障人员一百八十多名，各式飞机四十六架及各种飞行器材和配件。中共东北局决定，这支日军飞行大队改名为东北民主联军航空队，调蔡云翔任队长，刘风任副队长，黄乃一任政委。之后，东北局和东总进一步扩充了航空队，改为航空总队，由东总炮兵司令员朱瑞兼任总队长，后勤部政委吴溉之兼任政委。

王弼、常乾坤等从延安来的航空技术干部与东北航空总队会合后，力量得到进一步增强。一九四六年三月一日，东北民主联军航空学校在通化正式成立，常乾坤任校长，王弼任政委（后增加第一政委马文），蔡云翔任教育长，林保毅（即林弥一郎）任飞行主任教官。后刘善本从延安抵达东北，任副校长。全校人员包括空地勤学员六百三十一人，各型飞机一百多架（三四十架可飞行）。

由于东北战局发展变化，这所航校曾多次迁址，从通化到牡丹江，从牡丹江到东安，从东安又回牡丹江，辽沈战役胜利后又迁至长春。一九四七年，原新疆航空队的飞行人员从延安来到东北，进一步充实了航校飞行教学力量。在教学力量加强的同时，校领导班子也要加强。东总决定，由东总参谋长刘亚楼兼校长，常乾坤改任副校长；吴溉之任政委，王弼改任副政委。刘亚楼的这一新职务，也是后来被中央任命为空军司令员的重要考量因素之一。

在艰苦的战争环境中，这所航校克服种种困难，一直坚持训练。到一九四九年十月空军成立前夕，共培养出飞行员一百二十六名，机械员三百二十二名，领航员二十四名，场站、气象、通信、仪表、参谋人员八十八名，使我空军在成立之初就有了良好的基础。为了和后来新建立的六所航校有所区别，这所航校被人们亲切地称为“东北老航校”。

东北老航校培养的这一百多名飞行员是后来空军各部队的飞行骨干，飞行技术比较过硬。从一九四六年七月开始飞行训练，到一九四九年空军正式建立前，这批飞行学员学飞最短平均在一年半以上，飞过多种机型，飞行时间都在一百多小时。在苏联援建的航校建成后，他们又进入速成班，经过半年左右的改装飞行，歼击机学员平均每人飞行三十三小时，轰炸机学员平均飞行二十三小时二十五分。像抗美援朝空战中打下多架美机的李汉、王海、张积慧、刘玉堤、林虎等功勋飞行员，以及空五师初建时的副师长孟力、十五团副团长马杰三等都是这批老航校学员。

一九四九年一月八日，毛泽东在为中共中央政治局起草的《目前形势和党在一九四九年的任务》的决议中提出："一九四九年及一九五〇年我们应当争取组成一支能够使用的空军及一支保卫沿海沿江的海军，这种可能性是存在的。"[①]

根据中央政治局决议精神，三月三十日，中央军委在北平成立了航空局，统一领导全国的航空工作，组织接管缴获的航空器材，修复机场，恢复航空工厂生产，为建立人民空军创造条件。军委航空局常乾坤任局长、王弼任政治委员。同时在华东、东北、华北、中南、西南、西北等军区相应成立了航空处。后来，军委航空局合并到空军机关后，各区的航空处扩建为军区空军司令部。

七月十日，毛泽东致信周恩来，提出筹建空军的设想："我空军要压倒敌人空军短期内（例如一年）是不可能的，但似可考虑选派三四百人去远方（即苏联——笔者注）学习六个月至八个月，同时购买飞机一百架左右，连同现有的空军，组成一支攻击部队，掩护渡海，准备明年夏季夺取台湾。""请召有关同志商酌见告。"周恩来随即开始组织筹建空

① 《毛泽东军事文集》第五卷，中共中央文献研究室、中国人民解放军军事科学院编，军事科学出版社、中央文献出版社一九九三年十二月版，第四七四—四七五页。

军的工作。

七月二十六日，中央军委致电第四野战军，提出：现在必须以建立空军为首要任务。同日，决定以十四兵团司令部及直属部队和军委航空局组成空军领率机关，并决定派十四兵团司令员刘亚楼等赴苏具体商谈购买飞机、聘请专家和帮助开办航校等事宜。三十一日，毛泽东在中南海听取了刘亚楼、王弼、吕黎平等关于筹建空军情况的汇报。八月一日，刘亚楼和王弼、吕黎平等人从北京出发赴莫斯科，加入刘少奇率领的中共中央代表团（已在苏联）。

早在六月下旬，以刘少奇为团长，高岗、王稼祥为成员的中共中央代表团秘密访问苏联，为建国方略听取斯大林意见。

七月二十七日，刘少奇根据中央书记处二十六日电报精神，向苏方提出：

为准备在一年左右时间建成中国空军战斗部队：

（1）拟向苏联订购雅克式战斗机一百至二百架、轰炸机四十至八十架，并配足各项备份器材及日式、德式重磅炸弹。

（2）拟请苏联航空学校在半年至一年内代我训练空军人员一千七百名，其中飞行员一千二百名、机械人员五百名。如便，拟请续办三年。如果同意，一千七百名学员拟于九月底集中，十月即可动身出国，一切费用由我们负担偿还。

（3）拟请苏联派出高级空军顾问三至五人，于九月底来华参加中国空军司令部及航空学校工作。

（4）若原则同意上述意见，拟派刘亚楼（将任空军司令）率小型代表团，于中共中央代表团离开莫斯科之前，来苏参加商谈这一计划，并组织一千七百名学员去苏联学习工作。[①]

当日，刘少奇在给中央的复电中说："斯大林、华西列夫斯基、布尔加宁等对我方计划表示赞同，但说航空学校不必设在苏联，可考虑设在中国国内。"中共中央接受了苏方将航校设在中国国内的意见。

八月十三日，刘少奇、王稼祥和到达莫斯科的刘亚楼、王弼、吕黎平同苏联武装力量部部长华西列夫斯基元帅会面，商谈了组建中国空军的具体方案。刘少奇回国后，刘亚楼等人又留在莫斯科同苏空军总司令维尔希宁等商定了有关建立航校、派遣苏方教官、改装苏式飞机、经费核算等各项具体问题，并签署了协定。刘亚楼一行于十月十六日回到北京。至此，组建空军的各项筹备工作基本就绪。

十月二十五日，中央军委正式下达任命令，四野十四兵团司令员刘亚楼为空军司令员、十三兵团政委萧华为空军政治委员兼政治部主任（一九五〇年四月，萧华调任总政副主任，另调十四兵团副政委吴法宪任空军副政委兼政治部主任，一九五七年二月任政委）、二野十七军军长王秉璋为空军参谋长（一九五三年二月，任命王秉璋为空军第一副司令员兼参谋长）。

十一月十一日，中央军委通告各大军区、各野战军：中国人民解放军空军现已成立，原军委航空局着即撤销，其所有干部及业务移交空军接收。

同日，中央军委任命原军委航空局局长常乾坤为空军副司令员兼训练部部长、原军委航空局政治委员王弼为空军副

---

① 方子翼、吕黎平、炜漪：《刘亚楼为创建空军呕心沥血》，载《刘亚楼将军传奇》上卷，中国文化出版社二〇一〇年三月版，第一四五——一四六页。

政治委员兼工程部部长。

至此，中国人民解放军空军正式诞生。后来，中央军委确定，一九四九年十一月十一日中央军委发布命令之日为中国人民解放军空军成立日。

锦州航校学员

一九五〇年七月，马勇一行到北京后，在空司机关办好调动手续，即赶赴锦州，进入空军第三航校飞行科一期丙班，开始了五个多月的飞行学员生活。

锦州第三航校是一九四九年十二月一日同空军另外五所航校同时成立的。从刘亚楼在莫斯科达成由苏联援建六所航校的协议、中央军委十月六日批准算起，到六所航校同时建成，只用了短短不到两个月的时间，这在世界各国空军的建军史上都可以说是个奇迹！

刘亚楼一行从苏联回到国内，建航校就成为首当其冲的任务。空军领导机关当时提出“一切为了办好航校”的行动口号，集中全部人力物力，抓紧第一批航校的筹建，并下了死命令，十二月一日必须开学。刘亚楼后来在《创建人民空军的七年》一文中回忆说：

> 办好航校是创建空军的首要关键。“一切为了办好航校”，集中主要精力领导航校工作，虚心地、积极地向苏联专家学习，是当时工作的主要方向。[①]

空军领导机关和先期到达的苏联顾问经过紧张的选定校

① 刘亚楼：《创建人民空军的七年》，载《刘亚楼将军传奇》下卷，中国文化出版社二〇一〇年三月版，第八九六页。

址、整修机场、配备干部、招收学员等一系列工作，六所航校雏形初现。六所航校中两所为轰炸机航校，四所为驱逐机（即歼击机）航校。起初，轰炸机航校和驱逐机航校分别排序，即轰炸机一航校二航校，驱逐机一航校至四航校。轰炸机一航校选址哈尔滨，二航校选址长春；驱逐机一航校选址锦州，二航校选址沈阳，三航校选址济南，四航校选址北京。十二月一日，六所航校按照空司要求准时开学。十二月二十日，中央军委决定各航校取消机种冠名，从一至六统一排序，于是，轰炸机航校排序不变，驱逐机航校从三往后顺排，锦州驱逐机一航校便改为锦州三航校。

到年底，向苏联定购的四百多架飞机、各类航材设备和苏联派出的八百七十余名专家陆续到位。一九五〇年一月，东北老航校改为运输机航校，命名为七航校，在牡丹江开学。空军第一批航校建设初见成效。

到一九五〇年上半年，七所航校共招收空勤学员一千八百余名，其中，速成班（有飞行基础的学员，大部是东北老航校的学员）学制定为半年，一期甲班和一期乙班学制定为一年。地勤学员三千六百余名，学制半年。实际上因部队建设需要，大部分学员都提前毕业，迅速上岗。

航校建立了，飞行学员也陆续开始进入学习，然而，一个新的问题摆在新上任的空军领导面前——组建航空部队缺乏师团一级飞行指挥员。

各航校前期招收的学员绝大部分是陆军部队的连排级干部和各地军政大学的学员，毕业分到航空部队后主要担任飞行员和大队以下飞行干部。

如何解决师团一级飞行指挥员的问题？

刘亚楼认为，飞行指挥员还必须从陆军出。尽管从文化水平、技术能力、身体条件以及年龄等方面看，陆军干部的条件不一定十分理想，但他们经受过战争的考验，具有人民军队的光荣传统，有能力把新生的人民空军带好，带成一支能打硬仗的部队，完成毛主席提出的“创造一支强大的人民空军，歼灭残敌，巩固国防”的任务。

后来，刘亚楼在空军提出“在陆军的基础上建设空军”的方针，也是基于同样的考虑。在一九五一年二月二十二日召开的空军党委第一次会议上，刘亚楼说：

> 为建设人民空军，中央从陆军调了大批干部来空军担任各种工作，又调来了大批航空学员，培养成飞行、机械人员。这批具有战斗经验、工作经验的干部和学员是人民空军建设的干部基础，是空军最宝贵的资本，是空军战斗力的核心。
>
> 他们是在解放军优良传统下培养教育出来的，大多数受过深刻的思想政治教育，经历过艰苦的战争考验、长期的军事共产主义生活。这就锻炼了他们的优良的政治品质、高度的组织性纪律性、英勇顽强自我牺牲的精神和艰苦奋斗的作风。特别重要的是其中大部分人在作战指挥方面，在部队管理教育方面，均经历了较长期的实际工作，因而在掌握军队领导工作上具有一定的经验和能力。
>
> 建设人民空军应该珍视他们，以他们为骨干，以他们为种子，来承受和传播解放军的优良传统，以他们为核心来锻炼人民空军的战斗力。这点应该成为不可动摇的方针。①

---

① 刘亚楼：《在陆军基础上建设空军》，载《刘亚楼将军传奇》下卷，中国文化出版社二〇一〇年三月版，第八九〇—八九二页。

还在空军筹备时期，毛泽东在同刘亚楼谈话时就承诺过，建立空军，“有什么问题，可直接找我”。有了这道“圣谕”，刘亚楼便在列席一九五〇年六月初召开的中共七届三中全会上，当面向毛泽东提出从陆军抽调干部问题，希望从全军选调一百名年轻、身体好、有文化的团营级军事干部，到空军学飞行，担任空军师团级飞行指挥员。毛泽东当即同意，要求全军“以最快的速度”落实。各大军区在接到中央的指示后，很快选调了符合飞行条件的团营级干部九十三名。

就是在这个背景下，马勇被选调到空军。

这批选出的团营级干部，七十六名学习歼击机，十七名学轰炸机。培训歼击机飞行干部的任务就交给了锦州三航校。

三航校老校址在锦州市西郊，后来人们称之为“西关航校”，以与后来迁址到城北的“北山航校”相区别。机场原先是日伪时期的一座军用机场，即小岭子机场，经过修复成为航校专用机场。三航校校长陈熙，原是新疆航空队学员，后到东北老航校担任二大队大队长，具有比较丰富的飞行经验；政委黄玉昆，是一九三三年的老红军，从四野三十八军师政委调任；参谋长尉剑畴，从四野一六五师副参谋长调任，即笔者在前言中提到的尉伯伯。全校共有苏联专家一百二十余名，担任航校各级和各类专业顾问。

接到培训飞行指挥干部的任务后，校领导高度重视。由于在此之前航校已经招收了两批普通飞行学员，因此这批学员按排序被编为飞行科一期丙班。一期丙班起初有学员七十六名，后来又调入八名从轰炸机改飞歼击机的学员，共八十四名学员。

马勇八月二日到锦州后，即入一期丙班开始航校的学习生活。

航校学习先从航空理论课学起，然后是飞机仪表、飞行动作基本要领。在上了一个多月的飞行基础课后，于九月十五日开飞。开飞后，先飞苏式雅克 -18 初级教练机，然后飞雅克 -11 中级教练机。此外，还有跳伞等训练科目。

马勇具有初中文化程度，在陆军部队中也算个小知识分子，然而学习飞行，面对高深的飞行原理、复杂的飞机仪器和从未接触过的飞机，简直就是“门外汉”、“大老粗”，学习难度可想而知。当然，在科学面前是没有捷径可走的，只有下功夫，认真刻苦学习。

雅克 -18 是苏联在第二次世界大战后设计生产的一种下单翼双座初级教练机，操控比较简单，最大平飞速度为每小时二百四十八公里，最高升限四千米，能在土地机场起降，起飞滑跑距离仅需二百零五米。从空军建立起，总共引进雅克 -18 二百七十六架。一九五一年我国得到苏方制造权授权，开始在南昌原国民党政府与意大利合建的“国民党第二飞机制造厂和航空研究院”旧址上重建南昌飞机制造厂，维修和仿制雅克 -18。国产雅克 -18 最初命名“红专 -501”，一九六四年改名为“初教 -5”，是我国生产的第一种飞机，在我国航空制造史上有着特殊意义。

雅克 -11 的生产比雅克 -18 要早，原型机是雅克 -3，在二战中是歼击机而不是教练机。在二战后期改为教练机，并改名为雅克 -11。雅克 -11 的最大平飞速度比雅克 -18 要快，可达四百三十公里，最高升限七千五百米，几乎是雅克 -18 的两倍，所以用作中级教练机。

在飞行教学中，最大的困难是语言。起初，教航空理论课的是苏联专家，讲课先由苏联专家讲，然后由翻译翻给学员。由于翻译本身不是学航空专业的，因此在课堂上翻来翻去不但费时，还闹出不少笑话。如把仪表译成“器具”、电压译成“紧张”、驾驶杆译成“一根棍子”、飞机座舱译成“飞机上的小房子”、飞机翻滚动作译成“圆筒在空中旋转”等等，经常弄得学员一头雾水。空中带飞就更成问题了，空中没法带翻译，苏联教官发出的指令学员听不懂，有时还听成相反的意思，造成危险因素。

后来航校组织召开“诸葛亮会”，群策群力想办法，最后决定建立“助教制度”，由过去搞过航空技术的人员和新参军的大专学生当助教。讲课前先由苏联专家、助教和翻译共同备课，然后助教上台讲课，苏联专家和翻译坐在教室里随时准备回答学员的问题。飞行教学也建立了“飞行助教制度”，由起义和收编的国民党飞行员担任飞行助教，飞行前和苏联专家、翻译一起准备，落地后再由苏联专家通过翻译讲评，帮助学员提高。这样下来，就逐步解决了语言障碍问题，提高了教学质量和教学速度，还培养了一批我们自己的飞行教员。

马勇在航校的五个多月学习生活是紧张的。飞行日的安排以天气状况为准，只要能飞就飞，而且分上下午两班飞行，中间还穿插着学习跳伞、自救等科目。

按照学习飞行的规律，飞完初中级教练机后还应该飞高级教练机然后才能毕业，但因学习时间的原因，一期丙班的学员都没有飞高教机。学员初中级教练机的空中飞行时间，大约在平均二十至三十小时左右。

空军飞行航校成立时原定学员一年毕业，这已是超常规的最短时限了。但因部队急需干部，一期丙班学员仅经过半年左右的速成学习，便分两批于一九五一年一月十五日和三月七日毕业。一期丙班学员共八十四名，其中有五十九名完成了飞行学习，平均分数四点六六分（五分制），毕业后均成为空军飞行部队的师团级指挥员。

对于这种训练飞行员方法的不足，空军领导是清醒的，但当时的现实条件又不得不这样做。刘亚楼在《创建人民空军的七年》一文中总结说："在短期内培养出了一批具有初步航空技术的学员，但是由于训练是速成的，没有进行充分的、系统的理论学习，学员对飞机性能和使用规则，在许多总问题上只知其然不知其所以然，基本驾驶技术很不巩固。"为弥补这一缺点，提高教学质量，在一九五一年以后，空司要求各航校先后两次延长了飞行学员的学习期限。

马勇是一月十五日第一批毕业的。毕业时，空军总部颁发了航校学员甲等奖状。

奖状内容如下：

中国人民解放军空军

司令部政治部奖状

马勇同志于航空学校学习积极成绩优良特给甲等奖状用昭激励

此状

司令员　刘亚楼

副司令员　常乾坤　王弼

副政治委员　吴法宪

参谋长　王秉璋

一九五一年一月十五日

空军三航校颁发了毕业证书：

马勇于一九五一年一月十五日在中国人民解放军空军第三航空学校第一期飞行科修业期满考试成

绩及格准予毕业

此证

校长　陈熙

政治委员　黄玉昆

从一名靠双脚走天下的陆军干部转变为一名翱翔蓝天的空军飞行指挥人员，马勇完成了军旅生涯的转型。

第九章 赴任空五师

一九五一年一月，马勇从空军第三航校学习结束后，被空司任命为空军第五师师长，赴开原上任。上任时，马勇二十八岁。

组建空五师

空军第五师是人民空军最早组建的师级飞行部队之一。

人民空军的飞行部队是从小到大逐步组建的。

一九四九年八月，军委航空局组建了一支飞行中队，这是我军组建的第一支空中作战单位。

这支飞行中队的成立完全是临危受命——一九四九年五月四日，国民党不甘心在大陆的失败，派出六架 B-24 轰炸机轰炸了北平南苑机场，毁伤我军缴获的飞机四架，炸毁机库一座，伤亡二十四人。由于这次空袭的目标是北平，直接威胁到党中央驻地的安全，引起中央的高度关注。事后，周恩来召见常乾坤，责成军委航空局在正规空军队伍组建前，先迅速组建一支作战分队，以加强北平的防空力量，保卫党中央。

遵照周恩来指示，军委航空局于八月十五日在南苑机场正式成立了一个飞行中队。飞行中队包括两个战斗机分队、一个轰炸机分队、一个地勤分队，后又增编一个空运分队。作战飞机是从各军区司令部航空处和东北老航校调来的缴获国民党空军的飞机和国民党空军起义投诚的飞机，起初只有不到十架，后经过逐步增加，最后全中队共拥有美制P-51战斗机二十三架、英制蚊式轰炸机三架、美制B-25轰炸机一架、美制PT-19教练机两架、美制C-46运输机两架、C-47运输机一架。飞行员也是从各军区航空处和东北老航校选调的，我军著名飞行员如林虎、刘玉堤、李汉等都曾是这个中队的成员。飞行中队建制属华北军区司令部航空处，作战指挥统一由军委航空局负责。

经过短期训练，飞行中队九月五日正式开始担负北平地区的防空作战任务。一九四九年开国大典阅兵式中的空中受阅飞行，也是由这个中队完成的。次年七月，飞行中队改名为独立第一驱逐机大队。后来国民党退出大陆，北平受敌机威胁日益减少，这个飞行大队完成了历史使命，于十一月撤销，空地勤人员和飞机分配给了各航校和部队。

到一九五〇年六月，人民空军第一支正规航空兵部队——空军第四混成旅在南京组建。

一九五〇年初国民党军队彻底从大陆败退到台湾后，又频繁派飞机到华东华南上空窜扰，特别是对上海市的发电厂、造船厂、航运码头等重要城市设施和沿江民房多次狂轰滥炸，对我新生政权造成严重威胁。为保卫上海、南京等华东大城市，同时准备协同陆、海军解放华东沿海岛屿，六月十九日，在苏联空军的帮助下，空军第四混成旅旅部在南京组建，八月八日旅部移驻上海。

空军第四混成旅下辖两个驱逐机团（十团、十一团）、一个轰炸机团（十二团）和一个冲击机团（十三团），华东军区空军司令员聂凤智兼任旅长，二航校政委李世安调任政委，飞行员主要由各航校速成班毕业学员担任。第四混成旅成立后，接收了苏联空军来华协助防空的混成航空兵集团（师级）两个歼击机团和一个冲击机轰炸机混编团的全部装备，经苏军人员短期训练后，于十月正式担负防空任务。

可能有人会有这样的疑问——为什么我军第一支航空部队不命名为第一旅而命名为第四旅呢？这是空军总部有意为之。刘亚楼司令员曾做过这样的解释：我们是效仿当年朱德、毛泽东上井冈山创建第一支中国工农红军时不称红一军而称红四军的做法，是为了继承老红军的光荣传统。

十月五日，为中朝边境战事预做准备，继第四混成旅组建后，在沈阳又组建了空军驱逐第三旅，旅长方子翼，政委高厚良。二十八日第四混成旅旅部及第十团北上辽阳，改编为驱逐第四旅，方子翼改任四旅旅长，三旅代旅长夏伯勋。

二十八日，中央军委批准空军总部关于在空军部队番号前不冠以机种名称的建议，空军第三、第四驱逐旅遂改称为空三旅、空四旅。三十一日，中央军委又批准空军总部关于空军部队的建制由旅改师的建议，空四旅改编为空四师①，师长方子翼，政委李世安；空三旅改编为空三师，代师长夏伯勋，政委高厚良；师级番号从十一月十日启用。不久，原第四混成旅十一团改编为空二师，师长刘善本，政委张百春。这是空军最早由第四混成旅改编而来的三个航空兵师。

---

① 空四师一九五六年改为空一师。空军建军以来，空一师编制一直空缺，按刘亚楼司令员的话说，要把空一师留给战功最大的部队。空四师改为空一师后，另组建了新的空四师。

在此之后，在不到一个月的时间内，又相继组建了五个航空师（即空五师、空六师、空七师、空八师、空九师），人民空军初具规模。到一九五四年初，分五批共组建二十八个航空师，迎来了空军的第一次大发展。

一九五〇年十一月十九日，中央军委批准组建空五师的命令。命令二十四日由空军司令部下达，内容如下：

以由华北军区拨给空军之原二〇六师师部，改编为空军第五师师部，辖空军第十三、十五两团[①]。

原二〇六师所属之六一七团团部，改编为空军第十五团团部。

调空军第十三团及第十三供应大队全部归空军第五师建制。

空五师驻地定于辽西省开原县（今辽宁省开原市）。空军司令部命令发布后，各有关单位在十天内即完成筹备工作。

华北军区第二〇六师政委马泽迎即率师部及六一七团部赶赴开原，组成空五师师部及十五团团部。

华北二〇六师，为原华北军区第七纵队第二十旅，是华北军区的老部队，参加过察南绥东战役、保北战役以及平津战役，二〇六师师部及六一七团团部改归空军建制后，所属部队编入华北军区防空军。

十五团组建后，在第七航校完成飞行学习的三十名飞行员也很快到位。

十三团及第十三供应大队于十一月二十五日由原驻地徐州转场开原。

开原机场原驻有苏联空军的一个师。我方人员到位后，

① 空军最初组建的航空兵师是两团制，一九五三年后逐步改为三团制。

即接收了这个师的装备，计有伊尔 -10 飞机六十架、乌伊尔 -10 教练机四架、雅克 -12 通信机三架。

伊尔 -10 是苏制活塞式冲击机①。在此之前，苏联伊留申设计局首先于一九三九年研制了伊尔 -2 活塞式双座冲击机，在二战期间是苏军装备使用最多的作战飞机。该机装有坚固的装甲和火力强大的武器，主要用于攻击敌坦克和地面部队。一九四三年，伊留申设计局在伊尔 -2 基础上改型研制了伊尔 -10，一九四四年四月十八日首飞，八月投入批生产。伊尔 -10 仍保持了伊尔 -2 的气动外形和几何尺寸，但改为全金属结构，加强了装甲，换装了功率更大的发动机，提高了飞行速度。该机采用单发双座下单翼布局，以攻击地面目标为主，腹部装甲厚，配备火力强，低空飞行能力强，在二战中被称为“空中坦克”。

乌伊尔 -10 教练机是伊尔 -10 的改型机，主要是把后座的射击手舱改为教练舱，增加了与驾驶舱的连动装置。

雅克 -12 通信机于一九四七年首飞，除用作通信机外，亦可作为轻型运输机。

十二月五日，在开原机场召开空军第五师成立大会，东北军区空军司令员刘震到场宣读空司命令。这一天就成为空五师的成立纪念日。

一九五一年一月中旬，马勇从第三航校完成学习后，即从锦州赶到开原，赴任空五师，同其他师领导一起，担负起创建和领导空五师的重任。

马勇到任时空五师的领导班子是：政委兼师党委书记马

① 一九五五年十月之后改称强击机。

泽迎、副师长孟力、副政委于应龙、参谋长王艺如、政治部主任蔡剑桥、副参谋长郭健、政治部副主任翟佑民。

马泽迎政委是一九二九年的老红军，参加过长征，年长马勇十岁，是政治工作经验十分丰富的老大哥，与马勇搭档八个月后调回陆军，曾任北京军区后勤部副政委，开国少将。马泽迎调离后，师党委书记由马勇接任，政委由于应龙接任。副师长孟力调离后，第三航校参谋长尉剑畴调任副师长。参谋长王艺如、白宗善先后调离，由副师长尉剑畴兼任。政治部主任蔡剑桥、苏林先后调离后由翟佑民接任。副参谋长郭健调离后由谭有福接任。

空五师成立后即投入紧张的改装伊尔 -10 的训练中。此时，抗美援朝战争已经打响，战争形势要求新生的人民空军尽快掌握装备，形成战斗力，投入与以美国为首的“联合国军”的较量中。

空五师十三团是原第四混成旅的冲击团，已掌握了伊尔 -10 的飞行技术，而十五团的飞行员刚从航校毕业，还不熟悉伊尔 -10 的飞行技术和要领。在苏联顾问的直接教学下，仅用了三个月的时间，十五团就经过伊尔 -10 的理论学习和实际操作训练，顺利完成了飞行改装任务。

马勇身上承担着双重任务——既要带领全师完成改装伊尔 -10 的任务，自己也要尽快掌握伊尔 -10 的飞行技术，熟练驾驶飞机。从只飞过中级教练机到直接上技术装备和飞行要领要复杂得多的伊尔 -10，这本身就具有极大的挑战性。在困难面前，马勇知难而进，不仅自己较快地掌握了伊尔 -10 的飞行技术，而且和师里其他飞行干部一起，带领全师刻苦训练，积极备战，全师军事水平有了显著提高。

当时，师里还有苏联顾问协助完成改装任务和进一步提高飞行技术。苏联顾问的帮助对全师顺利完成改装任务也起了很大作用。

一九五一年五月二十三日，军委总参谋部军训部在卢沟桥至长辛店一带第一次组织联合兵种演习，空五师派出四架伊尔-10参加演习，圆满完成任务，检验了部队的作战能力和训练水平。

备战入朝

一九五〇年六月二十五日，新中国成立还不到一年，朝鲜内战爆发。三个月后，十月十九日，中国人民志愿军入朝作战，举世震惊的抗美援朝战争爆发。

次年三月十五日，中国人民志愿军空军司令部在中朝边境的安东市（今丹东市）成立，东北军区空军司令员刘震兼任司令员，空军副司令员常乾坤兼任副司令员，受志愿军总部和空军总部双重领导，统一组织指挥志愿军空军训练和作战。同时，为协调中朝两国空军关系，以志愿军空军司令部为基础，组成了中朝空军联合司令部，增加朝鲜空军王琏为朝方副司令员。包括空五师在内的七个航空兵师荣列首批志愿军序列。

空五师虽然列入志愿军空军序列，并做了充分准备，但最终并没有实现入朝作战。

在父亲的遗物中有一只黑色的皮质公文包，应该是供飞行导航使用的，公文包内有一张手绘的航线草图，标注着朝鲜境内平壤以北地区的九个机场，以及各个机场之间的航线。从草图的笔迹看是父亲亲笔绘制的。

初次看到这张草图时笔者一时有些迷惑，空五师不是没有入朝参战吗？这张航线图是干什么的呢？直到后来深入了解了这段历史，笔者才解开了这个谜团——当年我空军冲击机部队确实是作了入朝参战的准备的。

原来，在一九五一年下半年抗美援朝战争进行到边谈边打的相持阶段时，中国志愿军空军曾设想过进入朝鲜境内，从空中以火力支援地面部队的战斗。空五师、空八师、空十一师等几支冲击机师和轰炸机师已经做了必要准备，甚至已经有所行动，但最后却没能成功实施。

在一九五一年六月中美双方相持在三八线附近时，美方已意识到靠武力是打不赢这场战争的，只能更深地陷入战争的泥潭，而中方也赞成双方停火。于是由苏联驻联合国代表马立克提议，交战双方在朝方开城的一座别墅内坐下来开始和谈（后移至板门店）。但谈判进展并不顺利，谈判桌又成为新的“战场”。

为了在谈判中得到更多好处，美方以及韩方不仅多次提出无理要求，而且在停火线上多次挑起局部战役。这种战役的艰巨性和残酷性丝毫不亚于之前的五次战役（如著名的上甘岭战役便是在此期间进行的），持续时间也更长。谈判期间打打谈谈，直到一九五三年七月谈判正式签字。

在相持阶段的战役中，美军随时可以得到空中支援，美军飞机从韩国起飞，航程不长便可以到达三八线附近。而中朝军队却得不到空中支援。从鸭绿江边到三八线附近直线距离在三百五十公里左右，而伊尔 -10 冲击机由于构型阻力较大和装甲厚重，最大航程只有八百公里，也就是说，飞机从国内机场起飞到达战场几乎就要返航，根本无法实施空中支援。要想支援中朝部队的地面作战，唯一的出路就是入朝驻防，有任务随时起飞。

一九五一年七月，为实现入朝参战，志愿军空军司令部在吉林省东丰县组成轰炸机指挥所，华东军区空军司令员聂凤智担任司令员，下辖空八师和空十师；在开原组成强击机指挥所，华北军区空军司令员徐德操担任司令员，下辖空五师、空九师和空十一师。空十一师同空五师一样，装备的是伊尔 -10 冲击机；空九师装备拉 -9 驱逐机，承担为冲击机护航的任务。

从四月开始，中朝两国的后勤部队开始在平壤以北地区修建和修复机场，其中正规机场九座、简易机场八座。八月初，各预备入朝作战的部队先后派出后勤先遣队，进行机场运行和后勤补给的准备工作。父亲手绘的那张航线草图中，机场从北至南依次是：安东、新义州、义州、龟城、泰川、定州、顺川、顺安、博川和平壤。

美军觉察到中国空军的意图，从八月开始，美军向平壤以北地区发动了“夏季攻势”，美空军也配合地面部队开始实施“空中封锁运输线”计划，即所谓的“绞杀战”计划。这些机场在美军的“绞杀战”中，遭美机持续轰炸破坏，炸了修，修了又被炸，一直未能得到利用。

后来担任空五师十四团机务副团长的张洪文当时曾参加了空五师派入朝鲜境内的后勤先遣队。张副团长回忆说，当时先遣队每人带了七张大饼就进入朝鲜境内，准备修复机场设施。大饼两天半就吃光了，刚修复的机场也被美军 B-24 轰炸机炸毁了，先遣队只好撤了回来。

在待命入朝期间，空五师接到转场北京参加国庆阅兵的任务。完成国庆受阅任务回到开原后，空五师指战员们仍在积极备战，等待入朝命令。然而战争形势瞬息万变，一九五一年十月，在美军“夏季攻势”和“秋季攻势”相继失败后，停止了六十二天的停战谈判重新启动，双方又回到板门店的谈判桌前。谈判中首先确定了不得进行军事对抗的中立区。为防止我机误入中立区，给敌以借口，十月二十五日中央军委电令：“空军驱逐机限定在平壤以北执行原任务，冲击机部队继续原地待命。”十一月，志愿军空军司令部宣布轰炸机指挥所和冲击机指挥所撤销。此后不久，空五师归建空三军，空十一师也从吉林调回徐州。十二月九日，中央军委进一步指示：“无论朝鲜停战谈判有无结果，我空军均暂不进驻朝鲜境内机场。”

至此，空军建军以来唯一一次进入他国境内机场参战的尝试最终没能实现。

虽然空五师等强击机部队没有实现入朝参战，但歼击机部队实现了入朝作战。在抗美援朝战争中，中国空军是第一次也是到今天为止唯一一次同美国空军真刀真枪地较量，在我人民空军建军史上具有里程碑意义。

最先参战的是空四师。一九五〇年十二月二十一日，志愿军空军第四师第十团开始以大队为单位进驻安东浪头机场，在秘密出动的苏联空军带领下进行实战锻炼，到一九五一年三月二日，空四师各大队全部完成实战练习，为后来志愿军空军部队大规模参战提供了宝贵经验。

从一九五一年九月起，志愿军空军开始以师为单位，轮番进入一线机场参战，到一九五三年七月十九日抗美援朝战争最后一场空战为止，继空四师之后，空三师、空二师、空十四师、空六师、空十五师、空十二师、空十七师、空十八师、空十六师等九个歼击机师先后参战。在与美军轮番大规模空战中，年轻的中国空军不仅积累了实战经验，也取得了辉煌战果，产生了一批战斗英雄。如四师第一个击落敌机的刘汉大队长、击落美军二战“空中英雄”戴维斯的张积慧大队长，三师一次空战击落敌机四架的刘玉堤大队长、初战击落敌机两架的赵宝桐副大队长、共击落击伤敌机九架的王海大队长，十五师击落美军双料王牌飞行员费席尔的飞行员韩德彩等。

在丹东鸭绿江边，竖立着一座题为《英雄空军》的塑像，塑像基座上刻着：

> 1950 年 10 月，抗美援朝战争初期，中国人民志愿军空军边打边建。1951 年 1 月 21 日首次与美国空军空战后，与苏联空军联合建立起“米格走廊”。在鸭绿江至清川江上空同美国空军多次展开激战，保障了战时物资供应和祖国安全。到 1953 年 7 月 27 日朝鲜停战，年轻的志愿军空军击落敌机 330 架，击伤 95 架，共 425 架。

但实事求是讲，在抗美援朝空中战场上，在对于战争制空权的争夺中，唱“主角”、起决定性作用的，并不是我志愿军空军，而是苏联空军。

——关于这个问题，不仅中方和苏方在相当长的一段时间内有意作了隐瞒，吊诡的是，交战的对手美方也对此有意作了隐瞒，这几乎成了一个历史“谜团”。

为什么会出现这样一种令人费解的局面呢？

事情从头说起。

第二次世界大战进入一九四五年之后，以美、英、苏为首的同盟国取得胜利已是指日可待。二月，在苏联克里米亚半岛的雅尔塔皇宫内举行了一次秘密会议，史称“雅尔塔会议”。这次会议被认为是确定战后世界新秩序和列强重新划定势力范围的会议。在会上，斯大林和罗斯福商定：二战结束后，在“朝鲜人民还没有能力组织起自治政府”时，朝鲜半岛由美苏英中“四国托管”。由于这个协议的存在，在苏军对日宣战、出兵远东打败日本关东军后，出现了一个看似奇怪的场景：苏军在向已成真空地带的朝鲜半岛挺进时，走了一半却主动停了下来，等待美军的到来。而此时，美军的部队却还远在六百公里之外的冲绳。等到美国醒悟过来，派出少量部队入朝，并提出以三八线为界划分美苏受降区域时，斯大林也欣然接受。于是，朝鲜半岛北纬三十八度线，这条二百四十八公里长、斜穿朝鲜半岛、切断十二条河流二十三条公路和六条铁路线的模糊概念，就成了南北朝鲜的分界线。

战后，很多史学家不解：以苏军的实力和斯大林的性格，“谁打下的地盘谁占领”不是很正常的事情吗？苏军为什么不占领全部朝鲜半岛而要半途停下来？斯大林这是怎么了？

其实，斯大林有自己的“小算盘”。据说，斯大林在回复美方关于以三八线划界时提了两个条件，一是要求确认战后把“南千岛群岛”（即日方所谓的“北方四岛”）划归苏联，二是要求占领北海道北部，理由是占领日本不能没有苏联参与。也就是说，斯大林想拿朝鲜半岛南部领土换取日本北部领土。但最后杜鲁门只兑现了第一个条件，没有兑现第二个条件。

一九四八年，朝鲜人民民主共和国和大韩民国相继成立，美苏驻军也撤离了朝鲜半岛，一岛两国的格局形成。

一九五〇年六月二十五日，主政北朝鲜的金日成在中国共产党取得全国胜利的激励下，对南朝鲜发动了军事进攻，准备武力统一朝鲜半岛。

在朝鲜内战初期，朝鲜人民军一路势如破竹，攻占了南朝鲜百分之九十以上的土地，韩国军队龟缩在釜山一隅，奄奄一息。但金日成误判了美国的态度，美国没有坐视不管，以美国为首的十六国组成的“联合国军”的介入，使战争局势发生了一百八十度翻转——九月十五日，“联合国军”在仁川偷袭登陆，展开大规模反攻，致使朝鲜人民军当即向北溃败，到十月中旬，战火已烧到中朝界河鸭绿江边。十月十九日，中国人民志愿军入朝作战，抗美援朝战争爆发。

中国出兵前，斯大林顾虑同美国的关系，当着周恩来总理的面拒绝了中方要求苏联空军支援的要求，而这一要求是斯大林曾经点头允诺的。对于这突如其来的变化，中共中央政治局曾有过犹豫和顾虑，但在毛泽东的坚持和说服下，最终决定在没有空中支援的情况下入朝作战。不难想象，在没有制空权的条件下出国作战，尤其是面对装备精良的美军，抗美援朝战争初期，志愿军在前线和后勤补给线上都吃了不少亏。

丹东市鸭绿江江面上至今还保留了一座被美军炸毁的断桥。这座修建于一九一〇年的铁桥，在一九五〇年十一月八日美空军百余架B-29型轰炸机首次对大桥的狂轰滥炸中，就被拦腰炸断，朝方一侧钢梁坠入江中。几天后的十四日，美军又派出轰炸机三十四架再次轰炸大桥，朝方一侧三座桥墩被炸塌，至此大桥完全瘫痪。

中方一侧所剩四座桥墩及桥上钢梁保留至今，被人们称为“鸭绿江断桥”，成千上万处弹痕至今依然历历在目，仿佛是一位屹立江中的不朽老人，见证并陈述着抗美援朝战争的硝烟岁月。“鸭绿江断桥”现已成为丹东一处著名的旅游景点。

大概是受到中国人民志愿军在没有空军支援条件下毅然

出兵的壮举的感染，斯大林很快改变了态度，决定派苏联空军秘密参战。

其实，在战争爆发前，苏空军已有几个航空兵师移驻安东及辽宁其他机场，一面培训中国空军，一面做了参战的准备。看到志愿军后勤补给线受到美空军的狂轰滥炸，十一月五日，斯大林下令再派苏联空军十二个师转场入境，与之前已在中国境内的几个师开始共同担负中朝边境的防空任务。

由于斯大林顾虑如果参战行为被美方获知，会造成美苏的直接冲突，使战争升级，因此，苏军统帅部对参战飞机和人员作了严格规定：作战区域南不超过平壤至元山一线，西不越过海岸线，绝不能进入敌占区，以免飞机被击落，飞行员跳伞后落入敌军手中。据说，斯大林下达过苏联飞行员万一被俘必须要自杀的命令。

苏联飞机标记被改为中国空军军徽或朝鲜空军军徽，苏军参战人员入境一律身着中国人民志愿军军服或朝鲜人民军军服，无线电空中通讯中不许使用俄语，而要使用一种带有特殊发音的韩文字母。当然这不容易做到，很快苏联飞行员就忍不住用俄语交流了。

苏联空军的参战使制空格局很快发生了变化，美军飞机开始有所忌惮，在中朝边境和鸭绿江南岸一带上空，再不敢如入无人之境般地肆意施虐了。

著名的“米格走廊”是在这时开始形成的。所谓“米格走廊”，是美空军对朝鲜西北部清川江上空至鸭绿江上空一带地区的称谓，在这一区域美军的 F-86 佩刀战斗机多次与苏联的米格 -15 战斗机发生遭遇战，并屡屡吃亏，因而得名。这是世界军事史上第一次出现大规模喷气式飞机交战的地方，所以“米格走廊”也被视为喷气式飞机战争的发源地。

苏联空军不仅直接参加空战，而且带领年轻的中国空军直接迎战美国空军，传帮带，帮助中国空军尤其是歼击部队的成长。

毋庸讳言，在抗美援朝空战中大部分击落美机的纪录是由苏联飞行员取得的。由于冷战时期苏联方面对于这个期间的作战资料高度保密，因此除美国及其核心盟友外，多认为是中国志愿军创下这些战果。很多史书喜欢引用时任美国空军参谋长范登堡说过的一句话："中国一夜之间就成为了世界空军强国。"不知此话是否属实，如果属实，那么范登堡将军很可能是在打"烟雾弹"。

范登堡将军的"烟雾弹"其实是在掩盖美方的尴尬。

冷战结束后人们才知道，实际上，美国空军很早就知道他们真正的空中对手既不是朝鲜人，也不是中国人，因为美国飞行员不仅在空中看到了白种人的面孔，而且在无线电通话中听到了俄语。

但当时美国领导人与莫斯科有着同样的顾虑，他们需要和苏联人共同保守苏联空军参战的秘密。

苏军空军参战的情况上报以后，美国决策机构认为对此必须保持沉默并封锁消息，以免刺激舆论迫使政府采取报复行动，从而导致战争升级。当时美国的决策机构曾经进行辩论，是不是应该将俄国人参战的消息公之于众。美国国务院政策计划司司长保罗·尼采起草了一份文件，建议保守秘密，给这个事做出了结论。尼采对后来的访问者说："如果我们公布真相，公众将要求我们对此采取相应的行动。最终，我们可以做的事情只能是扩大战争，卷入与苏联更加严重的冲突。"艾森豪威尔接任总统后也一直将这一消息束之高阁，因为如果泄露出去，将形成与苏联开战的巨大压力。正是华盛顿与莫斯科的这种默契，使苏联空军参加朝鲜战争的历史真相沉寂了四十年。

但是无论如何，历史迟早会还原它的真相，苏联空军在抗美援朝战争中与中朝空军并肩作战，发挥了不容忽视的作用。

在整个抗美援朝战争期间，先后有十二个苏联空军师投入了空战，轮番参战的空军人数总计为七万两千余人，一九五二年最多时达到两万六千人。根据后来看到的俄罗斯联邦武装力量总参谋部档案文献的统计数字，苏联空军的歼击机总共击落了一千零九十七架敌机，高射炮兵击落了二百一十二架敌机，而苏联航空兵在朝鲜损失了三百三十五架飞机和一百二十名飞行员。在这场战争中，苏联军人总共牺牲了二百九十九人。这些来自异国的烈士，安葬在旅顺（今大连市旅顺区）的苏军烈士陵园中。

抗美援朝一级战斗英雄、空军前司令员王海上将晚年在其回忆录中曾经说过：

> 战争初期，中国人民志愿军空军还相当年轻、弱小，空战主要是苏联空军打的。后来的大机群作战，特别是与F-86大机群作战，仍由苏联空军唱主角，中国人民志愿军空军协同其完成作战任务。因志愿军空军尚未经过夜航训练，还不具备夜间作战的条件，夜间作战的任务也由苏联空军承担。没有苏联空军的大力支援，中国人民空军就不会发展得那么快，志愿军空军也很难取得如此辉煌的战绩。[①]

——尊重历史，是正确总结历史经验的前提。

---

①《王海上将：我的战斗生涯》，王海著，中央文献出版社二〇〇〇年二月版，第一五〇—一五一页。

抗洪小插曲

在执行军事任务的同时，空五师也尽最大能力，帮助驻地附近人民群众解困救危，安居乐业，共建家园。

一九五一年七月下旬，辽宁北部突降大雨，连绵十几日，引发山洪暴发，洪水泛滥成灾，辽河、清河、马仲河河水如脱缰野马冲开决口，五百多处洪水冲断铁路桥梁，淹没农田村庄，百姓生命财产遭受巨大损失，而开原一带正是这次特大洪水的中心区域。

马勇等师领导立即命全师除值班人员外紧急行动，全力以赴奔赴抗洪最前线，抢险救灾，营救受难乡亲。马勇也亲自奔赴水灾第一线，指挥抢险救灾行动。当时，空五师是开原地区驻军中级别最高的，马勇不但自己率部参加救灾，还主动协调指挥几个不同兵种的地方部队参加救灾，工作安排得井井有条。

正在紧张地抗洪救灾时，马勇突然接到空军总部发来的电报，说国家水利部部长傅作义①受周恩来总理委派，即来水灾第一线视察灾情，抚慰受灾群众，要求五师协助地方政府做好接待工作。空军总部同时指示，要做好从陆军转到空军部分老同志的思想工作，保证部长视察顺利，防止意外情况发生。

北京的部长来视察，做好接待工作自不必说，还要做思

---

① 傅作义（一八九五—一九七四），山西临猗县人，保定军校毕业，晋绥军主要将领，在绥远百灵庙抗战中一战成名。在解放战争中，曾任国民党华北“剿总”总司令，同我军晋察冀部队进行了顽强对抗，后在平津战役中起义，使得历史古城北平得以和平解放。新中国成立后被任命为中央人民政府委员、水利部部长。

想工作防止发生意外，马勇一时有点摸不着头脑。经了解才知道，原来空五师的老班底陆军二〇六师是晋察冀的老部队，在解放战争期间同傅作义的部队打了多年交道，还吃过不少亏。

一九四八年初，二〇六师打完涞水战役撤退转移时，傅作义手下的王牌三十五军仗着全副美式装备围追堵截百余里，装备简陋的二〇六师猝不及防，伤亡惨重，在指战员心中刻下了仇恨的印迹。一九四八年春，傅作义的骑兵十三旅执行“冀中穿心战”计划，在旅长鄂友三带领下袭击冀中多县，残杀我伤病员，火烧粮库、被服厂，毁坏枪械所、修理厂，对冀中人民犯下滔天罪行。到了这年十月，傅作义军队偷袭石家庄，直接威胁到党中央驻地西柏坡安危，二〇六师在唐河打了个漂亮的伏击战，痛击偷袭之敌，而对手正是鄂友三的骑兵十三旅。

战场上曾经兵戎相见，刺刀见红，如今却要接待敌人的最高长官，难怪总部首长要担心了。

马勇了解情况后，立即召开师党委会（政委马泽迎因病不在家），传达贯彻总部指示精神，要求层层布置，严防意外。

八月二十一日，傅作义乘坐的飞机在开原机场降落。马勇此时在水灾第一线脱不开身，由师副参谋长谭有福带领当地政府的领导在机场迎接，而谭有福正是当年二〇六师的一位团长，曾多次与傅作义的部队交手。但谭副参谋长从大局出发，不计前嫌，向部长详细汇报了水灾情况和抢险救灾工作，圆满完成了接待任务。傅作义在交谈中得知眼前这位年轻的军官正是当年交战的对手，连连诚恳地表示歉意。

随后，在谭有福安排下，傅部长乘坐一艘摆渡的木船，师里配备一台报话机，沿清河激流而进，来到抗灾前线指挥部。

正在指挥部的马勇和翟佑民见傅部长来到抗洪第一线，立即上前迎接。傅作义登上一个湿滑的土坡，发表讲话，代表周总理慰问了抗灾的官兵和受灾的群众，对抢险救灾斗争起到了极大的鼓舞作用。

这时发生了一个小插曲。只见通讯队的一位电话班班长拿着一根木棍急匆匆向傅作义跑去。在场的人都知道，这位班长是从二〇六师转到空五师的老电话兵，鄂友三骑兵十三旅突袭冀中时，他的亲弟弟就因负伤住院惨死在鄂部骑兵的马刀下，他本人在战斗中肩部也受了枪伤，难不成……正在众人惊愕时，这位老兵却亲手把木棍递到傅作义手中。原来是他看到傅作义年纪大了，在湿滑的土坡上不好走，送个木棍作拐杖——大家悬着的心这才放下来。

抗洪现场，土坡、房顶、草垛上到处是被洪水围困的灾民，由于几天没有进食进水，灾民的情况十分危险。而救灾的船只、木排实在太少，往返接送灾民的进度又十分缓慢。谭副参谋长安排师各供应大队各单位的食堂做了很多馒头、大饼。但怎样把食物送到灾民手里呢？傅作义部长见此想通过师里的通讯设备请求北京空中支援。傅部长的想法提醒了大家。空五师在接收苏军装备时配有三架雅克 -12 通信机，这种飞机使用成本低，起降性能好，除用作通信机外，还可以用作救护机、轻型运输机。

马勇立即通过报话机命令雅克 -12 的机务人员做好起飞和空投准备，命令调度室办好飞行的相关手续，要各食堂把馒头大饼打包准备装机空投。调度室办好飞行手续后，雅克 -12 的飞行员们立即起飞，飞赴水灾现场。

这时，水灾现场依然阴云密布，暴风雨随时可能再次袭来。雅克 -12 飞行员们为了把食物投得更准确，克服极端恶劣的气象条件，在能见度极低的情况下，把飞行高度一压再压，一百米、五十米、二十米……几乎是擦着树梢把食物和饮水投向灾民。灾民一片欢呼。傅部长亲眼看到这个场面，连连称赞："猛虎添翼的仁义之师哦！"

一九五一年国庆节，在天安门城楼上周总理对刘亚楼说：这次辽北抗灾，你们空五师执行政策做得很好嘛。这是周总理在听取傅作义回京汇报后，对空五师的表扬。

水灾过后，辽北地区发动军民治理清河。马勇又率五师官兵参加了清河加固防洪治理工程。后来，在二十世纪五十年代后期，清河修建了水库，不仅使辽北水患得到彻底治理，还成为铁岭开原地区的一处旅游景观。开原著名喜剧演员赵本山拍的热播电视剧《刘老根》、《乡村爱情》等，有些背景就是取自这座水库。

国庆受阅

参加新中国成立两周年空中受阅，是空五师建师以来承担的最重要最光荣的任务。

一九五一年八月初，师里接到空司命令，以三十六架伊尔－10强击机组成梯队，到北京参加国庆两周年的空中受阅任务。

消息传开，全师振奋。

接受任务后，全师飞行员经过严格选拔，选出一批飞行技术过硬的飞行员，在开原驻地进行了深入动员和进京前的训练。

在开原的训练主要是三项：基本驾驶技术的巩固和提高、转场航行和多机编队。其中，难度最大的是多机编队训练。

按受阅要求，最终要达到三十六机组成四个方阵，每个方阵由九机组成，三机为一组，“品”字形前进。编队飞行不仅要高度保持一致，前后左右的间隔保持一致，还要克服气候条件变化给飞机操纵带来的困难。八月份开原气候变化较大，时而风大，时而云低，能见度也常常很差，使空中集合和保持队形的难度更大了。

面对这种困难情况，马勇和其他师领导商量决定，按照循序渐进的原则，先飞双机编队，然后再逐步增加飞机数量，三机，六机，九机，最后再总成，形成受阅梯队。

在短短的一个月中，从师领导到每个选拔出来的飞行员，以及地勤和后勤人员，承受的训练强度都非常大，每个飞行日飞行时间超过五个小时。经过紧张而严格的训练，部队最终达到了长途转场和空中编队的要求。

九月初，马勇、孟力等师领导带领四十余架飞机，经锦州、唐山，转场到了北京西郊机场。

一到北京，刘亚楼司令员就在机场接见了空五师全体受阅人员，鼓励大家“为空军争光，为解放军争光，为全国人民争光”。

紧接着，全体空地勤人员不顾转场疲劳，取消节假日，全面开展了“临战”前的突击训练。在训练中，马勇、孟力等师一级飞行干部天天到场，突击编队飞行，解决遇到的问题。大家集思广益，想出来很多好方法。如为了保持编队队形整齐，在“品”字形九机编队的长机机身上喷上基准线，僚机以基准线跟队飞行，很好地解决了队形保持问题。

九月二十五日，受阅指挥部组织了受阅各机种长机和副长机合练，空五师一次验收合格。指挥部验收合格后，飞机经过机务大检查和全面试飞，最后铅封起来，每架飞机派双岗执勤，干部值班，以确保阅兵万无一失。

师领导的分工经过研究，决定受阅机群由孟力副师长带队。孟力一九四六年东北老航校成立就开始学习飞行，飞行经验更为丰富。马勇负责在塔台指挥。

十月一日上午九时，国庆两周年阅兵式开始。

这天天气非常好，晴空万里。在西郊机场轰隆隆的马达启动声中，空五师三十六架受阅飞机和四架备份机一次开车成功，起飞后在空中编成四个九机“品”字队形方阵飞到通县县城上空的预定起点，跟在轰炸机梯队之后，以八百米高度、三百六十公里时速，沿北京内城城墙（那时北京的城墙还没有拆除），飞向前门箭楼上空。这是天安门主席台和观礼台观看机群的最佳角度。此时，天安门广场呈现一派威武的场景：地面，陆军战车方队和坦克方队四辆一列隆隆驶过；空中，轰炸机、强击机和歼击机梯队依次通过，展示了我军日益增长的军事实力。

一九五一年国庆两周年的这次阅兵，在共和国的阅兵史上有着重要意义——中国人民解放军很多新式装备在这次阅兵式上首次亮相，如苏制 T34–85 中型坦克、苏制 122 毫米榴弹炮、152 毫米大口径火炮、喀秋莎火箭炮等。

空军也是一样。前面提到，一九四九年开国大典时，只有驻南苑机场飞行中队的十七架美英老式飞机参加空中阅兵，部分飞机绕场两次才完成二十六架次的任务。国庆一周年时也差不多，虽然当时空军已经成立，并进口了一些苏制飞机，但由于航空部队没有成批建立，还是由飞行中队承担任务，美、英、苏多种制式混杂的飞机机群参加受阅，部分飞机也是绕场两次才达到数量。这次就大不相同了。空军司令部为了展示我新生的人民空军的实力，组织了多个航空兵师的一百四十八架飞机参加检阅，而且是清一色的苏制飞机。空中阅兵分为三个梯队，依次为轰炸机梯队、强击机梯队和歼击机梯队。轰炸机梯队机种是苏制图 -2 轻型轰炸机；强击机梯队是伊尔 -10 强击机；而歼击机梯队中，在朝鲜战场大显威风的苏制米格 -15 喷气式歼击机首次亮相。中央领导和观礼群众大饱眼福。

当天晚上，空军全体受阅人员参加了天安门广场的烟火晚会。

第二天，毛主席在中南海接见并宴请全体阅兵官兵代表。空军受阅部队副大队长以上干部在当时空军司令部所在地东交民巷二十二号集合后，乘大轿车抵达中南海。宴会设在中南海怀仁堂外的草坪上，因为人数较多，采取了鸡尾酒会的形式。

笔者在空五师服役时的老师长宋占元，时任十五团二大队副大队长，参加了这次国庆受阅，是强击机梯队第三方阵的副长机。

宋师长的女儿宋杰最近编写了一本书名为《父亲的飞行生涯》的回忆录，其中有一段毛主席宴请受阅部队代表的详细描述，照录如下：

> 空军副司令员常乾坤带领飞行员们来到怀仁堂前的草坪上，聂荣臻代总长宣布：“今天，毛主席、朱总司令接见受阅部队代表！”
>
> 不久，毛主席在朱德、刘少奇、周恩来、陈云、粟裕、陈赓等党政军领导人陪同下，来到代表中间，全场顿时沸腾起来，同志们齐声高呼：“毛主席万岁！”
>
> 毛主席挥手回答：“同志们万岁！”

大家就坐以后，各受阅部队代表依次向毛主席敬酒，常副司令员向毛主席介绍说："这是冲击机部队代表，就是昨天那尖脑袋的飞机。"

当介绍到空五师师长马勇时，毛主席问："冲击机是你带的队？"

马勇回答说，是副师长孟力带队。

毛主席又问马师长原来是干什么的？马勇回答："是陆军的团长，刚从航校毕业，所以由副师长带队。"

毛主席语重心长地说："过去中国人民没有空军，受帝国主义和反动派欺负，你们要好好学习，练好武艺，建立一支强大的人民空军，保卫祖国领空。"末了，毛主席高兴地说："现在咱们有了空军就好了，空军万岁！"

大家都在聚精会神地听毛主席讲话，以至于毛主席请大家干杯也没听清，还是周总理提醒："小伙子们，干杯呀！"大家才恍然大悟，纷纷举杯。

十月四日，空军司令部在中山公园中山堂再次宴请慰问全体受阅飞行员和机务人员代表，朱总司令、聂代总长出席。朱老总在讲话中勉励大家加紧训练，苦练杀敌本领，准备战胜侵略者。

能够带领部队参加祖国盛大的国庆阅兵，亲眼看到我军各兵种日益强大，并受到全军最高统帅的接见和宴请，马勇备受鼓舞；但未能亲自架机接受祖国的检阅，内心或许留下了丝丝遗憾。

和朱老总打篮球

在北京参加国庆阅兵期间，马勇和空五师的战友们还有幸和朱德总司令打了一场篮球。

这是怎么回事呢？

二〇〇九年，为纪念空军建军六十周年，空政宣传部和空军报社联合举办“我爱祖国的蓝天——我与人民空军共成长”征文活动，一篇题为《遥想当年与朱总司令球场酣战》的文章，回忆了这一难忘的经历。作者张书剑曾任空五师宣传科副科长，一九五一年时是师通讯队的干部。这篇文章收录在这次征文获奖文章汇编《我爱祖国的蓝天》一书中，文章不长，而且写得十分生动，全文转录如下：

> 嘟……嘟……飞行师长马勇拿起电话，只听对方急切的声音：“报告师长，朱德总司令来机场迎接外宾没走，现在候机大棚南边飞行二大队的篮球场上呢！”
>
> 马师长放下电话马不停蹄跑来迎接，欢迎总司令到部队指导工作。
>
> 1951年国庆前的一天，空军某师奉命从东北开原转到北京西郊某机场，为迎接新中国成立两周年准备接受毛主席、朱总司令等党和国家领导人的检阅。国庆节前两天的上午全师顺利完成了合练大编队，飞行二大队邀通讯队进行篮球友谊赛。当年的西郊机场虽属军用，但中央迎来送往外宾就在机场这个简易大棚（时称贵宾室）前举行。
>
> 下午3时，朱总司令等领导人来到机场迎接前

来参加国庆观礼的外宾，他看见空军战士们龙腾虎跃地在球场上活动，也很想接近一下这些年轻的空军娃娃们。而我们看见首长的汽车一辆辆地开来，想到比赛时乱喊乱叫地怕影响国家的外事活动，双方商定改天再战。我们的队员有的回指挥所值班去了，只剩下二大队和我们队几个没事儿的在球场上静悄悄地练习投篮，谁知总司令看时间离晚上的活动还早，就健步向篮球场走来。

马师长跑过来，看见总司令和我们聊起来了，敬礼过后请总司令到办公室坐坐。

“哎！难得有机会和同志们熟悉一下嘛，你也来参加，咱们耍一场篮球好吗！”总司令认识马勇是在空军飞行部队初创的摇篮时期，他晓得马勇也喜欢打篮球。

一场别开生面的篮球比赛摆开了阵势，一边是身着鲜艳红色背心黑色短裤精神抖擞的飞行员们，一边是身穿绿军裤白背心的总司令和身穿蓝军裤白背心的马师长，我们通讯队的扈广智和总司令打前锋，彭连法和马师长打后卫，我打中锋位置。球场上除了总司令穿黑色布鞋外，我们都穿的是全军官兵尚未配发的绿色矮腰解放鞋，当年这是对参加受阅部队官兵的唯一特惠，据说是总司令特批后发的。哨音一响比赛开始了。

总司令打篮球的消息像风一样吹遍了机场，空勤、地勤、机关干部，穿白大褂的医护人员，凡工作能腾出手来的都从四面八方拥来了。空政文工团来部队熟悉生活的演员们甩着大辫子跑来了，前苏联专家携着身穿布拉吉脚踩高跟鞋的玛达姆（夫人）一走一扭过来了，欢声笑语、人头攒动、热闹非凡。目睹指挥千军万马的总司令和空军的基层官兵一同在篮球场上挥汗如雨，你争我抢，挤背摩肩的情景，观者个个心潮澎湃。当时的一位苏联专家说："没有听说哪个国家的总司令和他的士兵们如此相融一体，哈罗硕！欧钦哈罗硕！（好！很好！）"

朱总司令精神焕发，雄风不减，不仅投切迅速，还和马师长做出很多精彩配合，混合队的比分直线上升。而二大队在进攻和防守上都没有发挥出水平。总司令看出来苗头，举手示意裁判暂停，他跑到二大队那边去说："不要拘束嘛！球场上没有总司令和飞行员之分，平等！我晓得飞行员个个都是眼扫六路、耳听八方、战术配合、'诡计多端'的嘛！"一句话逗得球场内外哈哈大笑，马师长笑喊："老总，你到底是哪边的呀！"老总回身说："放心吧！我们不会让他们轻而易举的。"

朱总司令认为打篮球可以培养部队战斗作风，而且长期坚持，在延安、在西柏坡常常在晚饭后就张罗和战士们打篮球，一到前线将领们回总部商讨军机大事，也常常是打一场篮球过后各奔东西。他常讲战场和球场有着同工异曲的规律，战术要灵活机动，看什么时候，在什么地理位置，对付什么样对手打什么样的仗，不能千篇一律生搬硬套，球场上也是这个样子。

飞行二大队在总司令鼓动下振奋了精神，放开了手脚，靠灵活多变猛烈强攻内线，频频得分。混合队在总司令策划下，采取伸缩性防守，趁机反攻，比分交替上升。我几次把球分给老总让他得分，却遭到二大队围抢，老总拿球只好传给左锋，左锋心情和我一样想让老总投篮，一来二去延误了战机。乘隙老总附在我耳边说："纵观全局，要声东击西嘛！"我明了老总战术意图后神秘回答："明白，欲擒故纵！"老总笑着跑到前场又回身向我伸出大拇指鼓励我："对头！"但二大队抢断果敢，配合默契速度快，切、传、运、投屡屡奏效，分数扶摇直上，总司令看到生龙活虎般的飞行员们发挥出真实技术水平，嘴巴乐得像一朵花。他心中希望飞行员就应该是这个样子，打就打出个模样，拼就拼出个威风。

和总司令近距离接触，球场上的一点一滴让我洞察到总司令的内心，他是希望人民空军的发展就像二大队赢球这样，起步虽晚但进展神速，战果辉煌，令观者刮目。

老总十分关心人民空军的建设发展。在新中国诞生之前的全国政协大会上，作为人民解放军代表团团长的朱总司令恳切提出："我们不仅要有强大的陆军，而且要建设强大的海军、空军、炮兵……"开国庆典之日，朱总司令站在毛主席身边仰望天空，略眯着双眼，用他那投篮命中率极高的右臂向蓝天上的飞机挥摇不止。当年11月11日，组成了空军领导机关，老总则在百忙中挤出时间到同福夹道、东郊民巷参加一次次会议，同空军领导班子一道开垦新中国这块碧空蓝天的处女地；寒冬腊月之际，几所航校筹备就绪，老总顶着凛冽寒风奔良乡第六航校参加开学典礼，勉励学员们早日翱翔长空把守天关；抗美援朝战争打响后，老总又飞赴东北边陲为志愿军首批参战的空四师将士壮行，鼓励他们打一仗进一步……

一场元帅与普通官兵的篮球酣战，让我们浮想联翩，留下难以磨灭的印象。

体育运动是马勇的爱好。无论是先前在陆军，还是到了空军以后，他经常参加各种体育运动，和战士们在一起打球锻炼。

在崔伯伯给母亲的信中曾提到，一九五〇年春节在江油驻地，团领导和团直属队战士曾打了一场棒球比赛。读信时我暗暗惊诧——棒球运动，不要说在解放初期，就是放在当今，能够掌握比赛规则和技术要领，恐怕也是不容易的。在“土八路”出身的部队里，在戎马倥偬间，在偏僻的江油小城，居然组织了一场棒球比赛！

在更为现代化的空军部队里，可以进行的体育项目就更多了，但马勇最喜爱的运动还是篮球。他经常在工作训练之余，在篮球场上一显身手。由于他身材还算比较高，体格也比较健壮，再加上肯动脑子，篮球水平还是不错的。有时各单位之间组织比赛，他还自告奋勇充当裁判。

虽然喜爱打球，但能够和敬爱的朱总司令在篮球场上同场竞技，确是一次难得的经历。

第十章　父母的故事

调入空军后，马勇的个人生活中也迎来一件喜事：一九五〇年十二月九日，长子马鹏飞出生了。

——叙述至此，该回过头讲讲我父母的故事了。

母亲潘镕

父亲马勇和母亲潘镕是一九四六年十一月在河南省博爱县寨豁村（父亲日记中写作砦花村）认识的。

母亲并不是当地人，而是河北省青龙县人，参加革命后才到的河南博爱县。

青龙县在河北省的东北部，东邻辽宁省凌源、建昌、绥中等县，是个山清水秀的塞外宝地。青龙河穿行全境，蜿蜒而去；明长城盘踞山脊，举目可见。青龙县出产黄金，我大姨的儿子杨少凡（我们叫他姨兄）从北京矿业学院毕业后就曾在家乡当过金矿矿长。

青龙县曾属热河省。热河是民国时期区划的省份，一九一四年划出，位于河北省、辽宁省和内蒙古自治区交界地带，包括现河北省的承德地区，内蒙古的赤峰地区、通辽部分地区，辽宁的朝阳地区、阜新地区以及葫芦岛市建昌县。我国的东北地区曾有一度被称为“东四省”，即黑、吉、辽加上热河。热河省在一九五五年撤销，所属地区仍分归河北、辽宁和内蒙古。青龙县回归河北省后，开始属承德地区，一九八三年改属秦皇岛市。

青龙县本身的历史也不长，一九三三年始置县，县域从抚宁、临榆（一九五四年撤销，分属秦皇岛市和抚宁县）、迁安（今迁安市）三县析出。母亲的家乡七道河乡在青龙县的东南部，在青龙县置县前属迁安县。所以有很多上年纪的人，你提青龙县他不知道，提迁安县倒很熟悉。

青龙县满族人约占百分之七十,一九八七年实行民族自治制度改为青龙满族自治县。母亲家不是满族，但很多生活习俗和河北内地不太一样，而更靠近东北。我还记得，小时候几乎每年一到冬天存储大白菜的时候，母亲都要动手激一缸酸菜，缸上压一块大石头，能吃一冬天。砂锅酸菜白肉是我们家的特色菜，母亲做出来味道极美。而这个饮食习俗在河北内地是没有的。北京有些人家有这习俗，大概也是旗人从关外带过来的。

我的姥爷是一位前清秀才，又略懂医，在家乡除种田外还兼做一些公益事情，人缘很好，思想也很开通。我小时候有一次姥爷来北京看病，相处过几天，很爽朗的一个老爷子。姥爷对子女教育不保守，支持他们读书和外出做事，并不束缚他们的行动。我的两位舅舅就是很好的例证。

母亲在兄弟姐妹中排行第四，上面有两个哥哥和一个姐姐。我这两位舅舅先后出走家乡，走的却不是一条路：一个参加了国民党，一个参加了共产党。

大舅叫潘银，我没有见过，只见过大妗子[①]。大舅的经历以前不很了解，只知道点皮毛，最近联系到大舅的三女儿瑞萍，从瑞萍姐口中才了解到了大舅更多的情况。

大舅的经历很是坎坷。

大舅出生于一九〇八年，比母亲大十几岁。他早年离家到沈阳投考了张作霖办的东北讲武堂，毕业后加入东北军，逐级提升，最高职务做到团长。一九三一年东北沦陷后东北军退到关内。大舅的队伍在重庆驻防时，蒋介石排挤地方军，克扣粮饷，队伍无法生存，大舅拿出个人积蓄救济部下也起不了多大作用。于是有的部下铤而走险去抢银行，结果案发把账算到大舅头上。大舅被通缉，只得潜身逃跑。后来跑到西安又加入东北军。西安事变后，少帅张学良被扣，东北军群龙无首，大乱。大舅想抗日报国无门，和几个朋友投奔了傅作义的部队，在骑兵师任职。一九四九年九月十九日绥远省国民党守军将领董其武和平起义，大舅追随董其武起义，加入中国人民解放军，参加过大青山剿匪，还立了功。后被派到百川堡国家西部粮库任副主任。百川堡（今巴彦淖尔市临河区新华镇）是当年傅作义晋绥军的后方基地，建于一九三二年，以阎锡山的字命名。大舅在新岗位工作兢兢业业，下雨天粮库漏水，大舅曾拿自家被子堵漏。不料在一九五三年遭人诬陷，冤打成反革命分子，判刑关入监狱，一九七二年在位于伊克昭盟（今鄂尔多斯市）准格尔旗的柴登劳改农场去世，一九八七年予以平反，给大妗子补发了四千元钱，子女们也落实了政策。

那年头别说是子女，就连我这个跟大舅八竿子打不着的人

---

① 妗子，中国北方多地对舅妈的称呼。

因为大舅的历史问题也受了点牵连，但这事儿主要怪我自己。

问题出在我入党政审时。我入党是在上大学期间，记得好像是在上学填政审表时在家庭关系一栏中写了大舅的情况，而在入党填政审表时没有写，结果组织上怀疑我有意隐瞒家庭情况，对党不诚实，把我的入党志愿书（已经支部通过）压了好长时间。其实我以前在填各种表格时对大舅的情况也是有时写有时不写，觉得反正没见过面，从没联系，写不写无所谓，结果在入党这个关键的节骨眼上疏忽了。还好后来向组织说明了情况，组织也作了外调，证实确实没联系，才批了我的入党志愿书。不然毕业分配时还真挺麻烦的，反正至少是不会选调到中央党校了。

大舅生有五个女儿，其中大女儿潘瑞琴一家和我们家来往很密切。瑞琴姐能歌善舞，文艺天赋很高，在抗美援朝期间参加了志愿军，是一名文艺兵，到过前线，钻过山洞，为志愿军战士作慰问演出。姐夫罗国斌当时是一名志愿军干部，在朝鲜战场上和瑞琴姐相识结婚。姐夫也是一名“三八式”干部，十三岁就参加了八路军，离休前的职务是北京军区六十五军副政委。罗国斌说是姐夫，其实比我们这辈人都大，应该和母亲是一代人。小娜姐（二舅的女儿）第一次见面时曾叫他“罗姐夫叔叔”，一直成为我们家的趣谈。瑞琴姐和姐夫视母亲为娘家人，每次来北京，必到家里来，母亲做几个好菜，大家在一起聊聊家常话。有时姐夫有公干，瑞琴姐就在家里住几天。

姐夫和我也很好。“文革”时期，姐夫在大同六十九军二十八师当政委，因“支左”任务完成得比较好，曾一度进入山西省革命委员会的领导班子。我当时在山西汾阳县插队，姐夫乘出差路过汾阳的机会还专门去村里看望我。但很遗憾，我当时回北京了不在村里，没有见到，但这个省里来的“大官”可给我们村那帮大队和公社干部忙得不亦乐乎。后来我大学毕业分配在中央党校工作，姐夫到位于红山口的军事学院（今中国人民解放军国防大学）学习，离中央党校不远，晚上还专门跑到党校找我聊天。

二舅一家是我们家在北京最亲近的亲戚了。

二舅叫潘纯（原名潘鏳，“鏳”，音同“纯”，母亲他们这一辈兄弟姐妹的名字都有金字旁），一九三六年参加革命，一九三九年加入共产党，一九五八年从部队转业后一直在中国科学院工作。

我和舅舅在家聊天时曾好奇地问起过：你们兄弟俩，怎么一个是国民党，一个是共产党？舅舅零零星星地讲过他的故事，这次写作时又同两位表姐聊了聊，大致搞清了舅舅参加革命的过程。

潘纯出生于一九一五年，从小在家乡读过私塾，十五六岁到迁安县做粮店学徒，后在大哥潘银的接济下到北京读书，以优异的成绩（发榜第二名）考取了东北中学。

东北中学是少帅张学良九一八事变后在北京创办的一所学校，专门招收流亡到内地的东北籍学生，以图培养抗日人才，校址就在后来的北师大女附中（今北京实验中学）校园内。东北中学是一所半军事化的学校，穿制服，配武器，男生留光头，女生留短发，学校专门配有军事教官。每月十八日，全体师生举行国耻纪念会，升旗、默哀、唱校歌并敲响警钟，以示不忘九一八之耻。一九三四年，学校迁往河南信阳的鸡公山。一九三六年西安事变爆发后，张学良被蒋介石囚禁，国民党当局开始限制学校的活动，并收缴了学校的武器。当时，学校的学生分为两派，一派倾向国民党，一派倾向共产党。潘纯倾向共产党，在校参加了共产党领导的“中华民族解放先锋队”（简称“民先”），走上革命道路，一九三八年奔赴延安，进入抗日军政大学（简称“抗大”）学习，一九三九年三月加入中国共产党。

潘纯在抗大学习结束后调入东北战地服务团，担任二团指导员兼支部书记，曾带领东北战地服务二团入延安鲁迅艺术学院（简称“鲁艺”）学习培训。东北战地服务团是共产党领导的“东北救亡总会”下属文艺宣传团体，以演话剧、作演讲等形式宣传抗日救亡，在延安成立，后活跃在冀中敌后抗日根据地。一九四〇年，潘纯调冀中军区七分区①做敌工工作，任敌工科政委兼武工队政委。舅舅在二十世纪八十年代写过一篇题为《武装斗争的另一条战线——敌伪军工作》②的文章，回忆了在冀中的战斗岁月。

在冀中七分区，潘纯结识了同在敌工部工作的张洁（即我的二妗子），成为终身伴侣。张洁曾名金英，参加革命时只有十几岁，文化程度不高，但向上好学，精明强干。舅舅的老战友中有这样说法：金英就是小说《野火春风斗古城》里金环的原型。金英和潘纯结婚后改名张洁，两人名字合起来取“纯洁”之意。

潘纯和张洁在冀中地区做敌工工作多年，大表姐潘丽亚（我们叫她“小胖姐”）就是一九四六年在冀中深泽县出生的。妗子也写过一篇文章《含泪的回忆》③，回忆了在冀中七分区

---

① 冀中军区七分区是冀中根据地开辟最早的地区，以定县（今定州市）为中心，包括周边的深泽、安平、安国、新乐等县。

② 该文收入冀中人民抗日斗争史资料编委会编辑的《滹沱河畔的战火——冀中七分区人民抗日斗争史资料选编》一书中，解放军出版社一九九〇年出版。

③ 该文收录在《冀中的地洞和堡垒户》一书中，中国社会科学出版社一九九七年出版。

参加一九四二年反“五一大扫荡”的艰苦岁月。

新中国成立后，妗子调到北京国家统计局，先在人事处参与国家统计局的筹建，后任党委办公室主任、党委副书记，“文革”期间下放到干校劳动，后调到中科院，先在大气物理研究所政治处工作，后到古脊椎古人类研究所担任党委副书记。离休后又在居委会忙忙碌碌发挥余热。

抗战胜利后我党实行“向南防御，向北发展”的战略方针，进军东北，潘纯随冀中部队转到冀热辽军区，先后担任热辽军区（属冀热辽军区）军政干校校长和热辽地委党校校长。后随热辽军区编入东北野战军八纵，任敌工部副部长，参加辽沈战役和平津战役。在一九四八年打锦州时，妗子怀着七个月的二女儿（即我的小表姐潘丽娜）急行军，结果在颠簸中早产。早产的小娜姐是靠自身顽强的生命力和缴获的美国过期奶粉活过来的。

东野八纵于一九四九年编为四野四十五军，潘纯任敌工部部长，随四十五军一路南下打到两广，先后兼任贵县（今广西贵港市）县委书记、花县（今广州市花都区）县委书记、五十四军干部速成中学（干部教导大队）校长兼政委。抗美援朝战争爆发后，四十五军和四十四军各一部（四十五军军部、直属队、第一三四师、第一三五师；四十四军第一三〇师）于一九五二年年底组成五十四军，潘纯任军干部部部长。这时妗子已调到北京，舅舅把家安到北京后即于一九五三年一月随五十四军入朝。此时抗美援朝战争已进入尾声，五十四军打了抗美援朝战争的最后一仗——金城反击战。朝鲜停战后五十四军留在朝鲜协同朝鲜人民军守卫边防，直到一九五八年最后一批回国。

舅舅一九五七年从朝鲜回国，入中国人民解放军政治学院学习，学习结束后转业到中国科学院，在中科院工作了四十余年。舅舅“文革”前任自动化研究所副所长、对外联络局局长。“文革”中被下放“五七干校”劳动。“解放”后任外事局局长。记得一九七三年前后我在上海复旦大学上学时，舅舅曾陪外宾到校参观，见了一面，还带我到接待外宾的锦江饭店吃过一次饭。恢复工作不久，舅舅又在“文革”后期的“批林批孔”运动中受到审查。审查结束后派到为著名数学家华罗庚而组建的数学推广办公室工作，协助华罗庚推广“优选法”和“统筹法”，在这个基础上建立了中科院应用数学研究所，华罗庚兼任所长，舅舅是党委书记兼副所长，还是华罗庚的入党介绍人。

舅舅是长寿之人，二〇一六年去世，享年一〇一岁。

两位舅舅的不同命运，也是中国现代社会和政治舞台的一个缩影吧。

母亲比二舅离家稍晚，但走上同一条道路。

母亲小时候家里给说了一门亲，是离家几十里地的迁安县杨团堡村的杨家。杨家是世代书香之家，到民国时期出了一个大名人，叫杨秀峰。

杨秀峰是个传奇人物，一八九七年生人，早期参加国民党，参加过五四运动、五卅革命运动，一九二九年赴法留学时加入中国共产党。因参加领导留法学生积极进行反帝爱国宣传活动，一九三一年底被法国当局驱逐出境。后又到莫斯科列宁学院学习。一九三四年回国后，在河北法商学院、中国大学、北平师范大学、东北大学等校任教，以大学教授身份从事革命活动，宣传马列主义和中国共产党的抗日救国主张。一九三六年参加发起、组织华北各界救国会，积极进行抗日救亡的革命活动，是华北文化界救国会的主要领导人之一。

一九三七年七七事变爆发，杨秀峰毅然投笔从戎，率领一批平津进步青年奔赴冀西，组织了一支抗日武装——冀西抗日游击队，杨秀峰任司令员。后又率冀西抗日游击队挺进冀南，参加冀南抗日根据地的创建工作，任冀南行政公署主任。一九四一年当选为晋冀鲁豫边区政府主席，是创建晋冀鲁豫根据地的主要领导人之一。晋冀鲁豫边区和晋察冀边区合并后，任华北人民政府副主席，协助董必武主持华北人民政府的日常政务。

中华人民共和国成立后，杨秀峰先后任河北省人民政府主席、国务院高教部部长。高教部与教育部合并后，任教育部部长、党组书记。一九六五年任最高人民法院院长、党组书记。一九七八年当选全国政协副主席。

给母亲说的亲事是杨秀峰在家乡的儿子。但母亲受革命思想影响，追求进步，立志抗日救国，不想成为一个庸碌的家庭妇女，于是在一九四二年离家出走，几经辗转奔波，到了晋冀鲁豫敌后抗日根据地。

晋冀鲁豫根据地亦称晋冀鲁豫边区，由太行、太岳、冀南、冀鲁豫边四块根据地组成，边区政府成立于一九四一年七月。杨秀峰任边区政府主席，薄一波、戎伍胜（即戎子和）任副主席。

经杨秀峰介绍，母亲于一九四三年二月入太行联合中学（简称“太行联中”）学习。

太行联中是一所由边区政府创办的专门培养抗日革命干部的学校。

太行根据地创建初期，区党委曾先后建立了晋东南路东干部学校和太行抗战建国学院（亦称晋冀鲁豫边区师范），一九四〇年路东干校改名为太行中学。之后又陆续建立了太行二中、太行三中，太行中学改称太行一中。一九四三年一月，为贯彻中央“精兵简政”政策，边区政府决定把太行一中、太行二中、太行三中和太行抗战建国学院合并组成太行联中。

太行联中的学生来源主要有三种，一是边区党政军部门里年龄较小有培养前途的工作人员；二是边区各县的高小毕业生；还有就是像母亲这样从敌占区或蒋管区投奔共产党参加抗日工作的年轻人。

太行联中成立后，以抗大为榜样，仿照部队建制，下设三个学员队，实行军事化管理，在当地被誉为“小抗大”。

母亲编在三队六班，起初驻武乡县神南村，后迁到涉县悬钟村（中间曾一度迁到黎城王家庄）。

母亲入学时，正值华北日军对我根据地实行大范围清剿、“扫荡”的艰难岁月，学习条件十分艰苦。学习既无教室，更无课桌，学员每人一个马扎，山沟里、树荫下，就是现成的课堂。赶上日寇“扫荡”，学员在军区统一部署下跟着部队转移，在大山里与日寇周旋。因枪支有限，学员少部分配有枪支，没枪的就发给几颗手榴弹，用以自卫。

联中实行供给制，规定每人每天一斤四两小米（一斤十六两制）、五分钱菜金，但由于日寇的“扫荡”和旱灾虫灾等自然灾害，根据地经济很困难，供给很难保障。于是。学校师生就与当地军民同甘苦共患难，粮食不够吃就挖野菜，吃黑豆渣、糠窝窝。后来，边区开展大生产运动，学校师生和当地军民一道开荒种地，生活条件才逐步得到改善。

学校的课程设置主要是政治课、军事课和文化课，一段时间设有英语课。政治课是重点，讲授马列主义基本理论、毛主席著作、党的方针政策等。军事课主要讲授军事知识，也开展一些射击投弹的实际练习。文化课主要是汉语、数学、史地（以近现代史为主）。

边区党政军领导对联中的教育十分重视，经常来学校作报告。邓小平政委、滕代远参谋长、杨秀峰主席、戎伍胜副主席、太行区委宣传部部长张磐石、太行新华社社长陈克寒、《新华日报》太行版副总编辑安岗以及著名学者李公仆、茅盾、徐懋庸等，都给联中师生作过报告或演讲。

尽管环境艰苦，但学员们热情很高，精神饱满，文娱活动开展得十分活跃。学校组织有合唱团、话剧社，逢边区重大活动时，如边区参议会、“群英会”、劳模大会等，经常上台演出。

一九四五年二月二十七日，太行联中举行隆重的毕业典礼，包括母亲在内的三百多名学员从太行联中毕业，走上抗日第一线。之后，太行联中改名为太行行政干部学校，结束了它的光荣历史使命。

母亲从太行联中毕业后，分配到太行区博爱县做妇女工作。

当时博爱县北部山区是八路军的抗日根据地，属太行区四专署，母亲担任了博爱县第七区（今寨豁乡）妇女救国会（简称妇救会）会长。七区区公署驻地设在寨豁村，而这一带正是父亲带领四十四团活动的区域。

在这里，母亲和父亲相识了。

父亲和母亲

说起来，父亲和母亲的相识还挺有戏剧性。

当时，父亲的团部驻在博爱县东矾厂（父亲日记里写作东范厂）村。一九四六年十一月十四日，父亲从东砚厂村到寨豁村去看望“彩号”（伤员），约好县上的干部王成柱同行。说是看“彩号”，其实此行还藏着一个秘密，就是去寨豁村见母亲。看来，在此之前父母亲并不认识，而中间的牵线人应该是王成柱。

父亲在寨豁村慰问了“彩号”，然后就到了母亲的住处，经王成柱介绍同母亲认识了。

母亲见是大团长来了，赶紧张罗做饭招待。吃过饭后因忙于招呼“彩号”，未及多谈父亲就告辞了。

父亲和母亲见了一面，虽未深谈，但看来肯定对母亲很满意。回团部的路上，父亲心里估计着——“聪明人不用细讲”（马勇日记语），母亲肯定知道父亲此行的意思了，那就回去等信吧。

第二天王成柱来了。结果出乎父亲的意料，母亲根本没有意识到昨天父亲和王成柱来访的含义，还以为完全是为工作而来的——真糟糕，精心策划的行动没有达到目的。

无奈，王成柱只好向母亲挑明了。

自此，父亲和母亲开始了交往。

东砚厂村距离寨豁村大约有十里地，借开会或工作之机两人有机会见面，但因各自工作都很忙，又处在战争环境，见面也难有机会长谈，经常是匆匆见面又匆匆分手，有时就靠书信交流。

很有意思，父母这代人也像我们谈恋爱时一样，对象来了信，或有什么进展情况，要和战友们哥们儿们分享，战友们哥们儿们还会上心地帮助参谋。

为了保持故事的原汁原味，把父亲写于十月二十五日的一段日记摘录如下：

早饭后接到了她的来信，知道她已于昨日给我回信后就接到了县里的通知到江岭去开会了，这信是从江岭寄来的，她很担心廿七日不能如期在砦花见面，这也是我最担心的，不过不会的！她这次的信，在字里行间表示了很亲切，带着很浓厚的爱意，她告诉我她没有什么怀疑及顾虑，她所担心的就是政治生命问题。我在读完她的信的时候，卢路同志也在旁，都笑了，崔看了后认为是有了百分之九十的把握。

我整理父亲日记时，每次读到这里，心里真为父母在那个年代获得的那份难得的爱情而欣喜，而感动。但很可惜，这些书信一封也没留下来。

可贵的是，父母亲当年交换的照片被母亲精心保留下来了。

在和母亲于十一月十四日相识到十二月二十日结婚的一个多月里，父亲送给母亲的照片仅家中保存下来的就有六张之多，而且每张背面都写有文字，可见父亲当时是展开了猛烈的“攻势”。

父亲在照片背面写的文字，有的是爱意的直白表达，也有的是战斗激情的宣示。在一张和何雨农参谋长骑在战马上合影的照片背面，父亲写道：“我们的马儿高声叫唤！枪上刺刀放出光。越过高山越过平原，来在斗争的最前线！”在另一张局部放大的照片上，父亲写道：“同志们！冲啊！敌人就要消灭了！”从这些文字中，可以直接感受到父亲豪迈的军人气概。

母亲送给父亲的照片家中保存的只有一张，而且是一张三个人的合影，估计母亲当时可能没有个人的照片。

笔者编写的父亲电子版小画传，曾将这七张照片都收录其中。本书文前的图片部分，选收了其中的四张。

尽管这些照片已经泛黄，尽管照片背面的文字已经模糊不清，但从这些照片中，尤其是照片背面的文字中，仍能深深地感受到在战火硝烟的年代里，在艰难困苦的环境中，父亲和母亲那份浓浓的感情！

按理说，这些照片和照片背后的文字应该属于他们私人情感的信物，不知没经他们同意就被我公开出来，是否会受埋怨。但我想，让后人感受一下在残酷的战争年代革命军人们的感情生活，应该不是一种亵渎，而是一种褒扬。

一九四六年十二月二十日，父母在博爱县寨豁村结婚了。

父母结婚那天的情形，还是照抄父亲当天的日记吧：

> 值得纪念的日子，今天我与潘镕同志在砦花正式举行结婚典礼！
>
> 因为事先未作任何正式通知，同时又正在艰苦的环境里，我们的仪式是在极简单朴素而又极诚恳喜悦的气氛中进行的，来宾只有任县长崔主任等人，大家在一块说笑了一回。
>
> 本来他们是准备要闹一闹的，可是人来得很少，究竟是力量不大，再加上有一些村干部及妇女，所以他们也就不大好意思了，镕认为是一个“难关”算是顺利地过去了。这一天她与我的心里，有种说不出来的愉快……

父母结婚后，母亲开始仍在地方工作。虽然他们都在同一个地区活动，但由于父亲忙于军务，他们相聚的日子并不多。特别是四十四团从地方部队编入野战部队后，父亲率部南征北战，他们相聚的机会就更少了。

一九四八年父亲所部转战山西，母亲服从组织安排，从地方转入部队，成为一名军人，随军征战山西。

母亲在和我聊天回忆往事时曾说过，她当时并不太情愿转入部队，主要原因是经过多年工作已经熟悉了地方工作，建立了很好的基础，而女同志在部队则难以发挥作用。

母亲到部队后，主要是做后勤人员和家属们的政治思想工作，从陆军部队到空军部队，先后担任过指导员、政治协理员、干事等。

尽管母亲调入父亲所在的部队，但由于正处于解放战争的关键时刻，战事频繁，父母仍是聚少离多。直到一九五〇年初，父亲的部队由陕入川、驻防川北后，父母才算有了一段相对安定的生活。

但这种日子也就短短的几个月，很快父亲调往空军，六月份从川北进京报到。这时母亲已怀有身孕，而且孕期反应很大，身体不舒服，仍抱恙随父亲一路颠簸，大车、汽车、轮船再加火车，辗转来到北京。

十八兵团调空军的人员在重庆集合后，父母结识了同样奉调空军的六十军一八〇师参谋长北沙和爱人晓阳。北沙是十八兵团这次调往空军人员的领队。

北沙伯伯大概是当时从陆军调往空军学飞行的干部里职务最高的，当时军委的命令一般是调营团级干部，而北沙伯伯是准师级。北沙伯伯出生于一九一九年，陕西镇安人，原名徐方伯，一九三六年参加红军，抗战时期在太岳根据地。解放战争中担任晋冀鲁豫军区八纵二十四旅七十一团（后为十八兵团六十军一八〇师五三九团）团长时，参加了解放山西的运城、临汾、晋中、太原四大战役。进军四川前，提任一八〇师参谋长。入川后奉命去改造起义的国民党宪兵部队。

听到空军调干的消息，他不顾年龄偏大、身体多处负伤的不利因素，坚决请求去空军工作。组织同意了他的请求。到空军后和父亲同到锦州三航校飞行科一期丙班学飞行。但在做飞行翻滚动作时，由于身体在战争中七次负伤，脑内还留有三片弹片，引起身体剧烈不适，不得已中途停飞。北沙原想回原部队，由于空司极力挽留，被任命为空六师副师长（师长未到位），一九五二年三月任命为师长，两次带领全师参加抗美援朝空战，立下骄人战功。朝鲜停战后，北沙参与创建空军学院并担任歼击机强击机教研室主任。后调解放军后勤学院任训练部副教育长。

晓阳阿姨当时是十八兵团随营学校组织科干事，也怀有身孕。于是和母亲两位孕妇结伴而行，过三峡到武汉，再坐火车到北京。父亲和北沙伯伯到空军总部报到后，很快去往锦州航校学习，母亲和晓阳阿姨就留在北京生孩子。十月一日国庆节两位孕妇还挺着大肚子到天安门参加了国庆游行。十二月九日鹏飞在北京陆军总医院（即北京军区总医院，今为中国人民解放军总医院第七医学中心）出生，晓阳阿姨的女儿蓉蓉早鹏飞几天在同一所医院出生。蓉蓉后来还曾在母亲手下工作过，不过这是后话了。

儿子的出生，给父母带来莫大的喜悦。

哥哥出生一年之后，我也来到了这个世界上。

二〇一六年九月，我们夫妇和一伙老同学自驾游长白山，归途中特意在开原市停留一晚。

开原是一座历史文化名城，城北的咸州古城曾是大金、东辽、东夏的开国都城，值得一游，但这不是我来此的本意；空五师在此创建，这里曾是父亲工作的故地，但这也不完全是我来此的原因；我执意要探访此地，还有一个更迫切的缘由——我出生在这里。

我是一九五二年一月二十八日出生的。尉剑畴伯伯的爱人安若岚阿姨告诉我，我出生在开原城中一座天主教堂里，空五师设备简陋的卫生队就临时设在这座教堂里。

安阿姨当年是空五师的军医，她的儿子晚我一个月也出生在这座教堂里。

这次到开原，还特意去寻访过这座教堂，但没找到。据当地的老人说，城内老教堂前几年开原城区改造时拆了，移到城北，原址已辟为开原市人民公园。

父母和尉伯伯夫妇一家关系很好。父亲是师长，尉伯伯是副师长兼参谋长，关系当然密切；母亲在师里是政治部的干事，专做家属工作，安阿姨既是军医又是家属，再加上部队本来女兵就少，自然也是很亲近。

父亲牺牲后，母亲带着我们兄弟俩离开开原调到北京工作，两家曾一度失去了联系。巧合得很，在我上小学四年级时，因学生增加而调整班次，我和一位叫尉晓鸥的男孩成了同班同宿舍的同学。晓鸥一次回家同家长聊起我，晓鸥的家长惊喜万分，说是找了我们好多年——大家可能已经猜到了，晓鸥的家长就是尉伯伯和安阿姨。于是，在一次家长会上，母亲同安阿姨相隔十年又见面了。然后，尉伯伯和安阿姨又一同来家中看望母亲。在这之后我经常受邀到晓鸥家玩，吃住在晓鸥家里。我在本书前言中提到，为了给父亲写小传，作为父亲在空五师的老战友，尉伯伯抱病坐着轮椅查资料、向我介绍父亲的情况，使我深受感动！

至于我和晓鸥，我们的友谊保持了一生，直到二〇一八年春晓鸥突发心脏病离世。思念之情，至今未能消散！

在开原，父母在一起共同生活了一年半。这一年半的生活，应该是父母结婚四年多来最稳定最幸福的日子。

父亲和母亲的故事只能讲到这里了，一九五二年八月三十一日，在我出生八个月之后，一场突如其来的事故发生了——

第十一章　长空折翼

一九五二年八月三十一日，在由开原转场北京途中，父亲因飞行失事不幸牺牲。

事情的经过是这样的——

这年八月，空五师继一九五一年参加国庆两周年阅兵后，再次接到命令，参加国庆三周年阅兵。

这次受阅，空五师的受阅飞机由一九五一年的三十六架增加到四十五架，分为五个梯队，每梯队仍由九架飞机组成“品”字形通过天安门广场。这样，加上备份机，约有五十余架飞机将转场北京。

在开原进行动员、选拔和短期训练后，部队于八月底开始转场。马勇担任师编队的领队长机。师编队三十日从开原出发转至唐山机场，准备于次日转场北京。

三十一日清晨，唐山机场上机器轰鸣，师编队全部飞机检查完毕，整装待发。

此时，唐山机场上空浓云密布，气象条件十分恶劣。但经过气象侦查，马勇认为可以飞，并上报空军阅兵指挥部。经空军阅兵指挥部批准，决定转场任务继续进行。于是，飞机依次滑上跑道，开始起飞。父亲和十三团领航主任崔晓东驾驶乌伊尔-10教练机率先升空。

事故就在起飞后不久发生了。

关于这次事故的具体情节，笔者陆续从不同渠道了解到一些，但听到的情况均略有些出入。这次整理父母的遗物，发现一封写给母亲的信，向母亲通报了事故的经过，对父亲出事的情况作了比较详尽的叙述。

这封信写于九月三日，是父亲出事后的第四天，信尾署名李健。李健是谁呢？笔者多方查询，空五师在那个年代曾有两个李健，一个是青年科科长，一个是组织科科长。笔者分析，写信的应是组织科科长李健。母亲那时在师政治部负责干部家属工作，组织科科长应是母亲的直接领导。

信全文如下：

潘镕同志：

不幸的而又使人万分悲痛的事件竟在八月卅一日上午发生了。谁也没有想到马师长与崔晓东同志在玉田县上空造成了一等飞行事故。事故的经过简单是这样：卅一日八时许转场飞机由唐山起飞，当时气象条件非常恶劣，密云和薄雾全部遮盖了整个的天空、地面，飞机离陆五十公尺便看不到影子，所有起飞的飞机也没有编队便进入了航线。马师长因缺少云中飞行经验，没有采取爬高穿过云上飞行的措施，而采取了下降高度以目视地标飞行的办法。因为有云雾能见度极坏，对地面目标看不清，在一个转弯之际飞机左机翼触到了地面，使飞机发生剧烈的跳跃失去了操纵，尔后左翼又碰上了一棵小树把机翼切断，飞机便擦到了地面，将整个飞机摔了几部分。[1]人的身体还很完整，马师长仅把头擦破了一点。现在把尸体已由玉田县运来北京，暂用坟丘丘起，准备在北京革命公墓落好坟墓后再进行移葬。

潘镕同志，我想你听到后一定是非常难过和悲痛的。因为夫妻关系是和任何关系不同的，悲哀和痛心也一定是不可避免的。不过还希望你把心放宽一点，用理智来控制自己，尽量不要过于悲痛流泪，因为事情已成事实，就是再怎么样的悲痛流泪也是不顶用的，你想是不是这样呀？不再写了。

愿您

不要过于悲痛

李健　　　九月三日

母亲读到这封信时是一种什么心情，我不愿去想了……

父亲牺牲的噩耗传开，空军全军震动！

毋庸讳言，一支空军部队的发展成长，同各种飞行事故是相随相伴的，中外空军，概莫能免。尤其是中国人民空军，面对国民党空军在东南沿海地区的袭扰和抗美援朝战争美军飞机的威逼，只能在紧迫有限的时间内组建，飞行人员大都采取突击、速成的办法，经过短期培训便仓促上岗，初创时期飞行事故确实较多。父亲一九五〇年八月二日到航校报到，到一九五一年一月十五日毕业，除去地面飞行理论课和天气因素不能飞，飞行教学日满打满算不足四个月，每位学员的

---

① 空军政治部编写的内部资料《空军从严治军大事选（1949.11–2006.12）》一书，关于此次飞行事故具体过程的描述同此信略有出入："飞机起飞后在云中无法编队。马师长在云下飞行，由于飞行高度过低，飞至河北省玉田县城南十五公里的碱厂村时，螺旋桨打地，右机翼撞到树上，造成机毁人亡的事故。"谨录此备考。

飞行时间只有二三十个小时。这种打破飞行教学规律的做法，是在人民空军初创时期即面临艰巨任务的特殊历史条件下而迫不得已采取的，在各国空军的建设史上绝无仅有。飞行经验要靠飞行时间积累，尤其是复杂气象飞行和夜间飞行，经验不足，处置不当，极易发生危险。选择了飞行的同时，也就选择了风险。

父亲的牺牲，是年轻的人民空军建军以来牺牲的第一位正师级飞行指挥员，为初创的人民空军的成长壮大和现代化建设付出了生命的代价。

父亲牺牲后，空军司令部政治部授予父亲烈士称号，刘亚楼司令员等空军将士在北京为父亲举行了隆重的追悼大会。

父亲的遗体安葬在新建成的北京市八宝山革命公墓。

北京市八宝山革命公墓建成于一九五〇年初。在一九四九年九月第一届全国政协会议决定定都北京后，周恩来总理就指示北京市人民政府，尽快选址，兴建一座烈士陵园，以纪念因中国革命而牺牲的烈士们。北京市政府由副市长吴晗和秘书长薛子正具体负责，经多方勘察，选中地处城西八宝山南麓的明代褒忠护国祠（民国时期改称忠烈祠），将其改建成革命公墓，建筑格局由中国著名建筑师林徽因设计。公墓起初曾名北京市烈士公墓，后定名为北京市革命公墓。一九七〇年，北京市革命公墓改名为北京市八宝山革命公墓。

一九二七年被军阀张作霖枪杀于北京安定门外箭楼西边的中国工人运动先驱、中共临时中央政治局委员王荷波和中共北方局十七名地下党员最先移葬此处。一九五〇年十二月十一日举行了庄严隆重的移葬仪式，周恩来主祭，中华全国总工会副主席李立三、中共北京市委书记彭真等陪祭。

中共五大书记之一任弼时一九五〇年病逝后亦下葬于此。此后几十年间，朱德、董必武、陈云、罗荣桓、陈毅、瞿秋白等中国共产党、国家和军队领导人，张澜、闻一多、徐悲鸿、老舍、史沫特莱、安娜·路易斯·斯特朗等民主党派领导人，爱国民主人士，著名科学家、文学家，高级工程技术人员，国际友人，革命烈士均安葬或移葬于此，成为全国建制规格最高的园林式公墓。这里现在是全国重点文物保护单位，全国爱国主义教育示范基地。

父亲的墓位于王荷波等十八烈士墓北侧。墓体由简朴的掺白色石粒的水泥砌就，墓碑由汉白玉雕成。碑文以汉隶体镌刻其上。

碑文如下：

马勇同志 河北省藁城县贾村人 生于一九二二年五月 享年卅岁 一九三八年二月入伍 同年十月入党 历任干事 政治教导员 独立营副政治委员 支队长 正副团长 师长等职 不幸于一九五二年八月卅一日飞行失事牺牲

马勇同志生前曾参加讨石逆友三及道清 临汾太原诸战役 在长期艰苦的革命斗争中一贯刚毅顽强对革命事业忠心耿耿 始终如一 为祖国 为人民立下了不朽的功绩 他的牺牲是党与人民的一大损失 谨在悼念之余撰文于此 以资垂念

马勇烈士千古

中国人民解放军空军

司令部政治部

一九五二年十一月十八日 立

父亲安葬仪式于十一月十九日举行。

母亲携我们哥俩、老家的亲人、空五师指战员代表参加了安葬仪式。师政治部主任翟佑民和母亲致祭文于墓前。

翟佑民主任祭文摘录如下：

吾等代表空军第五师全体人员以沉痛的心情致祭于马故师长墓前。

……

你为积极完成来京受阅任务，在转场飞行途中谁知天气变化，天不假年，竟使你在八月卅一日八时不幸失事，以身殉职于河北省玉田县碱厂村。噩耗传来，全军震惊莫名，遥望天涯，我军失去主帅，不禁挥泪沾巾。

……

你自调航校学习，虚心好问苦心钻研，成为航校优等生荣获空司模范奖状，自奉命调师我们聚首一起，生活朴素，工作认真，不辞劳苦朝起暮归，亲赴机场，使部队日益正规，技术飞速提高，君若有灵，当会自知生前功绩会永垂不朽，死后英名将流传千古。

马师长永别了，安息吧。你虽身殉革命你的心却永远活在人们的心里，我们坚决学习你的战斗作风，学习你的工作态度，继承你的遗志，完成建设强大的人民空军，痛歼残敌，巩固国防，使你能瞑目于地下，安息于九泉。

母亲祭文摘录如下：

……

一九四九年奉命进军西南，越过天险秦岭、巴山，山路积雪徒步二十六天日行百里，露营于雪地，你那坚强为人民服务的意志，从未说过一句苦和累，仍是用尽心血指挥部队。每逢我翻看你的日记后，你的心感动着我，有说不出的钦佩和赞扬。

你自奉命调师工作，朝起暮归，亲赴机场指挥飞行，冰天雪地未曾说过冷和累，致累到失眠不能休息仍是带着愉快的面容照常紧张地工作。你曾有几次想回家看望双亲但都因工作迫切打退了你的念头，服从人民事业，你从来没有为个人而有过一次怨言。你这种为革命服务的精神及待人恩厚的态度，一旦永别怎不令人挥泪沾巾。

马勇同志，今天我失去了一生衷心敬爱忠实的你，孩子们也失去了抚养他们的最亲爱的父亲，怎不令人挥泪痛心！

马勇同志你安息吧！你生前功绩永垂不朽，死后英名将流传千古，我带着满怀悲痛向你宣誓：学习你的工作作风，学习你艰苦奋斗的意志，踏着你未竟事业永远前进。更重要的是以高度的责任心抚养孩子，让他们好好念书，继承你的未竟事业，使你安息于九泉。

二〇〇九年十一月十一日，中国人民空军建军六十周年之际，中国航空博物馆南侧的英雄纪念墙落成，在主雕塑“蓝天魂”后侧用红褐色大理石雕成的英烈墙上，镌刻着人民空军自建军以来牺牲的一千七百余名飞行人员的英名，父亲的名字列于其中。

第十二章　告慰与怀念

——写到这里，父亲的故事就讲完了。

可以告慰父亲的是，在母亲全身心的抚育下，在空军有关部门的关怀照顾下，我和哥哥鹏飞健康长大了。

父亲牺牲后，母亲带着我们哥俩到了北京。

一九五二年年底，中央决定在全军陆续转业复员十万女军人。一九五四年母亲以副团级（转业后定为行政级十五级）从军队转业，分配到北京市建筑工程局做人事工作。

一九五五年，建工局开始筹建北京第一建筑构件厂。母亲被调到该厂参与筹建，任人事科科长。人事科有时与组织科合并，叫人事组织科；有时与保卫科合并，叫人事保卫科，母亲一直在这个岗位上勤恳工作，直到离休。一九九一年，北京市人事局向母亲颁发了《人事工作三十年荣誉证书》。

北京第一建筑构件厂经过三年筹建，于一九五八年正式投入生产。这个厂不仅是新中国成立后北京兴建的第一家大型钢筋混凝土预制构件厂，也曾是亚洲最大的构件厂，投产后，为北京的建设作出了巨大贡献。当时为庆祝建国十周年而兴建的著名“北京十大建筑”，如人民大会堂、中国革命历史博物馆、军事博物馆、北京火车站、民族文化宫、农展馆、工人体育场等，建筑中使用的很多钢筋混凝土预制构件，都来自这个厂。全国著名劳动模范、后来担任北京市常务副市长的张百发就曾是构件厂的工人、青年突击队队长，和母亲很熟，称母亲为“老领导”。

母亲在一九六三年前后到北京市委党校学习。期间，参加了市委“四清”工作队，下乡参加“四清”运动好几年，直到“文革”爆发才撤回。

说起“四清”运动，恐怕现在中年以下的人已经不甚了了了。在二十世纪六十年代的中国政治舞台上，“四清”运动可是一件大事。“四清”运动也叫社会主义教育运动，在农村中最初是“清账目、清仓库、清财物、清工分”，目标是农村中的基层干部，有问题的叫“四不清”干部，撤职的叫“四清”下台干部；后来逐渐发展为“清政治、清经济、清组织、清思想”，目标也扩大为整党内“走资本主义道路的当权派”了。“四清”运动开始于一九六三年，由各级干部组成工作组，深入农村主持运动，和农民实行“三同”（同吃同住同劳动），一直持续至“文化大革命”开始。当时各级党政干部几乎都参加过“四清”工作队。

“四清”运动是新中国成立后“阶级斗争扩大化”和“极左思潮”的产物，也可以说是“文化大革命”运动的前奏。“文革”的发动者毛泽东一九六七年在会见阿尔巴尼亚劳动党中央书记处书记卡博以及国防部部长巴卢库时就说过：“过去我们搞了农村的斗争，工厂的斗争，文化界的斗争，进行了社会主义教育运动，但不能解决问题，因为没有找到一种形式，一种方式，公开地、全面地、由下而上地发动广大群众来揭发我们的黑暗面。”这样，“四清”运动就无法开展下去，而让位于正在蓬勃开展的“文化大革命”了。

“文革”中母亲被认为执行了“资产阶级反动路线”而遭到批判，厂子里的“造反派”还到家中把母亲抓走审讯，逼母亲“交权”。母亲手中掌握着全厂的干部档案，坚决不交，“造反派”无奈，把母亲扣押了一天只好放回。

二十世纪七十年代初母亲恢复工作后，正赶上“工人阶级要占领教育阵地”，往各个学校派“工宣队”。母亲到北京市一二〇中学当了“工宣队”队长，实际上成了学校的一把手，管了好几年中学。后来“工宣队”撤销，母亲回到构件厂后仍担任人事科科长，八十年代初离休。

母亲一直没有再婚，全身心抚育我们兄弟俩。

当母亲的，大概有些心事不大好对儿子讲。我的一位小学同学，也是空军子弟，同母亲很熟，在我和鹏飞当兵不在北京的那段时间里，经常去家中探望。他后来告诉我，母亲在同他聊天时说过，父亲牺牲后，一些老战友很关心母亲，也曾为母亲介绍过一些比较优秀的干部，但母亲都回绝了——在母亲的心中，没有任何人能够比得上父亲，能够顶替父亲在母亲心中的位置。

母亲离休后，安度晚年。一九九九年十一月因脑溢血在京病逝，享年七十九岁。

母亲逝世后，与父亲合葬在北京八宝山革命公墓。

人们常说，母爱是伟大的。但我觉得，这句话远远概括不了母亲对我们哥俩儿的付出。

在母亲的一生中，曾找寻到了自己的政治理想，也获得了可贵的爱情，但在她尚且年轻时这份爱却永远地失去了。在父亲的墓前，在父亲下葬的那一天，母亲向父亲说过：“我带着满怀悲痛向你宣誓：学习你的工作作风，学习你艰苦奋斗的意志，踏着你未竟事业永远前进。更重要的是以高度的责任心抚养孩子，让他们好好念书，继承你的未竟事业。”母亲以她的一生践行了她的誓言！

母亲以她全部的爱养育了我们哥俩，在我的记忆中，母亲是那样的坚强，又是那样的慈爱。在生活上，吃穿住行、生病受伤，有母亲在，我们就感到踏实，感到温暖。在学习工作中，我们取得一点进步，一点成绩，母亲为我们高兴，为我们骄傲；我们有了一点错误，一点缺点，她为我们生气，为我们着急。从孩童时期到学生时代，乃至我们长大成人，甚至结婚生子，母亲都全身心地爱着我们，照顾着我们。小时候不懂事，到我们自己有了孩子，才深深体会到母亲独身一人抚育我们哥俩的不易！直到现在，和母亲共同生活时的点点滴滴，母亲无微不至的关爱和呵护，都成为我心中永恒的记忆。

我们在母亲的碑文上说：“一九五二年父亲马勇牺牲后独育二子，一生辛劳，养育之恩，永志不忘”——而母亲伟大的爱又岂是这寥寥几句话所能涵盖的！

我们哥俩随母亲到北京后，先后上了空军子弟幼儿园。鹏飞上幼儿园很早，两岁左右，那时因为母亲一边上班一边还要照看两个孩子，实在顾不过来就只好送到幼儿园了。我则留在家里，由一位老阿姨照看。这位老阿姨是哈尔滨人，在开原时就到了我们家，我们叫她“大大”（应该是东北一带的称呼，“大娘”或“大婶”的意思）。大大对我们哥俩很好，本来母亲答应她在我们家终老的，后来她家中有事，在我五六岁时回东北老家了。

我是四五岁时上的幼儿园，我在中班，鹏飞在大班。那时的空军幼儿园设在东直门内几座平房大院里，两个班还不在一起，大班在东直门内大街路北，中小班在路南。据说，大班的那个两进院的四合院现在还在，是北京某官府菜馆的所在地。鹏飞上幼儿园时还是实行供给制，发服装，管伙食。隐约记得夏天幼儿园发的服装还是军用降落伞的绸布做的，白绿相间的迷彩色，全班统一，男生短裤女生裙子，我还挺羡慕的。到我上幼儿园时已改成薪金制，就不发服装了。

一九五八年鹏飞该上小学了。空军子弟小学叫育鹏小学，校址在和平里以北的甘水桥，在城北；我在幼儿园升入大班，这时幼儿园已迁到玉泉路十一学校附近的新园址，在城西；而当时我们家在光华路构件厂福利区，在城东。每到周六和周日母亲接送我们哥俩，几乎环城绕一圈，实在接不过来。于是母亲向育鹏小学领导提出，能否也让我提前上学，如果跟不上，反正年纪小，大不了明年再读一年一年级。那时的校领导都是现役军人，很通情达理，掌握政策也比较灵活，于是我在上了两个星期的幼儿园大班后便上了小学。

在小学我和鹏飞在一个班，而且宿舍的床位是头顶头，估计是照顾我年纪小，怕我想家。其实我们这些从小在寄宿制幼儿园长大的孩子早已习惯了集体生活，没那么多事儿。学习上我也挺争气，没有跟不上，缺了两个星期的课也没让老师补，都是鹏飞给我补的，结果我就这么上下来了。说起来，我的汉语拼音的底子还来自鹏飞。我们上小学那年是第一年推广新汉语拼音方案，老师也是现学现卖，再加上有的老师是外地人，有口音，学起拼音来还不如我们小孩灵光呢。

无忧无虑的六年小学生活一晃就过去了。我们哥俩都不算是“好学生”，大错不犯小错不断，没当过班干部，脖子上的红领巾也是争取老半天好不容易才戴上，胳膊上“一道杠”

也没挂过，更别提“两道杠”“三道杠”了。但我们哥俩学习都没的说，总能保持在班级前列。四年级时因学生人数增加增设了一个班，老师看我们俩太闹就给我们分开了，鹏飞留在二班，我到了四班（五年级又改为三班），但在各自班里学习成绩仍是名列前茅。

考中学时我考“糊”了。

那时上初中就要选报志愿。报志愿时也没人商量，母亲因参加“四清”工作队不在北京，就算在北京她也不知道哪所中学好哪所不好，对我们报志愿的唯一要求就是要住校。那个时代的人不像现在，没那么多事儿，于是我们哥俩一商量，就报了同样的志愿：第一志愿一〇一中；第二志愿北大附中；第三志愿人大附中。

“文革”前的中学海淀区最牛的就两所：一〇一中和清华附中，西城有男四中和师大女附中，但住校名额不多，其他的好像都是次一等了。人大附中可没有现在这么牛，也就算是中上等。北大附中跟人大附中差不多，但规模小，住校生名额也比较少。当时我们也没了解这么多，就想当然地报了。

到考试的时候了。算术没问题，手拿把攥一百分。问题出在语文。我们那年初中考试语文刚做了改革，语文基础知识都取消了，只考一篇命题作文。记得那年的作文题是“我的家庭”。我一看到这个题目就有些发懵，不知道怎么下笔了。考试时间是两个课时，我整整有一个课时在那里发呆，监考的老师是我们的班主任谢恒友老师，都看着我直着急。后来看时间紧张了，就编了个故事匆忙交卷了。等一发榜，鹏飞如愿考入一〇一中，而我却考入第三志愿人大附中。当时发榜的规矩是只报学校不报分数，后来了解到，鹏飞的分数是两门相加一百九十九点五，据说只错了一个标点；我是一百九十二。人大附中录取线就是一百九十二，差一点连第三志愿都没考上。真要没考上可就惨了，住校生服从分配，那就定福庄见了（定福庄中学那时在北京是较差的学校，唯一的优点是住校名额多，很多考不上志愿的住校生都分配到那里）。

不过经此一小劫，好像以后诸事都挺顺。

在人大附中我们班是个“闹班”，全年级闻名，班主任换了好几任，老师们一提三班头都大。直到现在老同学聚会，一提这事立马招来集体“批判”。一九六六年五六月“文革”爆发，“停课闹革命”，那时我们是初二快期末考试了，一听说停课了，大家欢欣鼓舞，奔走相告，就跟抗日战争打胜了似的。现在回想，照我们当年那个势头闹下去，考高中怎么办，还真有些后怕呢。

我们哥俩从幼儿园到小学再到中学，一直是寄宿制，一个礼拜回家一次，甚至有几年母亲下乡搞“四清”，我们哥俩就连礼拜天也不回家，所以集体观念甚浓，而家庭观念则淡得多。

母亲下乡“四清”主要在北京远郊县，参加了好几期。那几年母亲几个月才回家一次，我们哥俩住校，礼拜天不回家就住在学校。记得在小学时有年寒假也住在学校，学校还安排老师带着我们。上中学后母亲还在下面搞“四清”，我们仍然是住校。那时就没老师管了，一到礼拜六放学我就到一〇一中鹏飞那去住，去玩儿，在那里结识了不少一〇一中的朋友，初中高中的都有。

“文革”那几年就不提了，开始时响应伟人号召到全国各地“串联”，传播“造反精神”，串着串着就变成不花钱旅游了。“复课闹革命”后也不好好上课，抽烟喝酒吃“老莫”，偷鸡摸狗撬自行车，打过架也挨过打，关“局子”（鹏飞），进“打砸抢”学习班（本人），过了两年多“天王老子第一我第二”的“神仙”日子，要多逍遥有多逍遥，要多迷茫也有多迷茫，整个一“蹉跎岁月”，虚度光阴。

直到一九六八年底，我又一次响应伟人的号召，但这回不是“大串联”那么轻松了，而是“上山下乡”，到山西汾阳去插队，当了农民。伟人当年有一句很有名的“最高指示”：“知识青年到农村去，接受贫下中农再教育，很有必要。”插队一年整，是否接受了“再教育”我也说不清，但对山西农村的风土人情和农民的生活状况倒是有了切身的体验，也算是人生的特殊经历吧。

当兵，是我们那一代人崇高的理想和最好的出路。

鹏飞是一九六九年从一〇一中走正规渠道入伍，分配到空十五师，当机务兵，曾代理过机械师。

我是在一九七〇年到空五师当的兵，是个“后门兵”。为了能让我当上兵，母亲找了空政干部部的一位老战友。这位老战友原是空五师出来的，当时是空政干部部的负责人，按尉伯伯的话说，还有“历史感情”。他和空五师师长宋占元打了招呼。宋师长很重视，专门派师军务科的李参谋到汾阳办了手续，把我的户口从汾阳迁到空五师所在地潍坊市二十里堡公社，然后在二十里堡办了入伍手续。

当兵的日子在这里就不详述了，两年时间经历了不少事。二〇二一年，为庆祝部队执行投掷核弹试验任务五十周年，战友们编了一本回忆文集，我写了一篇小文，记述了那段岁月。考虑到我当兵的经历也算是空五师历史的延续，所以把这篇小文作为附录收在本书中，有兴趣的读者可以一读。

值得骄傲的是，我们全家四口，父亲、母亲、哥哥和我，我们都曾在空军服役过，都是人民空军的一员！

鹏飞一九七四年从部队复员，分配到中国银行总行科技部。他在工作中从一名电脑数据穿孔员做起，自学成才，任中国银行电脑部副处长。曾由中国银行派赴伦敦、法兰克福分行工作多年，在法兰克福分行担任财会和电脑部经理。在伦敦期间毕业于伦敦理工大学银行专业。后从中行辞职，在联想集团小型机部（驻深圳）任副总工程师，又到伦敦 MISYS 国际软件公司做高级系统分析师。二十世纪九十年代加入广东发展银行总行，担任主管科技的行长助理，在银行计算机的应用软件、架构设计等领域有高深造诣，对国内外银行软件包有很深刻的了解，在开发、运行中积累了丰富经验，在国内银行界是公认的专家级人才。二〇一〇年退休，退休后仍被国内多家知名科技公司聘为顾问。

我在一九七二年由空五师选送复旦大学历史系学习，毕业时中央机关到学校选人，便脱了军装，转业到中央党校党史党建教研室工作，职称实习研究员。一九八一年又调入中共中央文献研究室[①]，一直从事中共党史和中共领袖人物研究，曾担任刘少奇研究组著作小组副小组长、第二编研部刘少奇研究处处长、《党的文献》杂志常务副主编、中央文献出版社总编辑，二〇一一年七月因全国出版单位转企改制调回室第二编研部任巡视员（正局级），同时办理退休手续，在出版社继续返聘工作至二〇一四年十一月，因病退出工作。

在中共党史研究领域，笔者可谓是资深人士了，也略有成果。从一九八一年到二〇〇〇年，从事刘少奇著作和生平

① 党的十八大后，党和国家机构改革，中共中央文献研究室和中共中央党史研究室、中央编译局三家机构合并为中共中央党史和文献研究院。

研究近二十年，参与编辑了《刘少奇选集》上下卷、《刘少奇》画册以及多部刘少奇文集，参与撰写了《刘少奇年谱》、《刘少奇传》、《刘少奇》文献纪录片稿本，合作学术著作多部，发表学术论文多篇。二〇〇〇年至二〇一一年任职杂志社和出版社期间，主持编辑了一批党和国家重点出版项目。

得益于工作之便，阅看了诸多中央档案馆馆藏档案和文献研究室室藏档案；访问多位党内老同志，如薄一波、杨尚昆、胡乔木、邓力群、陈伯达、师哲等；亦同王光美、刘爱琴、刘源、刘婷等刘家亲属有较多交往。工作之余，研读中外各版中共党史论著和回忆传记等。退休赋闲在家，仍以研读中共党史为主要兴趣点，证史探幽，辨伪识真，而且涉猎更为广泛。

以上这些经历，也算是写作本书的“资本”吧。

回首往事，感慨颇多。我们哥俩虽然生活在单亲家庭，却丝毫没感到单亲家庭的那种弱势感和孤独感。相反，我们从小过着无忧无虑的集体生活，以校为家，以哥们儿为家人。周围一帮小伙伴、老同学，大家亲密无间，不分你我，有福同享，有难同当，那种集英雄主义、集体主义外加哥们义气的所谓干部子弟性格，深深融入我们的骨子里。成人后，作为军人的后代、烈士的子弟，当兵是我们的理想。我们实现了这个理想。仅就这一点而言，我们的人生没留遗憾。我们哥俩从空军退役后，在工作中我们哥俩没有辜负父辈的期望，也算事业有成吧，至少没给父母丢脸。

每年清明时节，我们会去八宝山革命公墓给父母扫墓，献上鲜花一束，以示怀念，这是我们家庭的传统。在父母的墓前，也经常会遇到老同学老战友老朋友来到父母墓前祭拜。我们的孩子们长大后，也继承了我们家庭的这一传统。我想，这个传统会世代传下去的。

父亲离开我们已经七十年了。光阴荏苒，岁月会磨灭过往的痕迹。但我相信，父亲他们那代人的故事不会随着时间的推移而湮灭在历史的尘埃中，历史会记住他们！

二〇二一年十一月初稿

二〇二二年七月修订

二〇二三年九月校核

父亲的墓碑静立于北京八宝山革命公墓的苍松翠柏之中。

可以告慰父亲的是，在母亲全身心抚育下，在空军有关部门的关怀照顾下，我和哥哥鹏飞健康长大了，并都在空军部队服役过——我们全家四口：父亲、母亲、鹏飞和我，都曾是人民空军的一员！

父亲牺牲后，母亲带着我们哥俩到了北京，一九五四年从部队转业到北京市建工局做人事工作。图为母亲（左）和同事黄桂阿姨（中）、顾永忠阿姨（右）合影。

一九五五年，建工局筹建北京第一建筑构件厂，母亲调到构件厂任人事科（有时合并为人事保卫科或人事组织科）科长。母亲在这个岗位上一直工作到离休。图为构件厂人保科全体同事的合影，前排右二是母亲，中间的小孩是鹏飞。（一九五七年十月）

幼年时期的鹏飞和我。（一九五七年冬）

我们哥俩和同学们游览八达岭长城。左起：郑曙、刘利群、鹏飞、我、钱黎黎、张维民、廖胜辉。（一九六七年冬）

我们哥俩先后于一九六九年和一九七〇年参军入伍。鹏飞（右）在空十五师，我（左）在空五师。图为一九七三年回京探亲时和母亲合影。

鹏飞（右）和我（左）二十世纪七十年代中期先后从部队复转到地方，鹏飞从事银行业的电脑科技工作，我从事中共文献的研究编辑工作。图为二〇〇六年国庆节期间和家人朋友们在潘家口水库旅游休假。

鹏飞（右）和我（左）先后于二〇一〇年和二〇一一年退休。图为和家人在北京莫斯科餐厅小聚。（二〇二二年一月）

二舅一家是我们在北京最亲近的亲戚，我们哥俩从小得到舅舅和妗子的关爱照顾。中排左起：妗子张洁、舅舅潘纯、母亲；前排左起：我、鹏飞；后排左起：小娜姐、小胖姐。（一九五八年四月）

大舅的大女儿瑞琴姐一家晚年也在北京生活。姐夫罗国斌从六十五军离休后，全家安居在北京军区干休所。图为舅舅、妗子和母亲带我们晚辈去祝贺乔迁。前排右起：舅舅潘纯、范凯、姐夫罗国斌、马遥、母亲、刘禹、妗子张洁、赵楠、瑞琴姐、小娜姐、鲁玉玲、我；后排右起：罗红、张海英、罗玫。（一九九四年七月）

母亲一九八〇年离休后，安度晚年。图为和孙女马小婷（左）、孙子马遥（右）合影。（一九八五年夏）

母亲于一九九九年十一月病逝，享年七十九岁。母亲去世后，和父亲合葬于北京八宝山革命公墓。

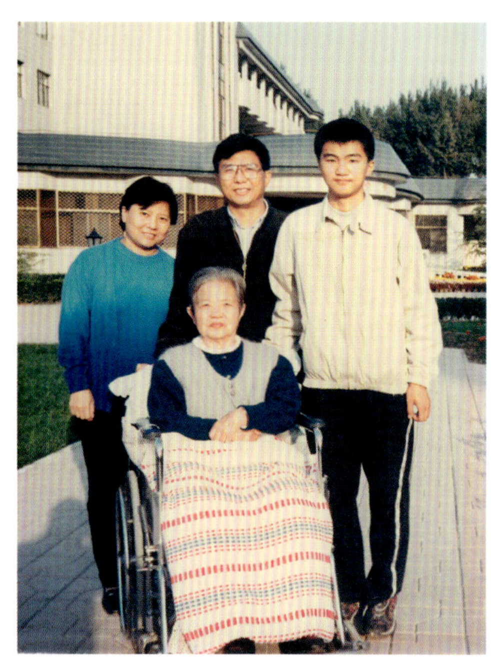

这张照片是母亲和我们一家的最后一张合影。（一九九九年秋摄于北京第一福利院）

每逢清明时节，我们家人们会到八宝山为父母扫墓，这已成为家庭的传统。图为我（右）和鹏飞（左）给父母扫墓。（二〇〇五年四月）

马小婷（左）和马遥（右）给奶奶扫墓。（二〇一七年四月）

家人们为父母扫墓。左起：鹏飞、宋志超、马小婷、马遥、马硕、鲁玉玲、我。（二〇一九年四月）

我的空五师战友们在父母墓前。左侧前起：肖南、李新军、韩艳、许刚；右侧前起：我、王燕民、黄俊、郭元庆。（二〇一四年五月）

从二十世纪八十年代后期起，我在母亲的帮助下，开始对父亲的生平事迹进行整理和研究。我写的两篇父亲小传分别收入《中共藁城县党史人名录(第一辑)》和《中华著名烈士》第二十八卷。

——在我为父亲写传的过程中，得到父亲老战友的极大帮助。

一九八七年十二月，崔殿宸伯伯得悉我为父亲写传，以七十余岁高龄连续奋战三夜写成一封长达万余字的长信，深情回忆了和父亲在战争年代生活和战斗的经历。这份珍贵资料是我写作父亲传记的基本材料之一。

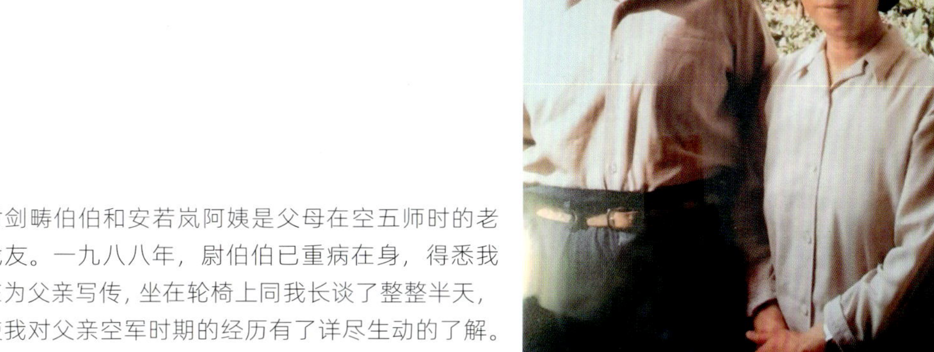

尉剑畴伯伯和安若岚阿姨是父母在空五师时的老战友。一九八八年，尉伯伯已重病在身，得悉我在为父亲写传，坐在轮椅上同我长谈了整整半天，使我对父亲空军时期的经历有了详尽生动的了解。（尉晓力供稿）

我（右）和任一飞叔叔（中，曾任四十四团宣传股股长）、杨文彬叔叔（左，曾任四十四团宣传队队长）在任叔叔家中。杨叔叔撰写的《铁血雄风》一书，使我在写作中受益匪浅。（二〇〇一年十月）

在正定古城参观父亲的母校——河北正定中学。左起：鹏飞、黄雄（正定中学负责编写校史的老师）、我、马京滨（叔伯兄弟，曾任藁城市教育局副局长）。（二〇一七年九月）

近年来，我和夫人鲁玉玲多次自驾出行，探访父辈生活和战斗过的地方。我们到过太行山偏远的山村，走过秦岭荒无人烟的小道，用川北麻辣重油的菜肴佐饭，以巴山冷冽甘甜的山水解渴，一路走南过北，翻山越岭，虽有艰辛，却也乐在其中。（二〇一九年十一月于秦岭北麓）

河南辉县郭亮村，抗日战争中是太行军区七分区的后方根据地。父亲（时任辉县独立营副政委）当年经常带部队在这一带活动——昔日的红色老区，如今已是旅游网红打卡地。（二〇一九年四月于郭亮村）

河南博爱县寨豁村——坐落在太行山南麓的美丽山村，在抗日战争和解放战争期间是晋冀鲁豫边区四专署七区区公所所在地。一九四六年十二月二十日，父母在这里结婚。（笔者摄于二〇一九年春）

——临汾战役、晋中战役和太原战役是解放山西的最后三大战役，父亲率团全程参加了这三次战役。二〇一九年四月我们实地探访了三次战役的旧址。

祭拜临汾战役中牺牲的八纵二十四旅旅长王墉烈士。（摄于临汾市烈士陵园）

参观建于太原市东山牛驼寨的太原解放纪念馆，在我军攻打太原时使用的日式山炮旁留影。

位于祁县古县镇神堂头村村南的这座小院，在晋中战役期间是徐向前的战役指挥所，如今已辟为晋中战役纪念馆。（笔者摄）

西安蒋介石西北行宫旧址。一九四〇年，胡宗南将位于西安城南的唐代皇家寺院常宁宫改建成蒋介石的行宫，蒋介石和宋美龄多次在此下榻。西安解放时，这里成为我六十一军军部。一九四九年小五台战斗结束后，马勇在这里向军首长汇报战况，受到韦杰军长的表扬。（笔者摄于二〇一九年十一月）

一九四九年十月，中央军委决定贺龙任西南军区司令员，率十八兵团由陕西进军四川。十二月六日至十四日，马勇率团从周至县马召镇辛口村出发，沿傥骆古道翻越秦岭天险抵达汉中。图为笔者在辛口村同村民攀谈。（二〇一九年十一月）

一九四九年十二月十六日至三十一日，马勇率团从汉中沿米仓古道翻越大巴山抵达川北——当年崎岖险峻的古蜀道，如今已是坦途。（笔者摄于二〇一九年十一月）

辽宁省开原市是空五师创建地，也是我的出生地。二〇一六年秋，我们一伙老友自驾旅游特意来此一访。空五师师卫生队当年设在城内的一座天主教堂里，我也出生在这座教堂里。但很遗憾，我们到访时，城内的老教堂因城区改造已拆除，移址重建。图为在城北新建的开原市天主教堂。（笔者摄于二〇一六年九月）

这两张照片摄于二〇〇九年十一月十一日——人民空军建军六十周年纪念日。
上图：我和空五师的战友们参观中国航空博物馆，左起：翟红方、王燕民、小李（讲解员）、我、李京健，我们身后那架喷涂着白漆的强-5甲曾是我当年从工厂接收并精心维护过的战鹰。
下图：到小汤山空军接待站看望我们的老团长、“彝族之鹰”杨国祥。左起：肖南、我、杨国祥、王燕民、李京健。
——这两张照片背后的故事，本书附录的《空五师“小分队”琐忆》一文有详细的讲述。

二〇〇九年十一月十一日，人民空军建军六十周年之际，中国航空博物馆英雄纪念墙落成，在主雕塑“蓝天魂”后侧的英烈墙上，镌刻着人民空军创建和发展过程中牺牲的一千七百多名飞行人员的英名，父亲马勇的名字列于其中。图为我和家人们在英雄纪念墙前合影留念。左起：宋志超、宋依诺、马小婷、马鹏飞、马瑧羽、我、鲁玉玲、马遥、马瑧妮、朱杭。（二〇二三年五月七日）

附一

本书参考文献

《建党以来重要文献选编（一九二一——一九四九）》中共中央文献研究室、中央档案馆编 中央文献出版社二〇一一年六月版

《建国以来重要文献选编》中央文献研究室编 中央文献出版社二〇一一年六月版

《毛泽东选集》人民出版社一九九一年六月版

《毛泽东文集》中共中央文献研究室编 人民出版社一九九六年八月版

《毛泽东军事文集》中共中央文献研究室、中国人民解放军军事科学院编 军事科学出版社、中央文献出版社一九九三年十二月版

《毛泽东年谱（一八九三——一九四九）修订本》中共中央文献研究室编 中央文献出版社二〇一三年十二月版

《毛泽东年谱（一九四九——一九七六）》中共中央文献研究室编 中央文献出版社二〇一三年十二月版

《毛泽东传》中共中央文献研究室编 中央文献出版社二〇一一年一月版

《刘少奇年谱》中共中央文献研究室编 中央文献出版社一九九六年九月版

《朱德年谱（新编本）一八八六——一九七六》中共中央文献研

究室编 中央文献出版社二○○六年十一月版
《邓小平年谱（一九○四——一九七四）》中共中央文献研究室编 中央文献出版社二○○九年十二月版
《邓小平传（一九○四——一九七四）》中共中央文献研究室编 中央文献出版社二○一四年八月版

《藁城县志》藁城市地方志编撰委员会编 中国大百科全书出版社一九九四年二月版
《藁城县地名资料汇编》藁城县地名办公室编 一九八三年印制
《中共藁城党史人名录（第一辑）》中共藁城市委党史研究室编 一九九○年十二月印制
《贾村志》贾村志编撰委员会编 二○○九年印制

《中国人民解放军战史第二卷（抗日战争时期）》军事科学院军事历史研究部编著 军事科学出版社一九八七年七月版
《八路军史》岳思平著 江苏人民出版社二○一七年十一月版
《中国抗日战争全记录（1931—1945）》李继峰著 二十一世纪出版社集团二○一五年六月版
《步兵一一零团战史（1937—1950）》战史编写组编 一九九一年印制
《抗日战争中的八路军一二九师》李达著 人民出版社一九八五年八月版
《冀南军区史记事（1937—1949）（初稿）》冀南军区史编辑委员会编 一九八八年八月印制
《冀南军区战史》冀南军区战史编辑委员会编 蓝天出版社一九九三年六月版
《中国共产党武邑县历史（1936—1949）》中共武邑县委党史

研究室编 二〇〇九年九月印制
《武邑抗日故事选编》中共武邑县委党校编 二〇二〇年九月印制
《中共魏县党史大事记（1926—1949）》中共魏县县委党史办公室编 一九八八年六月印制
《太行革命根据地史稿（1937—1949）》太行革命根据地史总编委会编 山西人民出版社一九八七年五月版
《中共新乡历史大事记（1919—1995）》中共新乡市委党史工作委员会编 河南人民出版社一九九七年五月版
《中共焦作党史大事记（新民主主义革命时期）》中共焦作市委党史征编委办公室编 一九八八年印制
《中共焦作历史（1925—1949）》中共焦作市委党史办公室著 中共党史出版社一九九五年八月版
《解放长垣城——纪念长垣解放四十周年专辑》中共长垣县委党史资料征集编纂委员会、政协长垣县委员会文史资料研究委员会编 一九八七年十二月印制
《中共长垣历史（第一卷）》中共长垣县委党史办公室编 河南人民出版社一九九七年二月版
《华北治安战》日本防卫厅战史室编 天津市政协编译组译 天津人民出版社一九八二年九月版
《烽火太行摇篮情——太行联中纪念文集》山西省史志研究院编 山西古籍出版社一九九六年十一月版
《太行中学 太行联中同学录》一九八五年十月印制

《中国人民解放军战史第三卷（全国解放战争时期）》军事科学院军事历史研究部编著 军事科学出版社一九八七年七月版
《铁血雄风》杨文彬、潘光和、叶文斌著 新华出版社

二〇〇五年六月版
《决战：华北解放战争（1945—1949）》袁德金著 上海人民出版社二〇一七年七月版
《决战：西北解放战争（1945—1949）》袁德金著 上海人民出版社二〇一七年七月版
《红色宣言——中国工农红军石刻·墨书》中共巴中市委、巴中市人民政府编 二〇一〇年八月印制
《北川县志》北川县志编纂委员会编 方志出版社一九九六年三月版

《当代中国空军》《当代中国》丛书编辑部编写 中国社会科学出版社一九八九年十月版
《空军史》空军司令部编研室编写 解放军出版社一九八九年十一月版
《中国人民志愿军序列（1950.10—1953.7）》胡光正、马善营编 解放军出版社一九八七年五月版
《空军第三飞行学院六十年大事记（1949.12—2009.12）》空军第三飞行学院编 二〇〇九年印制
《彭德怀军事参谋的回忆：1950年代中苏军事关系见证》王亚志回忆 沈志华、李丹慧整理 复旦大学出版社二〇〇九年七月版
《北沙纪念文集》晓阳主编 二〇一四年四月印制
《父亲的飞行人生》宋杰著 二〇二一年六月印制
《中国革命文艺的摇篮》延安鲁艺校友会编 一九九八年四月印制

《历史的回顾》徐向前著 解放军出版社一九八七年七月版

《徐向前传》《徐向前传》编写组著　当代中国出版社二〇〇七年一月版

《贺龙传》《贺龙传》编写组著　当代中国出版社二〇〇七年一月版

《宋任穷回忆录》宋任穷著　解放军出版社二〇〇七年八月版

《陈再道回忆录》陈再道著　解放军出版社一九八八年八月版

《王新亭回忆录》王新亭著　解放军出版社二〇〇八年十月版

《黄镇传》本书编委会著　中央文献出版社二〇〇七年四月版

《黄华画传》何理良主编　中央文献出版社二〇一三年一月版

《吴效闵少将》晋军著　解放军文艺出版社二〇〇八年一月版

《徐子荣传》陶驷驹主编　群众出版社一九九七年七月版

《周士第回忆录》周士第著　人民出版社一九九七年四月版

《韦杰回忆录》韦杰著　广西民族出版社一九八八年十二月版

《刘亚楼将军传》杨万青、齐春元著　中共党史出版社一九九五年六月版

《王海上将：我的战斗生涯》王海著　中央文献出版社二〇〇〇年二月版

《一二九师黎城整军和刘邓大军的诞生》杨尚军　载《党史月刊》二〇一七年第四期

《永恒的友谊——记秋山良照》杜连达　载《军事历史》二〇〇四年第一期

《我的几点回忆》李一帆　载邯郸文化网—红色邯郸

《林南战役——八路军抗战经典战例》中共安阳市委党史研究室　载八路军研究会官网《太行英雄》

《回忆皮定均同志开辟太行七分区的斗争事迹》聂济峰、吕梁　载《太行抗日根据地（二）》中共河南省委党史工作委员会编

河南人民出版社一九八六年四月版
《焦作市大事要览—解放战争时期（1945.9 ~ 1949.9）》焦作市党史研究室 载中共焦作市委党史研究室网站
《在陆军基础上建设空军》刘亚楼 载《刘亚楼将军传奇》中国文化出版社二〇一〇年三月版
《创建人民空军的七年》刘亚楼 载《刘亚楼将军传奇》中国文化出版社二〇一〇年三月版
《刘亚楼为创建空军呕心沥血》方子翼、吕黎平、炜漪 载《刘亚楼将军传奇》中国文化出版社二〇一〇年三月版
《我党第一支航空队组建溯记》王有生 载《中华魂》网站
《傅作义在辽北指挥抗洪奇遇》张书剑 载《党史纵横》二〇一五年第五期
《两次难忘的飞行》陈宪人口述 王万涛整理 载二〇〇四年九月二十九日《大连日报》

附二

马勇生平大事年表

一九二二年	六月 出生于河北省藁城县贾村。
一九二九年	夏 入本县小学读书。
一九三四年	夏 考入河北正定中学。
一九三六年	十一月 绥远抗战爆发，参加校内绥远抗战后援会。 十二月 西安事变爆发，参加学生自治会，罢课游行。
一九三七年	七月 正定中学初中毕业，赴北平考学，正值卢沟桥事变，大哭而归，立志报国。

一九三八年	二月 在晋县参加八路军，番号为一二九师东进纵队独立支队。 三月 任独立支队政治部教育干事。独立支队开赴南宫整训。 四月 独立支队参与创建冀南第一军分区。 七月 独立支队改编为东纵第一支队。 十月 在束鹿县加入中国共产党，介绍人李汉英、于文。 十一月 东纵第一支队改编为东纵第一团。
一九三九年	年初 东纵一团开赴冀南第五军分区。 春 派往我军收编的“杂色”武装——第五军分区独立大队任政治教导员。 九月 五分区独立大队改编为东进纵队特务营，任副教导员。 冬 到黎城参加一二九师干部轮训队学习。
一九四〇年	二月 返回冀南，任东纵二团（由东纵一团改编）一营副教导员。 二月 参加第一次讨伐顽军石友三战役（冀南反顽战役）。 三月初至四月上旬 参加第二次讨石战役（卫东反顽战役）。 六月 东纵二团改编为新七旅第二十团。

一九四〇年	七月　参加第三次讨石战役（直南反顽战役）。 秋　参加冀南军区干部轮训队学习。
一九四一年	春　学习结束回二十团。 五月　任二十团一营教导员。 夏　在威县义和营反“扫荡”战斗中腿部受伤。 八月　参加破击王高路战役。
一九四二年	六月　新七旅与冀南军区第六军分区合并，二十团改编为新四旅第二十团。 秋　带领一个连赴武邑县北部开展游击战。 十月　新四旅番号撤销，二十团直属冀南军区，转赴后建的第一军分区开展根据地的恢复和建设。
一九四三年	七月　冀南二十团转移太行军区涉县。 七月中下旬　参加蟠龙战役。 八月十八日至二十七日　参加林南战役。 十月　调太行军区第七军分区，任辉县独立营副政委。

一九四四年	四月 任第七军分区南进支队支队长，执行道清路南作战任务。
一九四五年	一月下旬至四月一日 参加道清战役。 三月 太行军区第四十四团成立，任副团长（行团长职），一九四六年一月任团长。 六月 发动修武县黄村战斗，打响建团第一仗。在战斗中头部负伤。 八月 率团攻克木栾店（武陟县城）。
一九四六年	十月中旬至十一月 率团撤往道清路北山区，其间发动大油村、北朱村等战斗。 十一月下旬 四十四团建制撤销，改任沁河支队支队长。 十二月二十日 同潘镕在博爱县寨豁村结婚。
一九四七年	春 四十四团建制恢复，仍任团长。 四月上旬 发动焦作城南村阻击战。 四月十三日 率团攻克温县县城。 九月八日 发动博爱县贵屯村阻击战。 九月 四十四团编入太行军区独立旅。 十一月中旬 率团一打长垣县城，未克。 十二月十六日 率团攻克浚县淇门镇。

一九四七年	十二月二十、二十一日　二打长垣县城，即克。 十二月　太行军区独立旅改编为太行军区独立第一旅。
一九四八年	一月　率团抵山西省高平县。 二月　四十四团改编为晋冀鲁豫军区第十三纵队第三十八旅第一一三团，移师曲沃县，开展大练兵。 三月七日至五月十七日　率团参加临汾战役。 五月上旬　晋冀鲁豫军区十三纵改编为华北军区第一兵团十三纵。 六月十八日至七月十七日　率团参加晋中战役。 十月二日至一九四九年四月二十四日　率团参加太原战役。在十月四日战斗中肩部负伤。
一九四九年	二月　华北军区第一兵团统一为中国人民解放军第十八兵团，一一三团统一为第六十一军第一八二师第五四五团。 四月　十八兵团转隶第一野战军建制。 五月下旬　率团由榆次县赶赴西安。 六月上旬　率团抵达西安，驻防东关。

一九四九年	七月十、十一日　率团攻克西安城南小五台高地，智取老原岭。 十一月　十八兵团转隶第二野战军建制。 十二月六日至十四日　率团为全师后卫，从周至县沿“傥骆道”翻越秦岭天险，抵洋县。 十六日至三十一日　率团从新郑县沿“米仓道”翻越大巴山，追歼逃敌，抵三台县。
一九五〇年	一月至五月　率团在江油、平武、北川等县开展剿匪建政。 五月　调川北军区任作战处处长，未及上任，又接调往空军调令。 七月三日　从重庆启程，到北京空军总部报到。 八月二日　入锦州空军第三航校飞行科一期丙班学习。 十二月九日　长子马鹏飞在北京出生。
一九五一年	一月十五日　从锦州空军第三航校毕业。 一月　被空军司令部任命为空军第五师师长，赴开原上任。 三月　空五师列入中国人民志愿军空军司令部序列，但未入朝参战。

一九五一年	八月　率全师并协调驻开原其他部队参加辽北抗洪救灾，接待水利部部长傅作义视察水情。 九月初　经锦州、唐山转场北京西郊机场，准备参加国庆两周年空中受阅。 十月一日　空五师出动三十六架伊尔 -10 编成四组“品”字形梯队通过天安门上空接受检阅，担任地面指挥。 十月二日　在中南海接受毛主席、朱总司令接见和宴请。 十月四日　在中山公园接受空军司令部宴请，朱总司令、聂代总长参加。
一九五二年	一月二十八日　次子马云飞在开原出生。 八月三十日　由开原转场唐山，准备转场北京参加国庆三周年空中阅兵。 八月三十一日晨　从唐山机场起飞后因飞行失事牺牲。 九月　空军司令部政治部授予烈士称号，在北京空军总部举行追悼大会。 十一月十九日　在北京市八宝山革命公墓举行安葬仪式。

附三

五四五团入川行军记*
——马勇日记摘录

（一九四九年十二月六日——一九五〇年一月一日）

十二月六日　阴

伟大壮烈的向西南大进军，今天开始了。由于我二野大军迅速解放贵阳，并继续西进，已威胁川滇公路，使防守秦岭的胡宗南匪部撤向四川及大巴山，南北五百里的天险秦岭不攻自破，过秦岭的主要问题，不是打仗，而是如何“走好”问题。“人须策杖，马须加掌”，从这两句话里，就可知道秦岭是如何的险要。部队通过这里须全部露营，全程八天的食粮要自己携带，而且我们又是冬季山地行军，山上已有积雪，更增加了许多困难，但这一切，阻挠不了我们前进的意志，我们已有了克服困难的充分准备。

我们离开驻地出发时，群众齐集街头锣鼓欢送，更增加了我们进军的意志。

---

* 这是父亲马勇日记中的一部分，逐日记录了十八兵团六十一军一八二师五四五团翻越秦岭巴山、进军四川的行军过程。为保持原汁原味，笔者没作任何内容修改，只对其中个别文字和标点的用法做了规范，一些地名和史实作了注释。标题是笔者加的。

今天行程廿里，宿营辛口子[①]。

十二月七日　晴

也许是部队情绪高，也许是干部没有很好掌握，又是第一天行军没经验，战士们有的半夜就起来了。二营起得更早，他们由南大坪到辛口子五里路，到了这里我们才吃过饭，这样会对战士们的体力有影响的。

出发时，犹星斗满天。走了十多里路，天才渐渐地亮了起来。九时许开始翻青冈砭山。上十五里，因部队很拥挤，耽误了好长的时间。下午四时到达半面街宿营，只一座房子，团部及特务连驻了，还有一部分同志露营。

十二月八日　雪

今日翻越老君岭，这是我们到汉中去翻的最大的一座山，上下各廿里，而且敌人撤退时还把岭北的路破坏了一段。出发时，天就阴着，昨晚还降了点雪，走了几里路，雪就下起来了，越下越大。高高的山被白雪及云雾笼罩着，隐隐约约地看不清楚。起初路还不滑，但后来路也滑了，这就给我们增加了很多困难。战士们有的穿上脚掌，摔跟头的也不少，我也摔了五六回，但战士们的情绪仍然是高涨的，一路歌声不绝，此起彼伏，有的说快板。每个人的头发、眼眉都成了白的了，战士们形容为“杨白劳”，并由此谈论起白毛女的苦难，旧社会逼得穷人没有活路，更增加了大家的复仇心，所以就忘记了疲劳，忘记了寒冷，勇敢地前进着。

牲口在这样的天气通过这样的山则是更困难的，炮兵连

① 即辛口村，属周至县马召镇。

及团部的牲口至夜未赶到宿营地。

雪至夜仍在下着。我们整个部队的宿营地只有八座小房子，哪能容下一千多人驻呢？只有在雪地里露营了。此处茅草不多，棚子也未搭好，有许多同志未睡觉。

十二月九日　阴

三天来的行军，虽然山高路远，降雪露营，种种困难，但是部队情绪是空前高涨的，使人深受感动。“天险的秦岭，挡不住无敌的战士”，这两句话得到了生动的证明。

战士们每人背重均在四十斤以上，没有人说重。现在发动互助，你抢我夺还抢不到手，有病的同志都坚持不掉队，九连五个病号就没有一个掉队的，全团只发生了三个逃亡，这个数字比起由晋中西进时真有天涯之别。干部的工作方式方法也比过去大不相同。过去单纯的硬、看管的办法已不存在了，代之以鼓励表扬的方法。三营各连都有争小红旗运动，每天的行军情形作一总结，哪班好就得小红旗，组、个人红、黄布条。据三营的报告，行军模范班就有九个，收容队除收容了三个急病外，别无掉队的。不仅如此，在到了厚畛子[①]后，这地方是敌295师驻地，临跑前抓人、烧房子、抢东西等罪行，造成了群众极大的痛苦，七、四连都能抓紧时机，请受害者向部队进行小型诉苦，实际上对战士们进行教育，启发战士们对敌人的仇恨心。七连在此休息了半点钟就进行了这样的诉苦，战士们自动给受害的群众捐了一万多元，这是多么动人的场面啊！

终究什么原因使部队情绪如此高涨进军意志如此昂扬，

① 即周至县厚畛子镇。

这主要应归功于两月来的诉苦教育、民主运动，使部队的阶级觉悟大大提高，官兵关系大加改善，更加这次行动前动员的深刻，才使部队的面貌焕然一新。

十二月十日　阴

由厚畛子出发翻过了小秦岭①，共走了四十里路，到达砦都门②就宿营了。这是行程最短的一天，到得也很早，大家也不很感觉疲劳，而且除三营外，都有房子住，真是幸福极了。小秦岭并不高，上下只廿里路，这是行军来翻越的第五座山，砦都门就在山脚下，由此去华阳镇还有一百五十里路。沿途没有人家，就是有几座小房子也叫敌人拆了。来往的行人都是走一百多里路赶房子住。我们部队走有牲口，只有当中露营了。几天总有部分部队露营，加上下了雪，地很潮，难以睡好，冷了就烤火，所以战士们的眼都带有倦容了。

我们走的这一条路，红四军③曾走过，老百姓谈起来，印象很深，对红军的纪律倍加赞扬。大蟒河④一个老汉，操四川口音，说“有个营长，有病不能走，我把他隐藏在山里，看见有什么活路就做什么活路，临走还给了我三块白洋”。像这样的称赞沿途老乡都有谈论。夫子庙上的一个和尚说，“盼你们把眼都盼瞎了”。是的，我们早到一天，就能使老乡少受多少的灾难。加速地前进吧，四川的老百姓正等着我们去解放！

---

① 秦岭腹地山梁，亦称秦岭梁、秦岭大梁。
② 即都督门，古时傥骆道的一处繁华驿站，今为厚畛子镇老县城村的一个居民点。
③ 即红四方面军。
④ 即厚畛子镇大蟒河村。

十二月十一日　雪

雪又下起来了。从天明到天黑，整日未停，满山树林都变成了白色，多么美丽的雪景。可是这些自然之美，我们无心赏玩，这些对我们是淡漠的。如果是一个诗人，他看到了这样的景致，不知要多么高兴呢！

雪下得越来越大，路越走越滑，山又是那么高。今天就翻了两个岭，步兵通过，尚无多大困难，至多摔上几跌，爬起来再走，牲口可就困难多了，上下坡较陡之处，须要临时修路，驮载的东西还得卸下人背起来，牲口一点东西不驮还得三四个人用绳拉着下，稍一不慎就要把牲口摔坏。炮兵连在过老君岭时就跌到沟里去了一匹骡子，连影子也找不见了。

由砦都门至华阳一路无房无人，偶尔有间破房子人也是挤得满满的。一夜睡不了觉，只有坐着烤火。今夜我们团直及师炮兵营就都住在大坪一座破屋子里，四面无墙，只是团部的几个人挤在里面，其余都搭起了草棚。入夜火光不断，屋子里的人因挤得厉害，都不准备睡了，有的唱歌子，有的吹口琴，有的打牌玩，也有的随便找了个什么地方就躺下了。快夜深了，我去到外面解手，听到屋内的歌声，山坡、河沟无数的火堆，人们谈着笑着，要不是雪片吹到身上，真使我忘记了这是在天险秦岭山中雪地里露营。

十二月十二日　雪

雪仍在下着，可是比昨天要小些。由大坪到华阳镇只五十里路，大家都急着想走，所以吃饭集合都特别快，天还不亮就出发了。这一带比秦岭北要暖和些，雪开始化了。这一化，路更加难走，战士们绊跌的不少。我前两天总是绊跌，今天特别加了小心，并且得出了一个经验，下坡时路滑，越不敢下，越慢越容易绊跌。干脆大胆地快步下去，就滑不倒了。今天试验的结果，是大大的胜利，没绊一跌。

十二时就到达华阳镇。此镇有一百多户人家，四周有水田，出稻米，山也不高，算是我们七天的行军路过的最好地方。当然这样地方在平原或江南是太多了，可是走了几天无人烟的大山，一下来到这种地方，无异如上天堂。因为刚刚解放，镇街生意都无开门。同时上级规定，为了使老百姓不吃亏，在币值没规定前都不准买东西，所以我们别的也无啥方便的，就是住住房子而已。

十二月十三日　晴

过华阳，天气渐暖。太阳一出来，冰雪全消，道路泥泞难行，沿途居民也较多，三五里就有人家，竹林、棕树、稻田，景致显然比秦岭北麓不同，颇有江南风味。由华阳到宿营地八里关①，说是八十里，实际里数足有百里，虽然只爬了一座不甚高的山，但大家都觉得比往日特别疲劳。

到黑夹子②、八里关，初次看到新解放的群众张贴欢迎我军的标语，他们并且知道我军做事公平，今后就不再受保甲长的气了，还要组织农会穷人就能过了。这些长期受匪军压迫的人民，看到了我军的到来，意识到未来幸福生活的远景。

今日拂晓未出发前逃亡汉中解放战士三名（团部一名、三营二名），全团出发以来共逃亡七名，炮连跌死牲口一匹。

十二月十四日　晴

今日行程六十里，驻洋县城。

---

① 即洋县八里关镇。

② 即八里关镇黑峡村。

九天来的行军，算是胜利越过了秦岭，共走五百里，大小山过了十一个。由八里关到洋县路很好走，虽然也过了一个山，但坡度很缓，沿路村庄较多，稻田、麦田比比皆是，并产橘子。北方人见了这东西是很稀罕的。有的战士不会吃，连皮就咬，连子吃了苦得很。到洋县后物价规定很低，各伙食单位均买肉吃，生活大大改善了一天。

十二月十五日　晴

过城固县，宿营五郎庙[①]。大家本来都想休息几天，可是上级命令，迅速向川进军。我二野已占乐山，四野两个军正向重庆西北地区前进。西康刘文辉已率部起义，云南也正酝酿起义，胡匪部队已集中成都一带，上天无路，入地无门，真成了名副其实的“瓮中捉鳖”。我六十一军任务是进军三台，提出的口号是打下三台过新年。估计行程约一千二百里路，每日行程约九十里。所以这段行军，比起过秦岭要更快，而且又是新区，还可能发生战斗，这样继续动员部队连续行军，忍苦忍劳，转变“过秦岭后休息休息”的思想是个很严重的问题。下午刘副团长孙主任到师开会，很晚才回来，连晚布置了各种工作，随军的民工也要返回去，今后粮食除自带的外，就要依靠就地征借。

炮兵连及一营未到，由宋副主任在城固等候。

十二月十六日　晴

部队八时半全部集合。崔政委给战士们作了连续行军的动员，我和刘、孙召集连以上干部把整个情况、任务、工作

① 即城固县五郎庙镇。

作了传达布置，到出发时已十一时半了。一路未大休息，下午四时半渡汉江，六时于山口街[①]宿营，行程七十里。因为出发得晚，大家都感觉很累。

全日行程是在汉中盆地前进，汉水此地人称为汉江河。今年夏季，雨水连绵，河水大涨，两岸房屋均被水淹，水齐树梢。当地居民说是从来未有的大水，庄稼均被淹坏，秋天未收到粮食。离河近的居民现在房子还未修好，以草棚住宿。汉江两岸田地，每年可产两季，春天收麦子及蚕豆，秋天收稻子。老百姓衣着清洁朴素，男人爱穿大褂，民情也很开化。我在关中时听说这里人最爱生疥疮，有“神仙难逃汉中疥”之语，但事实并不如此严重。走了一路，见到的并不多。汉江河滩，盛产甘蔗，熬蔗糖成为河滩居民主要收入。今夏因被水淹，大多熬不起。我们部队路过时，战士们见到甘蔗很稀奇，很多人往地里拾着吃，有的老乡见到了自动抱出来给战士们吃。

汉中给人的印象很好，大家都说这是好地方。可惜因任务紧急，我们未在这里停留，大好风光未得赏识。

十二月十七日　晴

汉江以南不远即进入大巴山区，是小丘陵地带，山坡有水田，村庄也很多。路过牟家坝[②]，这是个比较大的村镇，有二百多户，匪军逃走时曾将此村商家洗劫一光，并大拉壮丁，群众恨之入骨。

过牟家坝，与549团相遇，队伍很拥挤。晚宿营小南海[③]，

---

① 即汉中市南郑区圣水镇山口村。
② 即南郑区牟家坝镇。
③ 今为南郑区小南海风景区。

山明水秀，寺院香火很盛，为汉中名胜之一。

十二月十八日　雪

讨厌的雪，在我们清晨一出发时就又下起来了。下到路上都消了，加上部队人马一踏，路都成了泥。有的地方是陷脚，有的地方是滑得不能走。光人也比较好办，牲口走就更加困难。下午一时多才爬到了天池子①，下坡是廿里，路在两山夹缝中，一边是深沟，一边是万丈石崖，稍一不慎，滑下去就要粉身碎骨。天黑还未到达目的地，虽然下了山，路仍是那么难走，以至人马不点火把难以开步，遂临时决定牲口就原地露营，步兵点蜡烛火把继续前进。漫长的行列，点点的火光，穿行于山谷之中，前呼后唤，构成无比的奇景。

十二月十九日　雪

昨日因行程较远，路难走，又熬了黑，所以掉队的就发生了，共十四名。孙主任的马也摔死了，七连还摔伤一个炊事员，头破血出不能行走。其他单位据说跌死牲口的也有，还有跌死人的，跌伤的更为不少。这是行军以来最困难艰苦的日子。雪好像给人作对似的仍在下着，路又是那样难走，不用说上下山，就是平地也得扭秧歌。“为了消灭敌人，我们不怕一切困难”，大家以这个口号相互鼓励着前进。上木竹山，雪越下越大，上下五十里路，翻过去到了沙坝②天就黑了。两旁水田很多，路更加泥泞，点着蜡烛又走了十来里才宿了营。

---

① 即小天池，亦称天池山，为川陕分界岭。

② 即南江县沙坝乡。

晚宿营于咸丰桥[①]，团部、特务连挤在一座房子里，一个挨一个还睡不下。我借了一床被子，与特务连同志们挤在一起，腿也伸不开，睡了一夜腿还发痛。

十二月廿日 雪

我们一个军走一条路，加上路难走，前面部队走不动，后面紧顶着，简直不是在走路，是在路上站着。这样走法真是疲劳死人，想赶路也赶不出去。由贵民关上黄柏垭山，不足十里地就走了四小时。到山顶风很大，大家都叫唤冷，脚都湿了，但总是走不动。询问了一个老乡，找出一条小路，我们就从这里插过去，走得很快，战士们说“可算走了一段痛快路”。今日行程很近，七十里路，天不黑就到达了宿营地——青片子。

十二月廿一日 阴、雪

雪直下到下午才停止了。一路都是下坡，早七时出发，走到下午三时，才走了四十里路，到了赶场溪[②]。开始走时，对今天行程九十里，很没信心天黑前到达宿营地，但是在赶场溪休息后，雪已停止，路也好走了，五十里路，还过了个小山，只三个半小时就到了南江城，天刚黑，算是没走夜路。

自己携带的给养都吃完了，每到一地须就地筹粮。满以为城里粮食总会有的，其实大为不然。与师部住在一起，群众跑得很多，政权尚未建立，一夜没搞口粮，晚饭凑合着各单位喝了一顿稀饭，明早就没吃的，饿肚子的危险震击着每

① 即南江县神门乡咸丰村，村中有桥，建于咸丰年间，今已不存。
② 即南江县赶场镇。

个人。在关中未出发时背粮食都嫌多，现在得了教训，抢着背。筹粮队的同志们则更辛苦，一夜不得睡觉，但这些同志情绪很高，为了使大家不挨饿，他们是尽到了责任。今后筹粮工作须得加强，每个单位要抽二至三人协同来搞，这样才能保证有粮吃。

十二月廿二日　阴

过南江南行，沿山顺河前进，一路不上山，路也不滑，大家都说“困难基本上已过去了”。沿途居民也多了。在石矿坝[①]大休息，附近石崖上还有红军刻的标语：“全世界无产阶级联合起来”，已有十多年，战士们见了很高兴，一路议论着红军过去的故事。由石矿坝至沙河子[②]，约五十里路，两旁柏树林绵亘不断，大的有直径一公尺，小的有五十公分，高数丈，当地人称为“皇柏”。据路旁石碑记载，此柏林可与四川有名的梓潼、剑阁柏林媲美。这些树如生在交通方便之处，对建设该有多大贡献。国民党曾拟由南江修公路，伐倒了一些，现无人管，当地居民即破为烧柴，实属可惜。

晚宿沙河子，行程一百里。

十二月廿三日　阴

这一带是红四军通南巴苏区[③]的根据地。过去张国焘在这里，杀的人也很多，造成了群众对我惧怕，许多人都跑了。

---

① 即南江县公山镇石矿村。
② 即南江县沙河镇。
③ 通南巴为通江、南江、巴中地区的简称，红四方面军二十世纪三十年代中期在此创建了苏维埃革命根据地。

在赤溪场[①]休息时，我因为袜子穿得不得劲，到一家铺子里去收拾收拾，一位抱孩子的中年妇女，悄悄地挨近我低声问道："同志，我问你一句话，你杀不杀人？"我随即告她说："我们绝不乱杀人。过去乱杀人的是张国焘的错误领导，现在是毛主席领导。"谈着谈着，内室里男的女的都出来了，约六七个，都很关心地听着，我说一句他们重复一句，好像是怕忘记了。我把我们现在的政策"首恶者必办，胁从者不问，立功者受奖"，给他们详细作了解释。他们要求我给他们写在纸上，写了一条，还要求写，"多写几条传给别人，叫他们不要怕，都回家来"。队伍出发了，他们还依依不舍地问这问那，直到我走出了门，他们才说了声"同志！慢走。"这说明我们在政策上犯了错误，种下的恶果是如何的大呀。

沿途石墙不断有红军的石刻标语，可惜已被锄坏了，字迹已看不清楚，只看到一条大字："民众武装自卫"。

晚宿营于元潭场[②]，行程一百里。

十二月廿四日　晴

由元潭场沿巴河下行，水流较缓，可行小船直通重庆。水大时一周可达，小时须时廿日。至巴中城西八里之惠风亭[③]，即通有公路。惠风亭街上红军的石刻标语更多，有"反对帝国主义瓜分中国，进攻中国革命"、"扩大民族革命战争"，是红九军政治部署名。

晚宿营恩阳河[④]，行程九十里。我们的炊事员掉了队，买

① 即南江县赤溪镇。
② 即南江县元潭镇。
③ 即回风亭，始建于一九二六年，巴中市标志性建筑之一。
④ 即巴中市恩阳镇，恩阳河流经该镇，故名。

了条大鲤鱼无人做，请了一位老乡给做了做，很好，是行军以来最美的一顿饱餐。

十二月廿五日　阴、雾

天又阴了，出发时还下开了小雨。虽不像过巴山时那样泥泞，但终有些滑，走起路来很费劲。四川雾多，雨多，真是不假，晴不了两天就又阴了。

晚驻八庙场[①]，行程一百里。

十二月廿六日　晴

天还不亮部队就出发了，今天的路线经过我们的总司令朱德将军的故乡仪陇县。当地的群众都知道总司令是仪陇县东马鞍桥[②]人，有的人好像很熟悉说总司令过去在本县当过中学校长[③]，附近不少人跟他读过书。当我们说总司令是你们这里人，仪陇老百姓都很光荣，老乡们表示得意洋洋地哈哈大笑。路过县城，过往我军写了很多向总司令家属致敬慰问的标语。群众夹道观看解放军，使人精神倍加振奋。

师来信令部队速进，南部以南地区敌 17 军、76 军被我 181 师包围，该师已于廿四日渡过嘉陵江，我们今晚要赶到江边待令渡江作战。在行动中向各级干部传达了这个情况，动员大家赶路。战士们虽没休息，听说打仗，情绪都很高。到罗家店[④]吃了顿饭天已黑，继续行动，至夜十一时宿营于楠木

---

① 即苍溪县百利镇八庙社区。

② 即仪陇县马鞍镇。朱德出生于马鞍镇琳琅寨李家塆（后改称“朱家大塆”），今建有朱德故居纪念馆。

③ 朱德青年时期曾在仪陇县立高等小学堂任体育教习兼庶务一年。

④ 即南部县石河镇罗家店村。

寺[①]，行程一百五十里，可说是行军以来最远的一天。

十二月廿七日　半阴半晴

因为要急于渡河，所以部队仍天不亮就出发了。到潘义场渡嘉陵江，船只很多，都是小船，每船至多可坐七八十人，水流甚缓，清澈见底，深处发黑绿色，与北方的涛涛黄水大不相同。过河后廿里即到南部城。师指示河对岸二郎庙[②]有敌883团两个营，令我团赶往歼灭之。受令后三营刚到，当即放下背包，作了紧急动员。战士们听说要打仗，行军的疲劳都忘记了，个个精神百倍，摩拳擦掌，跑步赶至嘉陵江边，不到一点半钟全部就渡过河。我带各级干部已先部队渡河，到二郎庙，敌人已集合好了，枪也架起来了，已全部投降。一枪未打即解决了一千人，战士们都好像是没过了瘾，说这还算打仗？

天黑后押着俘虏、背着武器即返回南部城。所有俘虏经几次交涉才移交给军补训团，并且我们还留了一个连替其担任警戒。武器除部队调换者外都交给了解委会，半夜才处理完毕。

十二月廿八日　阴

四川的敌人，在我各路大军进击之下，不敢再战，相率起义，据已知者，有原敌一、五、七、十九、廿等五个兵团，127军已向我183师投降，98军今天派了一个参谋，持信与我们联络，我在定水寺[③]接见了他。他们现集结元山坝地区，要

① 即南部县楠木镇，因境内一寺中有一棵楠木树得名。
② 即南部县满福街道二郎庙村。
③ 即南部县定水镇，因镇中有一座明初为祈西河河水安定而建的寺庙得名。

求我们给指示集结地点，当即寄信报师。

刘副团长在刚出南部城时就奉师令，转回去带留在补训团之第八连。今晚宿营大河坝[①]，行程九十里。此地人都怕国民党拉夫，已跑光了，现还未返回，只有乡公所几个人吃闲饭，要柴没柴，要米没米，部队都没吃好饭，有的买了些红薯吃。晚三时刘带八连及俘虏七十五人已赶回。

十二月廿九日　阴、晴

因为我们在二郎庙收缴了敌人的武器，耽误了些行程，师令急速赶上他们，所以我们的行程不得不加大。今日行程一百二十里，宿营于灵山铺[②]。各单位的给养都发生了恐慌，团部早上就没吃饭，搞到些红薯也没吃饱。部队拖得都表现十分疲劳，以至出发时各单位都未能按预定时间集合，只好谁集合了谁就先走，以免耽误行程。三营之机枪连八连出发得很晚，到富村驿[③]大休息时才赶上。带的几十个俘虏兵，十个人扛一门迫击炮，叫唤走不动，有的还哭了。这些人真不中用。七连的两个老战士，一个人扛炮筒，一个人扛柱盘，一气就走了几十里路。还是我们这些老骨干，不禁使人感到钦佩，暗暗地感谢这些同志的吃苦精神。

十二月卅日　晴

过盐亭，各单位都到县仓库装了粮食。没有米，都是装的稻子。盐亭县已由军令我师民运科长王允同志作县长，我和崔到县府去见了他。据说昨晚到任，今天快十二时点了还

---

① 即南部县大河镇。
② 即盐亭县林山乡，二〇一九年划归大兴回族乡。
③ 即盐亭县富驿镇。

未吃早饭。县府内乱七八糟，也没一个干部，只师警卫连一个排给担任警卫。王县长很沉住气的。当我去时正与当地士绅们谈话。我以开玩笑的口吻叫了他个“县长大人”。话说出口，有些后悔，不该当着外人开玩笑。

到宿营地秋林驿[①]后，与师住在一起，师首长召崔和我去谈了目前的情况及今后的工作。情况方面，已如前述。敌五个兵团起义，其余都被打垮，部分的溃散在公路两侧，有待今后继续清剿。我军的任务，基本已告完成，沿途敌四个军，98、127两军起义，17、76两军已被消灭殆尽，其他地方土顽所改编之部队已作鸟兽散。兵团令我军在三台地区集合待令，有五至七天的休息。我团集结地在富顺场[②]，离此还有卅里路。在休整期间提出了三大任务，第一筹粮；第二休息，恢复体力进行清洁卫生；第三，总结这一段的行军。关于过年，不可能也好，所以也不作什么活动，只有留待旧年来补充了。

十二月卅一日　阴

昨晚师指示，在秋林以南射洪地区有敌溃兵二千余人，正想渡涪江未果。我当即派出侦查一班去了解些情况，令其十二时前返回，部队停止等候。据回来之侦查员报告，该敌人已向我友邻部队投诚，射洪城内已组成解放委员会。于是部队一时即出发了，拔向富顺场，行程三十里。从本月六日开始以来的行军，中途越过秦岭、巴山，雪里行军，荒无人烟的山沟里露营，受冻挨饿，廿六天行军二千三百余里，今天总算顺利地到达了第一步的目的地，每个人的精神上都

① 即三台县秋林镇，明清时设驿站而得名。
② 即三台县富顺镇。

觉得无比的轻松愉快。路上走着，歌声不断，表示着胜利的欢欣。

过南方寺[1]至富顺场约十里路，都是盐井，是产盐的主要地区。在南方寺我们几个人到饭馆里吃了一顿饭，真是美的很。刘说“真是主义”。

一九五〇年一月一日　阴

“打到三台过新年”，这是我们由关中到汉中后继续进军的动员口号，我们终于实现了这个口号，于昨天——一九四九年的最末一天到达了目的地。今天是更伟大的一九五〇年的开始，本来应该好好地庆祝庆祝，因部队经过了长途行军，地方秩序尚未恢复，所以这个元旦就很平淡地过去了。说平淡其实并不平淡，我们以完成胜利的进军、全部解放四川的任务来作为庆祝新年的献礼！

① 即南峰寺，清嘉庆年建，位于富顺镇南峰村，今已不存。

附四

空五师“小分队”琐忆*

两张老照片

疫情期间，闲来无事，在家中整理照片。两张老照片勾起我的一段回忆。

那是二〇〇九年十一月十一日，人民空军建军六十周年纪念日。几位战友早就约好，要在这一天去看望我们的“老伙计”——我们曾经维护过的战机。于是，一行四人——王燕民、李京健、肖南和我驱车来到位于昌平的中国航空博物馆。燕民、京健是我在“小分队”时的战友，还在一个机组待过；肖南曾是十五团机务大队的特设员，我刚到空五师时分配在十五团机务大队。

中国航空博物馆坐落在京郊昌平区大汤山脚下，沙河机场北侧，展厅原先是备战年代建的一个洞库，已废弃多年。博物馆于一九八六年开始筹建，一九八九年十一月十一日空

* 这是笔者二〇二一年应战友之邀，为《我与强－5甲——空军航空兵第五师核试验小分队战友回忆文集》一书写的小文。笔者的这段经历也算是空五师历史发展的一部分，因此作为附录收入本书中，收入时略有删改。

军成立四十周年之际正式对外开放，二十年来，已经从一个只有百余架飞机的小博物馆成为拥有三百多架中外名机的综合性大型博物馆，居亚洲第一，世界前五。而最吸引我们的，则是早就听说我们小分队执行投掷核弹的 26 号机也被收藏于此！

这一天天气极好，碧空如洗。到航空博物馆时，战友翟红方在博物馆大门前迎接我们。

红方也是空五师的老兵，在空五师十几年，当过十三团机务大队副大队长，后来调入空军装备部任职，退休后仍在返聘。强 -5 甲能够入藏中国航空博物馆，红方是出了大力的。这次是受装备部委派到航空博物馆为纪念建军六十周年布展。稍许寒暄，红方便带我们来到博物馆主厅。

在众多的飞机展品中，一架白色的强 -5 甲昂首挺胸，分外耀眼——没错，这就是我们久违的“老伙计”。

在“老伙计”前，我们留下一张合影。

在这里忍不住爆个料：这架喷涂着“0266”号码的飞机并不是那架执行投弹任务的 26 号机，而是 30 号机。对，就是 30 号机，我的 30 号机，我从南昌三二〇厂接收到部队、又精心维护了近两年的 30 号机！ 0266 号码是为了宣传效果后来改喷的，而那架正牌的 26 号机据说曾在北京的军事博物馆展出过，后来就不知所踪了——此料保证绝对可靠，绝对权威，至于消息来源嘛，正是在空军装备部工作的翟红方。

二〇一四年八月，国家文物局按照评定规则（物品完好无损、仅此一件、物品流转清晰、有重要历史事件记载）鉴定评审，中国航空博物馆收藏的这架强 -5 甲被评为国家级一级文物。

在参观时从红方处得到一个意外消息，老团长杨国祥受邀来京参加空军建军六十周年纪念活动，正住在离博物馆不远的小汤山空军接待站。听此消息，我们谢绝了红方的盛情款待，立即赶往小汤山，见到了久别的老团长。

杨国祥是我们小分队的副分队长，当时的正式职务是空五师十四团团长。这是一位人民空军建军史上的传奇性人物。彝族人，一九二九年出生于云南玉溪，参军入伍后被选送东北老航校学飞行，因飞行技术过硬、先后承担了各种尖端飞行任务，多次立功受奖，一九六四年全军大比武更是荣获空军全军第一名，被人们称为“彝族之鹰”。在小分队担任主飞执行任务时，因“携氢弹着陆”创下史无前例的纪录而震惊中外。杨国祥后任空五师副师长、代师长，离休前是昆明军区空军指挥所副参谋长，空军少将。

那年在三二〇厂接飞机还听到老团长的一个故事。强 -5 的超低空飞行设计能力是八十米，但几次试飞都没达到这个数据。后来杨国祥出马，飞到超低空五十米。当杨国祥驾机以五十米高度从机场上空通场时，强 -5 总设计师陆孝彭院士不禁热泪纵横。

在宾馆大堂，我们和老团长留下一张合影。

看着两张老照片，记忆的闸门打开，思绪不禁又回到几十年前……

神秘的“小分队”

我是一九七〇年的兵，严格说是“后门兵”。一九六八年初中毕业后响应伟人号召到山西省汾阳县插队，当了个地道的农民。干了一年多觉得不是事儿，就由母亲出面通过空政干部部联系到空五师，希望能参军当兵。记得我还给宋师长写了一封信，表了表决心，什么“坚决到解放军的大熔炉接受考验”、“继承父辈的遗志”之类的。宋师长很重视，专门派师军务科的李参谋和我一起到插队的公社和大队办了手续，把我的户口从汾阳迁到潍坊市二十里堡公社，然后在二十里堡办了入伍手续。

于是，我就从二十里堡公社的社员变成了空五师的战士。

临到部队前因身体出点小毛病，所以到部队的时间比同期的兵晚了几个月，大约是四五月到的潍坊吧。所以没经过新兵连也没经过教导队就直接分配到了十五团机务一中队，成为一名机械员。十五团当时飞的还是尚未退役的米格 -15 比斯。因表现还不错吧，一个月后就入了团。

大概在我到部队几个月后，机场上忽然出现了几架喷涂白漆的强 -5 飞机，十分神秘——有单独的机窝，每天二十四小时有专门的岗哨，戒备森严，进入机窝需要特殊通行证，闲杂人等一律不许靠近。

不久又听说师里成立了个“小分队”，师长亲自挂帅，人员挑选的都是师里的精兵强将。不过听说归听说，我也没怎么上心——我一个新兵蛋子，连米格 -15 比斯怎么伺候还没整明白呢，瞎操那份心干嘛。

没想到，不久后的一天，却突然接到通知，把我调入了这个神秘的小分队。

到小分队机务中队报到时，中队指导员十分严肃地和我们几位新来的机务兵谈话，首先强调的一条就是保密纪律，然后才简要说明了小分队承担的任务。这时，心中的谜团才解开了。

随着近几年我国“两弹一星”发展过程的逐渐解密，慢慢了解了更多关于小分队组建的起因。

一九六四年十月第一颗原子弹试验成功后，我国的核工业进入了快车道。一九六七年六月第一颗氢弹空爆试验成功。随后，氢弹实验进入实用型小型化阶段。经过有关部门反复论证，最后确定使用强－5飞机作为实用型小型氢弹的载机。在有关科研部门和生产部门的大力协作下，参照美制F－4“鬼怪”式战斗轰炸机的半露式弹舱弹架设计，成功地完成了强－5的改装试制工作。空五师小分队，就是在这样背景下组建的，任务很明确，就是完成我国第一颗实用型小型氢弹的空投任务。

我知道，能够调入承担如此重任的小分队，是师领导尤其是宋师长对我的特殊照顾。空五师是父亲的老部队，父亲当师长时，宋师长是十五团的大队长，年轻有为，技术过硬，和父亲关系也很好。前面说过，我能当兵，是宋师长一手操办；这次调到小分队，又是宋师长点的名；尔后师里唯一一个上大学名额落在我头上，也是宋师长最后拍板。在宋师长身上，我深深感受到老部队、老战友、老部下对父亲的浓厚情意！

宋师长名宋占元，一九三〇年出生在黑龙江黑河，父辈是山东掖县人（今莱州市），二十世纪初闯关东到了黑河。一九三五年宋占元随母亲回到掖县。一九四五年在家乡参加八路军，参加了淮海战役和渡江战役。一九四九年调入空军，入东北老航校学习飞行，一九五〇年十月毕业后分配到空五师十五团。在空五师，宋占元从飞行员到任副大队长、大队长、副团长、团长、副师长，一九六五年担任空五师师长，主掌空五师达十五年。

一九八〇年宋占元离开空五师，先后任空二军副军长、昆明军区空军指挥所主任、成都军区空军参谋长，被授予特级飞行员、空军少将。

二十世纪九十年代末，宋师长离休后来北京看望老战友老部下。在一次同五师的战友聚会前，曾托人带话希望我能参加，见见面。但不巧得很，那几天我正生病，错过了这个机会。原想以后还会有机会见面，谁想不久却得到宋师长病逝的噩耗！没能在老师长生前见上一面，至今仍深感遗憾。我想，以后有机会去成都，当会去老师长墓前祭拜，献上心香一瓣。

到小分队报到后，我被分配在 30 号机组。而此时此刻，30 号机和它的孪生兄弟 29 号机还远在南昌三二〇厂的组装车间里，还未出生呢。

南昌接机

到小分队报到没多久，记不清是八月末还是九月初，我们 30 号机组和 29 号机组的机务人员南下南昌，接收飞机。去时是坐火车，同去的都有谁记不大清了，我们机组应该是辛玉森机械师带队，机械员肯定有姜泽林，还有谁就记不准了。

研发和生产强 -5 强击机的工厂是南昌飞机制造厂，代号三二〇厂，对外又称洪都机械厂，位于南昌市郊，最早是国民党政府与意大利合建的“国民党第二飞机制造厂和航空研究院”，新中国成立后重建，是我国航空工业早期研发生产基地之一。二十世纪五十年代末，三二〇厂接受了研发超音速喷气式强击机强 -5 的任务，在总设计师陆孝彭院士的主持下，经历了经济下调、人员紧缩、资金短缺等重重困难，终于在一九六五年试飞成功，一九六八年开始批量生产、装备部队，而空五师正是首批改装强 -5 的部队。一九七〇年，中央专委（中共中央于一九六二年为领导“两弹一星”的研发和生产而成立的专门委员会，主任为周恩来）决定改装一种飞机用于小型核弹的投掷，空军、二机部和三机部立即派员到三二〇厂，商讨将强 –5 飞机改装成核弹载机并实现甩投的可行性。在决定由强 –5 飞机改装核弹载机后，三二〇厂立即组织技术力量攻关，工人师傅加班加点，于一九七〇年八月生产出四架装备部队，正式命名为强 –5 甲。这也就是最早到达潍坊场站的那几架神秘飞机，分别编为 25 号、26 号、27 号和 28 号。

我们到达三二〇厂，正是后两架强 –5 甲进入最后总装的攻关时刻。

这是我第一次见识规模如此宏大的工厂。偌大的厂房内，灯火通明，两架已经组装完成、正在进行收尾工作的强 –5 甲交错排列，汽锤声、电焊机声、电锯声响成一片。

南昌真无愧中国“四大火炉”的称号，八九月虽说最闷热的季节已经过去了，但仍是酷热难耐。工人师傅们穿着背心裤衩，挥汗如雨，却一丝不苟、专心致志地工作着。飞机周围几台自制的大电扇嗡嗡地吹着，掀起的却是阵阵热风。这种自制的大电扇，叶片足有半米多长，连个防护网也没装。我开玩笑地说，谁要是打瞌睡一愣神撞上去，脑袋非得削掉一半去。工人师傅告诉我们，还真发生过电扇伤人的事故，不过也没办法，南昌的天气太闷热，不来点风人受不了。

我们的身份是甲方军代表，负责监督产品质量。说是军代表，工人师傅也很尊重我们，可说实话，别人懂不懂我不知道，我可是一门不门，一窍不通，整个一个“门外汉”。但我这个“门外汉”也有功劳。记得我问过带队的头儿（哪位领导记不清了），我该干点什么？领导琢磨了半天，说你就负责检查机身上的铆钉吧，有松动的，或是打歪的，就向工人师傅提出来，让他们返工。于是我就开始在机身、机翼、垂尾、平尾各处爬上爬下检查铆钉，“鸡蛋里挑骨头”，遇到不顺眼的就向工人师傅提出来。你别说，工人师傅们还真认真负责，你只要提出来，二话不说，拿起铆枪就返工。别的事咱不敢吹，30 号机全身的铆钉在全部六架强 -5 甲中那绝对是最平整的，不信，实物为证，咱的飞机还在中国航空博物馆展厅中戳着呢！

三二〇厂对我们招待得不错。无论下班早晚，食堂随时保证有热菜热饭；住的二层小洋楼是以前给苏联专家盖的，大卫生间，还带大浴缸。在我们前面去接机的那拨儿正赶上南昌最热的天，据说每天一下班有人就泡进浴缸里，连吃饭都不出来。

在南昌待了大概不到一个月，趁休息日还特意到市中心的人民广场（现改名为八一广场）去玩了一趟，参观了广场一侧仿北京人民大会堂建的江西省革命历史博物馆。

转场回潍坊时我们地勤也享受了一把坐飞机的待遇。这是我平生第一次坐飞机，尽管安 -12 那种折叠的铁皮椅坐着生硬，机舱不密封噪音极大，飞机临时从运货改为拉人又没配备氧气面罩，飞行在四五千米高度也会让人感觉到缺氧，可我还是感觉美滋滋的。

马兰练兵

回到潍坊，抓紧时间熟悉飞机。在小分队机务中队里，大概我的技术基础是最差的。同样是一九七〇年的兵，别人都是从十三团调来的，对强 -5 飞机已有了一定的熟悉，而只有我是从十五团调来的，而且没经过教导队学习，别说强 -5，连比斯还没摸熟呢。怎么办？只有边干边学习，从最基础的技术学起，活儿也抢着干，加油充气换轮胎，检查清洗盖蒙布，很快也就能顶把手了。到年底，还评上了五好战士。喜报寄回家，母亲一直保存到今天。

到了这年的十一月底，小分队接到命令：全体六机转场西北，开始投弹的实地训练，同时待命，等待执行任务时刻的到来。

从山东转场至大西北，几千公里，本身就是对小分队技术能力的实战检验。当时是空军总部从空十三师抽调两架安 –12 搭载地后勤人员，空地勤同步转场。

转场第一站是西安临潼机场。强 –5 甲落地我们坐的安 –12 也落地了。接收飞机后立即开始检查，做好第二天的飞行准备。临潼场站配合得很好，接待也很周到。看到大家把飞机都检查安顿好后天色还早，场站安排了一辆车拉大家去参观当年西安事变时蒋介石的行营和活捉蒋介石的“捉蒋亭”。不巧，我们 30 号机在检查时查出了点小问题，是哪儿渗油还是怎么的，反正要抓紧检修。看着大伙登车去参观，我心里那叫一个痒痒，可没办法，肯定是工作第一喽！等我们检修好飞机天已黑下来了。错过这个机会，参观“捉蒋亭”的心愿直到几十年以后才得偿所愿。

转场第二站是武威，记得好像没过夜，给飞机加油检查后吃了顿午饭，下午就转到酒泉基地的机场了。

酒泉基地机场位于金塔县鼎新镇，所以又称鼎新机场，距离酒泉卫星发射中心西南约七十五公里，建于一九五八年，是亚洲最大的军用机场。

在酒泉驻留的主要目的是初上高原，人和飞机都需要有个适应过程。领导也反复提醒大家，初上高原要逐步适应，不要马上做剧烈活动。可能那时年轻，第一天出早操跑步还喘得不行，两三天后就适应了，活照干，篮球照打，一点事儿没有。

在酒泉，小分队开始了飞行训练。给我留下深刻印象的是，在这里大饱眼福，欣赏到了强－5甲甩投核弹（当然是假弹）的英姿。原来在潍坊时，因靶场在黄河入海口的荒滩上，离机场很远，飞机投弹过程是看不到的。而在这里，机场位于巴丹吉林沙漠腹地，广漠的戈壁滩一望无际，渺无人烟，靶场就设在了机场附近，投弹全过程尽收眼底——

只见蓝天中，一架白色强－5甲从几百米高的空中飞来，对准靶场后开始四十五度角上仰，大约在飞机即将进入垂直状态时，机肚下一枚弹体脱机而出，顺着惯性继续飞向靶场，而飞机则划出一道美丽的半圆弧线仰飞返回，边飞边翻滚改成平飞，动作一气呵成，真是潇洒之极。

在酒泉基地训练大约一周就再次转场，来到最后目的地——新疆马兰基地机场。

马兰基地在共和国“两弹一星”事业发展过程中可谓立下卓著功勋。早年是高度机密，打死也不能说，近些年随着核试验的逐步解密已渐渐为人们所知了，我们这些当年的参与者也终于可以在晚辈面前吹吹小牛了。

马兰基地位于新疆巴音郭楞州和硕县境内的乌什塔拉乡，是二十世纪五十年代末为研发和实验原子弹而在罗布泊西端一片戈壁滩上建设起来的。一九五九年，时任核武器试验靶场主任、后来的马兰基地第一任司令员张蕴钰将军力排众议，否定了苏联专家在敦煌建核试验基地的方案，最后选址在这里。将军带领一支勘察大队在这里规划蓝图时，正值马兰花盛开，便提议将基地命名为“马兰基地”。到九十年代末，美、中、俄、英、法等国共同签署《全面禁止核试验条约》，马兰基地完成了它的历史使命。现在，这里已成为国家级红色旅游地。

机场位于马兰基地生活区西南部，在这里，我们度过了一个多月紧张而又难忘的日子。

十二月的新疆，朔风凛冽，寒气逼人。尽管马兰地处天山南麓，受到天山的庇护，比起北疆要好很多，但仍感到寒冷无比。刚到马兰时，当地场站的一位领导在介绍情况时警告大家说，千万不能赤手按压在机身机翼上，否则一抬手就粘下一层皮。我的好奇心很重，后来咬着牙试了一把，倒也没那么邪乎。但冷是肯定的，维修飞机时有的工作戴手套不方便，脱下手套没一会儿手就冻僵了。

在马兰机场还发生过“惊魂一刻”，至今印象极深。

氢弹的弹体是有温度要求的，气温太低就会对实验有影响。按照工作程序，弹体由专用运弹车从库房拉到飞机旁，然后由军械师军械员们用特制的挂弹架挂上机身。运弹车是保温的没问题，挂上飞机后由于飞机处于工作状态温度也是没问题的，但从运弹车卸下到挂上飞机这段时间温度如果下降过快则会产生严重的事故隐患。如何解决？经几方研究，最后决定在停机坪搭建一个大型充气帐篷，然后在帐篷外用加温机向里输送暖风，以解决弹体保温问题。

巨大的充气帐篷很快搭好了，加温机也已到位。由于其他机组试飞训练任务比我们重，开加温机的任务就落到我们30号机组身上。

加温机工作原理很简单，就类似一台小锅炉，半人多高，烧柴油，上有一个小烟囱排放废气，机内装有一台鼓风机，通过一根小脸盆粗细的橡皮管将暖风吹到帐篷内。

记得初次试开是在一个早上，天还未亮（因时差关系新疆地区天亮得很晚），飞机推进帐篷后就开始加温了。加温机点火后开始一切都还正常，但不知是我们操作不当还是加温机有问题，鼓风机中途就忽然不工作了，燃烧室气压陡然上升，而由于加温机比较简陋没有仪表显示，我们初步使用也没经验，所以没有觉察到，结果就听得“嘭”的一声巨响，加温机的盖子就被膨胀的热气顶开了，火苗一下窜出老高，机上的小烟囱被崩起有十几米高！当时我离加温机有个一米来远，没伤着，只感到脸上一阵灼热；老辛离得近，连眉毛带胡子都给燎糊了，还好火苗来得快走得也快，没伤到皮肤。

经此一惊，赶紧总结经验，好像还换了一台加温机，后面就一切顺利了。不过事后想想还真后怕，万一火苗燎到帐篷……万一帐篷里飞机挂的是实弹……万一……不敢想了。

在马兰训练了一个多月，除每天飞行训练外，很多工作生活的细节在记忆中都模糊了，隐约记得同场站比赛过乒乓球，八一电影制片厂拍过我们工作的资料片，还乘车到马兰基地的生活区买过牙膏肥皂之类的生活用品。有一次感冒了，到场站卫生队拿药，接诊的是一位北京籍的漂亮女军医。老乡见老乡两眼泪汪汪，这位军医大姐对我格外关照，嘘寒问暖，还开了一大包药。回来一说，惹得几个北京兵直装病往卫生队跑。

但在马兰给我留下印象最深的则是马兰的美！蔚蓝色的天穹下，一边是湛蓝广阔的博斯腾湖，一边是雪白高耸的天山雪峰，矫健的强 -5 甲依次从跑道上腾空而起，在阳光映衬下，在湖水与雪山之间，翩翩起舞，自由穿梭，那种美真是无法用语言形容！

而此时此刻，空旷的机场上，身穿黑得发亮的厚重工作服、戴着大皮帽大手套、手持接机梯和牵引架的机务兵们，翘首以盼，等待着战鹰的归来……

新疆现在已发展为中外著名的旅游胜地，也是众多摄影爱好者的打卡地，我本人后来也又多次去过新疆，去过那些网红的景点，但在我心目中，这些都永远无法同马兰机场那令人陶醉的画面相比。

后来，由于氢弹研制中出现一些问题尚待解决，长时间留驻马兰成本较高，有诸多不便，经几方研究，空军总部决定小分队暂回原地待命。于是，在一九七一年一月下旬我们又转场返回潍坊。

转场回潍坊的过程中又闹了个险情。

转场回潍坊还是老路线，但时间缩短为一天。这次转场我们同小分队领导同机。安 -12 的前部设有一个小客舱，密封供氧，条件比较舒适，但只能坐少数人。小分队领导坐前舱，我们机务后勤人员坐后舱（也称伞兵舱或货舱），相互不着面。

最后一站从临潼起飞不久天就黑了。感觉在空中飞行了很长时间才落地。好在潍坊是老家，有人代我们接机，大家也不很着急，落地时大概已是将近晚十点了，还没吃晚饭。地勤食堂为我们准备了几大盆面条，由于空勤食堂没做准备，小分队领导也同我们一起吃。刚在饭桌坐下，宋师长就跟大伙儿半开玩笑说：你们今天算是捡了一条命！

我们赶紧打听才知道：这次转场，驾驶我们这架安 -12 的是空十三师的一位副团长，可能是夜航经验不足，从临潼起飞到潍坊上空就迷航了，怎么也找不到机场。这老兄好面子，一直也不讲，直到油尽警告灯亮了不得已才到前舱报告宋师长，宋师长赶紧到驾驶舱协助他们导航，飞机落地时只差几分钟就没油了——可真够悬的，而我们坐在后舱却是浑然不知。

告别“小分队”

回到潍坊后，小分队进入正常的训练中。三四月时又补充了一批一九七一年入伍的新兵。部队充实了新生力量，我们增添了新的战友，而我也从一名新兵变成了老兵。

大约是在上半年，30 号机在一次地面试车时着火，被送进修理厂大修。在这期间我曾到 27 号机组干了一段。有的战友一直认为我是 27 号机组的人，大概就是这个时期。

27 号机的机械师是刚刚提干的王燕民。燕民是六九年的兵，论出生年份我们是同年，但论月份他比我还小几个月，可工作起来可是全身心投入、一丝不苟。我在机组负责管理工具箱，工作完毕必须清点，少一个扳手、一块擦布都不行。记得一次飞行后，检修维护工作结束后天已很晚了，一清点工具少了一块擦布，立即发动大伙寻找，结果所有地方都找遍了也找不着。看着兄弟们都饿着肚子耗在机场，我是那叫一个自责。我真希望燕民发个话，不再找了，可这位老兄板着个脸就是不发话。没办法，谁让他是“官”呢，大伙只好继续寻找，结果到最后也没找着。那天风很大，估计是被风吹跑了，后来弄到很晚才返回营房。多少年后，我跟燕民提起这事儿，这老兄居然说不记得了，可气不可气。

这年还发生了震惊全国的“九一三事件”，空军牵连其中，全师禁飞了一个多月，直到十一月才恢复正常训练。好友燕民也因父亲问题受到牵连（燕民是空军第一副司令员王秉璋中将的小儿子），在这期间调离了小分队。

复飞不久就传来准备二次进疆执行任务的消息。但紧接着第二个消息传来，这次进疆只去四架飞机，而我们30号机和29号机则留在潍坊备份。听到这个消息，心里的那份遗憾就别提了。后来小分队上演的精彩大剧——一九七一年十二月三十日杨国祥带弹着陆；一九七二年一月七日杨国祥再次驾机甩投氢弹顺利完成——我就只有耳闻的份儿而没有亲身经历了。

人的记忆有时真的很奇怪。可能是听战友们讲老团长带弹着陆的故事听多了，也可能把两次进疆记混了，事隔多年后，记忆中好像我也身在现场，亲身经历了那惊险时刻。后来还给不少人吹过这段经历，吹得活灵活现。直到那次去航博，大家仔细地掰扯了一番，才算把这记忆扳回来。

一九七二年四月，我被师里选送上学，离开了空五师，也离开了朝夕相处了一年零八个月的小分队战友们。

在离开小分队前，在一次军械分队给新来不久的45号机实弹校靶的过程中，还发生了一次“打猫事件”，由于本人是“始作俑者”，又是“主犯”之一，所以印象极深。但这事儿实在拿不上台面，在这就不细说了，倘若当年共同“犯事”的兄弟们今生还能相聚，就留作酒后谈资吧。

一年零八个月，在人的一生中可能只是短暂的一段时光，但在我心中，这段时光却是永生难忘。如今，年届七旬，离开军营已半世纪之久，在空五师、在小分队的生活有很多细节甚至很多战友的印象在记忆中已渐逐模糊，但每每想起，每每在战友们聚会时谈及，仍是那样的兴奋，那样的怀念！

后记

本书即将付梓，还有几句话想说。

本书能够完成，首先要感谢的自然是夫人鲁玉玲。笔者写作本书时已是抱病之躯，夫人日常生活悉心照料自不必说，几次自驾出行巡访父辈的足迹，夫人一路随行。我们到过太行山偏远的山村，走过秦岭荒无人烟的小道，用川北麻辣重油的菜肴佐饭，以巴山冷冽甘甜的山水解渴，一路走南过北，翻山越岭，虽有乐趣，却也艰辛。

本书临印前，夫人以资深杂志编辑之资历，倾心尽力对书稿做了校勘，使本书文字质量有了进一步的提高。

本书写作期间，得到不少朋友的帮助。

小学同班同学朱宏佐、朱宏佑兄弟，是笔者几十年的至交。他们的父亲朱鸿也是笔者敬重的老前辈，曾任空军第一任宣传部部长，才学深厚，平易近人。可能受乃父影响，二位老兄可谓是超级军迷，谈起中外军史、武器装备，如数家珍。尤其是人民空军的历史，搜集掌握了很多资料。多年来，笔者从他们那里得到的各种历史资料，受益非浅。

空五师战友、原师政治部主任翟佑民之子翟红方，尉剑畴伯伯之女尉晓力，北沙伯伯之子北江明，空军司令员刘亚楼之女刘煜鸿，老同学、军委办公厅秘书局原副局长宋志强等好友在本书搜集文字图片资料和写作过程中，给予了笔者热情的帮助。

还有一些未曾谋面的朋友，通过微信和“美篇”等交流平台，也给予笔者热情帮助。如原空五师刘平副师长之女刘敏、空军第三航校退休教官赵卫国大校等。

本书在已经排出第一稿清样后，笔者意外得到一本珍贵史料——《步兵第一一零团战史》。这本战史是二十世纪九十年代由中国人民解放军第十三军三十七师一一〇团团党委组织编写的，记叙了一一〇团从马玉堂创建的抗日义勇军到发展壮大为我军正规野战部队的光荣历史。这支部队正是父亲一九三八年参加八路军的第一支部队。笔者从这本珍贵的书中收获颇丰，除全面了解这支英雄部队的成长历程外，还填补了不少父亲在冀南军区五年和后来转战太行初期活动的空白，真是意外之喜。

向我提供这本团史的是至今还无缘相见的吴森。吴森的父亲吴效闵在战争年代曾先后任这支部队的政治处主任、政委、团长，新中国成立后历任第十三军军长、昆明军区副司令员、济南军区副司令员等职，一九六四年晋升少将。吴森曾为他父亲写过一本传记《吴效闵少将》，收入解放军出版社“中国人民解放军百战将星丛书”。吴森酷爱钻研我军军史，在这本书中以及其他文章中谈到许多父亲老部队的故事。我在网上看到有关文章，在小娜姐和林荣姐的帮助下辗转同他建立了联系。吴森住在济南，我们经常在电话和微信中交流，相谈甚欢。在同吴森交谈中得知，这本团史在一一〇团被撤编后本已绝迹，是吴森在获得排版底片后又自费印制了一批，才使之传承下来。吴森真是做了一件功德无量的好事。

当然，中央文献出版社诸位新老同事的精心编排审读，排版印刷部门的精心印制，也是保障本书出版质量必不可少的环节。

对于本书给予帮助的各位亲朋好友和有关单位，笔者借此机会一并衷心感谢！

二〇二三年八月于北京昆玉河畔

图书在版编目（CIP）数据

我的父亲——马勇烈士 / 马云飞著 . -- 北京 : 中央文献出版社 , 2023.9

ISBN 978-7-5073-4919-1

Ⅰ . ①我… Ⅱ . ①马… Ⅲ . ①马勇－生平事迹 Ⅳ . ① K825.2

中国国家版本馆 CIP 数据核字 (2023) 第 034864 号

我的父亲——马勇烈士
WO DE FUQIN MAYONG LIESHI

著　　者：马云飞
责任编辑：张明娟
封面设计：嘉胜时代 & 尽心斋

出　　版：中央文献出版社
地　　址：北京西四北大街前毛家湾 1 号
邮　　编：100017
网　　址：www.zywxpress.com
发　　行：中央文献出版社
销售热线：010– 83072509 / 83072511 / 83089394 /83089404 / 83072503
电子邮箱：zywx5073@126.com
排　　版：北京嘉胜时代图文制作有限公司
印　　刷：北京华联印刷有限公司

787×1092mm　16 开　26.75 印张　280 千字
2023 年 9 月第 1 版　2023 年 9 月第 1 次印刷
ISBN 978– 7– 5073– 4919– 1　定价：79.00 元